本书获浙江省中医院"治未病"中心主任、主任中医师汤军工作站(衢州职业技术学院)资助

高职教育"双高"建设策略与路径研究分析

饶和平　胡高波　金湛　著

浙江工商大学出版社

ZHEJIANG GONGSHANG UNIVERSITY PRESS

·杭州·

图书在版编目(CIP)数据

高职教育"双高"建设策略与路径研究分析 / 饶和平，胡高波，金湛著. — 杭州：浙江工商大学出版社，2023.4

ISBN 978-7-5178-5449-4

Ⅰ.①高… Ⅱ.①饶… ②胡… ③金… Ⅲ.①高等职业教育－学校管理－研究－中国 Ⅳ.①G718.5

中国国家版本馆 CIP 数据核字(2023)第 068292 号

高职教育"双高"建设策略与路径研究分析
GAOZHI JIAOYU "SHUANGGAO" JIANSHE CELUE YU LUJING YANJIU FENXI

饶和平　胡高波　金湛 著

策划编辑	王黎明
责任编辑	张婷婷
责任校对	林莉燕
封面设计	朱嘉怡
责任印制	包建辉
出版发行	浙江工商大学出版社
	（杭州市教工路 198 号　邮政编码 310012）
	（E-mail:zjgsupress@163.com）
	（网址:http://www.zjgsupress.com）
	电话:0571 - 88904970,88831806(传真)
排　　版	杭州朝曦图文设计有限公司
印　　刷	杭州高腾印务有限公司
开　　本	710mm×1000mm　1/16
印　　张	16.5
字　　数	253 千
版 印 次	2023 年 4 月第 1 版　2023 年 4 月第 1 次印刷
书　　号	ISBN 978-7-5178-5449-4
定　　价	59.00 元

第四章 高职教育"双高"建设成果及团队研究

高职教育的发展历程及特征研究

第一节　高职教育的发展
历程及特征研究

高等职业教育自从被正式纳入国家教育体系后,职业教育对推动社会经济发展起到的作用呈现越来越明显的趋势,随着国家对职业教育的重视度不断加大,投入不断加码,全社会共同努力,现已经得到全社会的广泛认可。回顾中国高等职业教育的发展,我们可以将中国当代高职教育的发展史归纳为四个阶段,即探索发展、快速发展、成熟稳定发展和创新高质量发展阶段。每个阶段的时间、背景、主要特征、措施见表 1-1-1、1-1-2、1-1-3、1-1-4。

表 1-1-1　高职教育探索发展阶段(1980—1997)

背景	主要特征	主要措施
(1)各单位及企业对一线技术人员的需求量及要求不断提高,现有的本科与专科高等教育所培养的人才明显不能满足社会需要。(2)为了适应 1978 年党的十一届三中全会提出的以经济建设为中	(1)高等职业教育已被正式纳入国家教育体系,高职教育已兴起,形成了比较完善的职业教育体系。(2)出台了一系列重大政策文件支持及规范职业教育发展。(3)学校在没有充分理清办学思路与专业调研的前提下,或者在专业设置条件不充足的条件下,匆匆上马了许多新专业,职业教育存在教学模式与方法单一、教学力量与各环节管理滞后、人才培养质量参差不齐、专业规模小、社会认可度较低等问题。	(1)政策引导。1985 年《中共中央关于教育体制改革的决定》中指出,"职业技术教育恰恰是当前我国整个教育事业最薄弱的环节",提出"高中毕业生一部分学生接受高等技术教育"。1986 年《关于改革和发展成人教育的决定》中明确提出"要结合需要举办高等职业教育"。1991 年国务院发布《关于大力发展职业教育的决定》,提出要高度重视职业技术教育的战略地位和作用,集中力量办好一批起示范作用的骨干学校,各级政府要从财力和政策上支持职业教育发展;要制定各类职业技术学校的设置标准和评估标准,逐步建立职业技术教育的评估制度。1996 年,我国颁布《中华人民共和国职业教育

续　表

背景	主要特征	主要措施
心的战略，将职业技术教育与经济建设密切联系起来。		法》，从法律上确立了高等职业教育的地位，明确规定"职业学校教育分为初等、中等、高等职业学校教育"。(2)多地开办高职。一些地方政府开始自己兴建学校，为本地培养人才，短期职业大学应运而生。1994年第二次全国教育工作会议召开，在"三教统筹"基础上再提出以"三改一补"①发展高职教育。

表 1-1-2　高职教育快速发展阶段(1998—2015)

背景	主要特征	主要措施
(1)社会经济快速发展对技术技能型人才需求大幅度增加。(2)各级政府部门支持政策密集出台，积极引导职业教育，投入力度不断加大。(3)社会十分关注高职人才培	(1)高职院校数量急速增加。职业学院审批权下放到地方政府，许多中职教育通过合并或升格成为高职院校，实施"三多一改"②，高职办学多渠道、多规格、多模式，基本形成了每个市(地)一所高等职业学校的格局。(2)学生规模迅速扩大。我国高职招生指标及学生人数快速增加。(3)开始重视并强化内涵建设。明确了服务及就业为导向，走产学研结合的发展道路的教学改革方向。(4)对	(1)政策引导。1999年教育部《面向21世纪教育振兴行动计划》指出"积极发展高职教育，积极探索发展民办高职教育"。1999年《中共中央国务院关于深化教育改革全面推进素质教育的决定》明确"高等职业教育是高等教育的重要组成部分"。2002年国务院下发《国务院关于大力推进职业教育改革和发展的决定》。(2)内涵建设管理措施密集出台。如《普通高等学校高职高专教育专业设置管理办法(试行)》(教高〔2004〕4号)、《关于全面开展高职高专院校人才培养工作水平评估的通知》(教高厅〔2004〕16号)、《关于建立职业院校

---

　　①　"三教统筹"，即部分高等专科学校、职业大学和成人高校通过合办、改制等形式办高职；"三改一补"，即在"三教统筹"仍不能满足需求时，可将少数办学质量高、办学条件好的重点中专改制成为高等职业院校。

　　②　"三多一改"，即多渠道、多规格、多模式发展高职教育。多渠道是指除了"三改一补"中提到的学校可办高职教育外，普通高校也可举办。多规格是指专业可宽可窄，学制可长可短，学历教育和非学历教育均可。多模式是指高职教育既可政府办，也可民间办；既可公办民助，也可民办公助。

续　表

背景	主要特征	主要措施
养质量。(4)规范化标准化建设的理念形成共识。	专业带头人、专业建设、教师团队建设、实训基地建设等进一步重视。(5)重视优势、特色培育,重视示范辐射带动作用。	教学工作诊断与改进制度的通知》(教职成厅〔2015〕2号)。2010年教育部和财政部联合下发《关于进一步推进"国家示范性高等职业院校建设计划"实施工作的通知》。(3)各种教学改革措施陆续推出。如课程建设包括课程整体设计与教学内容单元设计、微课程建设、慕课程建设等,校企合作兼职教师队伍及实训基地建设、课程教学方法改革包括"学中做"、"做中学"、翻转课堂等,人才培养模式改革包括企业订单班等。(4)推出重大专项①。实施了各级示范、骨干校建设、专业带头人培育、优势及特色专业建设、示范性实训基地建设项目及四年制高职试点项目等专项行动。

　　在快速发展阶段,我国对高等职业教育的投入明显增长、高校规模迅速扩大、人才质量有较大提升,社会认可度明显提高,青年学生第一志愿率明显上升,对社会经济的发展起到巨大的推动作用,成为中国高等教育体系的不可缺少的一个重要组成部分。但是,这一阶段仍然存在一些不足或问题②,如教育思维的封闭性(表现为学生缺乏宏观视野的学习观、教师缺乏开放视野的教学观、学校缺乏创新创业的发展观、高职教育评价体系存在封闭性等),高职教育特色发展、错位发展无法体现。也有专家研究认为存在培养目标理解不透(忽略了立德树人的根本任务)、培养规格定位不准(忽略了职业教育的层级特

---

　　① "国家示范性高等职业院校"是为提升高职办学水平,由教育部启动的"百所示范性高等职业院校建设工程",又称高职"211"。"国家骨干高等职业院校"是"国家示范性高等职业院校建设计划"骨干高职立项建设院校的简称,以提高国家重点建设院校数量。

　　② 邵政:《我国高职教育发展存在的问题及发展路径研究》,《江苏高教》2015年第6期,第148—150页。

征)、职业发展分析不深(忽略了职业能力的动态发展),一定程度上存在"泛职业化"问题,背离高等职业教育的真正职业属性[1],需要我们职业教育工作者加以注意与改进。根据我们对浙江省高职教育的研究,在快速阶段主要存在重硬件轻内涵建设、高职院校布局与服务地方经济发展不够匹配、行业企业对高职教育重视与关注度不够、各地经费投入不平衡、院校研究与发展不够匹配等问题[2]。高职院校在对兼职教师队伍的管理中还存在招聘渠道不畅、薪酬与绩效考核制度不合理、培训制度缺失等问题[3],综合来说,高职教育快速发展的各个方面不同程度上存在一些问题,但各高职院校可能是不平衡的,也就是说存在的问题状态不一,针对不足或问题进行不断整改是关键,引起有关专家关注的课题至少有以下几个方面(见图 1-1-1)。

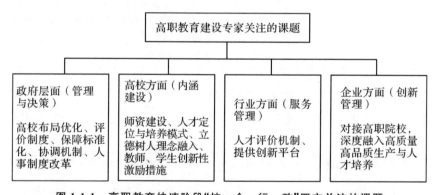

图 1-1-1　高职教育快速阶段"校·企·行·政"四方关注的课题

① 胡洪波:《高职教育中的"泛职业化"问题探讨》,《高教发展与评估》2010年第 26 卷第 5 期,第 110—114 页。
② 饶和平:《走进高职——论高等职业教育教师的职业成长及发展》,上海交通大学出版社 2019 年版。
③ 朱淑珍:《人力资源视角下高职兼职师资管理的问题与策略分析》,《职教论坛》2014 年第 2 期,第 15—17 页。

表 1-1-3　成熟稳定发展阶段（2016—2018）

背景	主要特征	主要措施
（1）在国家示范/骨干性高等职业院校建设影响下，追求高职教育高质量发展逐渐成为新一轮高职院校建设的奋斗目标。（2）新时代社会发展对专业建设的要求不断提高，对专业结构的需求也在变化，在高职院校实施新一轮高水平的优势/特色专业建设，适度扩大优势/特色专业建设布点是必然的趋势。（3）适应教育信息化需求。	（1）高职教育由外延式向内涵式质量提升的转变。国家示范性高等职业院校到国家骨干高等职业院校建设，最后到省级优质示范校建设，进而产生强烈的辐射效应。（2）办学定位更加准确，专业特色更加鲜明，社会服务能力强，与地方经济社会发展需要契合度高，行业优势突出，高校综合办学水平明显提升。（3）教育行政部门、高教学会教材建设专业委员会及各种学会或协会、出版社协作开展教材建设，协同效应明显。教材建设进入一个新高度，充分发挥新形态教材在课堂教学改革和创新方面的作用，不断提高课程教学质量。（4）教学与科技两手抓，协同创新发展。	（1）政策引导力度持续加码。2016 年教育部印发《高等职业教育创新发展行动计划（2015—2018 年）》，提出建设 200 所优质专科高等职业院校的目标，为高职战线树立起改革发展的"新标杆"。教育部发布《教育信息化"十三五"规划》，提出在"互联网＋"时代背景下更好地把握职业教育发展的新趋势和职业教育改革的新精神。2017 年教育部下发了《关于全面推进高职院校教学工作诊断与改进制度建设的通知》。（2）政府投入力度持续加码。省级财政对列入重点建设高职院校、优质高职院校建设的省属高职院校给予专项资金支持。地方属高职院校按照省级财政支持标准，按隶属关系由地方财政落实资金。（3）实施一系列专项专业建设项目。实施更大规模的"十三五"高校优势/特色专业建设项目，数量几乎达到"十二五"期间的两倍。各高职院校也纷纷启动校级层面的优势/特色专业建设，形成了不同层级的建设体系。专业项目支持面达到专业布点的 30%。适应"互联网＋"时代，实施新形态教材建设项目。教育教学评估更加深入，大力推行教育教学诊断与改进项目①，积极探索应用技术协同创新中心②建设。

---

①　职业院校教学工作诊断与改进是指学校根据自身办学理念、办学定位、人才培养目标，聚焦专业设置与条件、教师队伍与建设、课程体系与改革、课堂教学与实践、学校管理与制度、校企合作与创新、质量监控与成效等人才培养工作要素，查找不足与完善提高的工作过程。

②　"协同创新中心"，协同创新关键是机制的创新，协同创新中心可分为面向科学前沿、面向文化传承创新、面向行业产业和面向区域发展四种类型。作为高职院校，面向区域发展的协同创新中心，以地方政府为主导，以切实服务区域经济和社会发展为重点，通过推动省内外高校与当地支柱产业中重点企业或产业化基地的深度融合，成为促进区域创新发展的引领阵地。

表 1-1-4　创新高质量发展阶段(2019—2022 年)

背景	主要特征	主要措施
(1)国家经济产业飞速发展,结构不断优化,党的十九大提出"完善职业教育和培训体系,深化产教融合与校企合作",高等职业教育教育质量提升迎来新机遇,也面临新的挑战。(2)高职内涵式建设发展要求高职院校必须进一步精准、规范、高质量建设与管理。(3)如何支撑新兴产业、服务"一带一路"、服务区域经济特区、开放办学对高职院提出新要求。	(1)高标准高质量开展内涵建设。全面贯彻落实《国家职业教育改革实施方案》①。(2)以专业群为抓手、为主线。(3)"双高计划"遴选坚持质量为先、改革导向、扶优扶强,面向独立设置的专科高职学校(包括社会力量举办的专科高职学校)。在高职学校年均财政拨款水平达到国家统一要求且逐年增长的前提下,对职业教育发展环境好、重点工作推进有力、改革成效明显、"双高计划"政策资金保障力度大的省份予以倾斜支持。	(1)政策指引。2019 年 2 月国务院印发《国家职业教育改革实施方案》,指出要以习近平新时代中国特色社会主义思想为指导,把职业教育摆在教育改革创新和经济社会发展中更加突出位置。2019 年 4 月《教育部　财政部关于实施中国特色高水平高职学校和专业建设计划的意见》(教职成〔2019〕5 号),教育部办公厅和财政部办公厅联合印发《关于开展中国特色高水平高职学校和专业建设计划项目申报的通知》《中国特色高水平高职学校和专业建设计划遴选管理办法(试行)》(教职成〔2019〕8 号)同时出台,指出围绕国家重大战略和区域支柱产业,立项一批高水平高职学校建设单位和高水平专业群建设单位。(2)建立国家、地方(省级)及高职院校三级建设体系,充分发挥各层次的功能。(3)围绕"双高"建设单位及专业群,重点建设指标明晰且要求高。发布了"双高"学校建设数据采集、高水平专业(群)建设数据采集等信息表。

　　从高职教育的以上四个历程,我们可以发现,国家对高职教育发展越来越重视,对高职教育的政策越来越完善,力度不断加大,高职教育与社会经济的结合度越来越高,多部门形成的合力越来越强,内涵质量意识及品牌意识不断得到重视。2022 年党的二十大提出"实施科教兴国战略,强化现代化建设人才支撑",统筹职业教育、高等教育、继续教育协

---

　　① 《国家职业教育改革实施方案》(简称"职教 20 条")包括完善国家职业教育制度体系等七大方面及推进高等职业教育高质量发展共 20 项内容,由国务院于 2019 年 1 月 24 日印发实施。

同创新,推进职普融通、产教融合、科教融汇,优化职业教育类型定位,给职业教育创新高质量发展指明方向。

第二节 高职教育发展趋势、机遇与挑战

一、高职教育面临的课题

高职教育发展过程中面临的问题是多方面的,如在高职发展探索初期,摆在我国职教界面前亟待研究和解决的问题主要是如何理解高职教育的真正内涵、如何办好高职教育、高职教育和其他大学教育形式应保持什么样的关系等[①],高职教育如何面对市场及参与市场竞争、教学问题及教育观念的改革还需要进一步加大、课程及教学内容还需要进一步深化、如何进一步活化办学机制、职业教育急需提高现代科学技术应用转化的教学能力、教学方法与手段陈旧单一、高职学生吸引力不大及生源缺乏、教材还未形成自己的系统等[②],许多高职院校及职业教育专家进行了积极的探索,并取得较多的实践与思考。在高职教育快速发展阶段,部分高职院校主要面临定位仍不够明确、师资队伍力量较为薄弱、教学体制及就业体制还需完善[③]等问题;在成熟稳定发展阶段,主要面临高职教育发展不平衡不充分,专业课程建设不能完全适应产业转型升级

---

① 范谦、沈中伟:《高等职业技术教育发展中若干问题的探讨》,《职教论坛》1995 年第 12 期,第 10—11 页。
② 杜定国、郑心灵:《高等职业教育发展走向及其面临的问题》,《焦作大学学报》1997 年第 4 期,第 9—11 页。
③ 刘五云:《高职教育发展面临的问题及对策研究》,《中国成人教育》2009 年第 13 期,第 79—80 页。

的新变化①,学生职业综合素质提升与岗位需求、中高职衔接如何深度合作等问题;在创新高质量发展阶段,主要面临校企政深度融合体制与机制问题、政府投入不平衡问题、高校如何更好地服务地方经济等问题。在政府、高职院校及全社会的共同努力下,通过多年的建设与发展,许多不足或问题也不断得以改善或解决,人们对高职教育的观念也发生了巨大的改变,社会对高职人才的认可度及需求也不断提高,促进了高职教育的发展及人才培养质量的提高,但新的不足或问题也会产生,这是历史发展规律所在。当前高职教育继续受到专家关注的课题至少有以下几大方面(见图 1-2-1)。

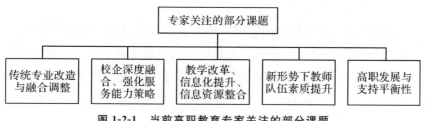

图 1-2-1　当前高职教育专家关注的部分课题

二、高职教育发展趋势

趋势是指一种发展方向,高职院校正确把握好高职教育的发展趋势有利于提前准备、计划与行动,做到思想先行、行动靠前,在起跑线上不掉队,中国高等职业教育从当初的探索发展阶段,到快速发展阶段及成熟稳定发展阶段,现在已经进入创新高质量发展阶段,重点建设政策是影响我国高职教育发展的关键因素,并在一定程度上引领着高职院校发展和改革的方向②,地方政府的政策支持同样起积极推动作用,企业与高校的深度合作将影响着职业教育的可持续发展,而高职院校本身的思

---

① 覃川、郑萍萍:《论产业转型升级背景下高职教育面临的新问题和对策》,《教育与职业》2018 年第 12 期,第 34—37 页。

② 莫玉婉:《我国高职教育重点建设:政策变迁、路径依赖及改革趋势》,《高教探索》2021 年第 5 期,第 87—93 页。

维精准跟进、行动速度及行动质量直接关系到学校办学的水平与质量。我国高职院校经历了"示范"或"骨干"学校建设,目前正走进"双高计划"建设,综合分析高职教育的发展过程及国家经济发展的态势,我们预测高职教育发展趋势总体来说将呈现法治、高质量、大规模、适应强的四大景象。高法治主要表现在制度建设更加科学规范、学校管理水平更高、治理学校依法依规程度更高。高质量主要反映在学校内涵建设高标准、高水平、高质量,包括教师队伍建设、学生管理、教学改革等。大规模主要表现在专业规模数及学生规模数将逐渐增加,特别是优势特色专业。适应性强主要表现在人才培养质量高、技术技能水平高、能在短时间内适应实际岗位,与社会需求吻合度更加一致。由此带动一大批高职院校的有序竞争与发展,引发一系列深化及精准改革(见图 1-2-2)。

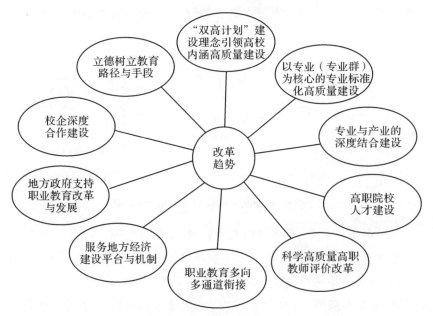

图 1-2-2　高职教育未来改革发展的主要十大趋势

三、高职教育发展机遇与挑战

在高职院校建设与发展过程中,任何阶段都面临机遇与挑战,抓住了机遇就能得以更快更好地发展,错失了机遇将会相反。机遇与挑战常常是共存的,抓住了机遇又能正面面对挑战,并为此努力,将会取得巨大成功;如果抓住机遇但努力不够,那么同样会失去良好的发展机会。当前我国正在全面进行高职"双高"建设,各省市同时也在实施职业教育"双高"建设,这是所有中高职院校的最大机遇。另一个机遇就是随着社会对职业教育的认可及国家职业教育体系的完善,职业教育独立的职业上升通道将会不断得到重视、加强与完善。在以上两个机遇背景下,从宏观角度来看,职业教育面临的主要挑战有以下五大方面(见图 1-2-3)。

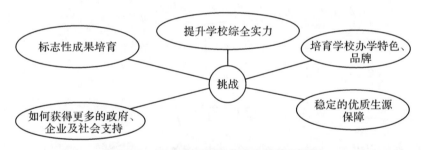

图 1-2-3 职业教育面临的五大挑战(宏观)

从微观角度来看,面临的挑战则更多,特别是在"双高"建设背景下,无论是政府、学校管理者,还是专业教师都将面临其职责和质量的新挑战,如高职院校深化产教融合对教师能力的挑战,教师的专业课程开发能力、专业实践技能、三全育人能力、创业就业指导能力及科研转化能力,深化教学改革对教师课程思政的融入把握能力、国家或省级课程规划教材建设能力、全国职业技能教师教学能力展示等。从微观角度来看,职业教育主要面临着六大挑战(见图 1-2-4)。

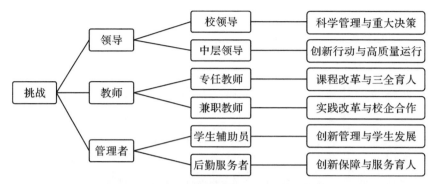

图 1-2-4　职业教育面临的六大挑战（微观）

　　高等职业教育快速及高质量发展以后，将不断持续深入，对推进实现中国式现代化，促进全球产业发展，造福全球人类有巨大的推动作用。我们知道，由中华人民共和国教育部、天津市人民政府共同主办的首届世界职业技术教育发展大会于 2022 年 8 月 19 日至 20 日在天津举行，主题为"后疫情时代职业技术教育发展：新变化、新方式、新技能"，国家主席习近平在给大会的贺信中说，职业教育与经济社会发展紧密相连，对促进就业创业、助力经济社会发展、增进人民福祉具有重要意义。大会期间，教育部发布了《中国职业教育发展白皮书》①。目前，中国职业教育已设置 1300 余种专业和 12 万余个专业点，覆盖国民经济各领域，为产业经济提供源源不断的人才红利。大会形成的《天津倡议》包括五大方面内容（见图 1-2-5）。大会充分展现职业教育的"中国方案"，向世界贡献职业教育的中国智慧，标志着中国职业教育发展的巨大成功及影响力的不断扩大。

---

　　① 《中国职业教育发展白皮书》于 2022 年 8 月由中华人民共和国教育部发布。白皮书介绍说，职业教育是国民教育体系和人力资源开发的重要组成部分。其指出中国职业教育与中国现代化共生发展，发挥着服务经济发展、促进民生改善、优化教育体系、增进国际交流的作用，在面向世界的现代化进程中做出了不可替代的贡献。中国政府把职业教育作为与普通教育同等重要的教育类型。中国把职业教育定位于国民教育体系和人力资源开发的重要组成部分，为中国式现代化道路注入了强劲的职教力量。强调搭建合作与交流平台，与世界共享中国职业教育改革成果是我们的美好愿景。

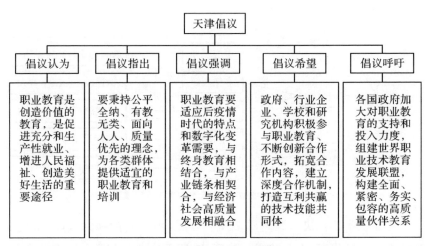

图 1-2-5 首届世界职业技术教育发展大会《天津倡议》

2022年党的二十大提出"实施科教兴国战略,强化现代化建设人才支撑",明确教育、科技、人才是全面建设社会主义现代化国家的基础性、战略性支撑。在如何办好人民满意的教育中提出统筹职业教育、高等教育、继续教育协同创新,推进职普融通、产教融合、科教融汇,优化职业教育类型定位。这是当前职业教育创新高质量发展最大的机遇。作为高等职业教育工作者,积极投身其中,为之奋斗,是应尽的历史使命。

高职教育"双高"建设内涵与特征研究

第一节　高职教育"双高"建设内涵研究

一、高职"双高"概念

高等职业教育简称"高职教育",高职教育是"高等职业技术教育"和"高等职业教育"的简称,它是指"完成高中阶段教育和中职教育的基础上,为适应生产、建设、管理与服务一线的某种职业、岗位、技术业务的需要,而进行的高等知识、技能和态度的教育"。"职业技术学院"是高等职业院校的特有校名后缀,是我国高等教育的重要组成部分。

中国特色高水平高职学校和专业建设计划,简称"双高计划"。2019年1月国务院正式下发《国家职业教育改革实施方案》[①],首次提出"启动实施中国特色高水平高等职业学校和专业建设计划,建设一批引领改革、支撑发展、中国特色、世界水平的高等职业学校和骨干专业(群)",要求到2022年"建设50所高水平高等职业学校和150个骨干专业(群)"。高职"双高计划"包括高水平高等职业学校计划、高水平高职专业(群)建设计划。

"双高计划"是在我国出台《国家职业教育改革实施方案》(职教20条)背景下,为推动高职院校创新发展实施的新一轮全方位改革,从而达到大力提升新时代现代职业教育水平,更好地服务社会的目标,高职"双高"的主要定位与内涵,见图2-1-1。

---

① 2019年1月24日,国务院在我国政府网上正式公布了《国家职业教育改革实施方案》,该方案提出总体要求与目标、具体指标、具体内容包括完善国家职业教育制度体系、构建职业教育国家标准、促进产教融合校企"双元"育人、建设多元办学格局、完善技术技能人才保障政策、加强职业教育办学质量督导评价、做好改革组织实施工作等七个方面共二十项。

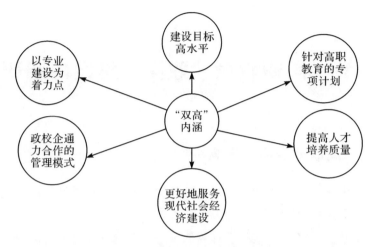

图 2-1-1　高职"双高"主要内涵解释

二、"双高"学校建设内容

"双高"建设起始最为关键的工作之一,是各高职院校要明确建设内容,也就是要在"双高"目标导向下确定具体的建设内容。在高职教育的长期建设与发展过程中,各高职院校已经在行政管理、党建建设、制度建设、专业建设、教学管理、科研管理、教师队伍建设、学生管理等方面进行了实践与探索,并不断改进,积累了大量的基础,但各高校之间存在不平衡现象,人才培养与社会发展在一定程度上仍然存在适应性不足现象,在我国社会经济高质量要求背景下,为更好地适应新时代社会经济发展,各高职院校建设仍然有上升提质的巨大空间。在高水平院校建设层面,高职院校要主动对接服务国家重大战略决策,坚持立德树人办学理念,强化产教融合,打造双师型队伍,树立创新性思维,加强信息化管理。"双高"建设的十大项改革发展任务①可概括为"一加强、四打造、五提升"(见图 2-1-2),当然在"双高计划"推进过程中,各高职院校必须结合

————————

① 《教育部　财政部关于实施中国特色高水平高职学校和专业建设计划的意见》(教职成〔2019〕5 号)。

自己的实际状况制定实施方案,要把握好学校建设重点,找准方向,通过补短板、丰内涵、提质量来实现总目标。

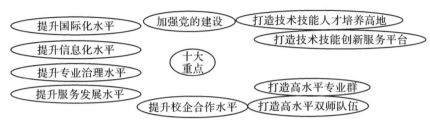

图 2-1-2　高水平高职院校建设十大改革发展任务

每个重点改革发展建设内容可以分解为若干个子项目内容,如党的建设可分为组织建设、制度建设、理论研究等,技术技能人才培养平台打造可分解为校企合作综合体、单一训练实训基地等,技术技能创新服务平台或分解为教学型、科研型服务平台打造,双师型队伍建设或分解为专任教师、兼职教师、实训基地师资队伍等,校企合作可分解为一般合作基地和校企深度合作基地等,服务发展可以分解为以地方政府服务为主的技术技能服务及面向周围地区及全国的技术技能服务,学校治理可分解为政策优化、分层管理、监督管理等。

三、"双高"专业群建设内容

专业是高职院校学生培养的关键载体,是高职院校人才培养与社会产业需求的交点,专业建设作为高职"双高"建设的核心内容之一,也是"双高"学校建设的着力点。教育部高职高专专业目录是职业教育的标准性指导文件,各高职院校开设新专业必须经过全面的市场调查,依据专业目录依法规范地开设,专业一旦开设就必须按照教育部专业建设标准进行规范建设。由于专业建设全国各高校有较大的竞争性,高职院校要变竞争为机遇,树立国家经济社会发展大局意识,采取主动学习与交流策略,取长补短,结合地方经济与学校实际,实现优势特色发展。"双高"建设中提出高水平专业群的十大建设任务包括"一加强、四打造、五提升"(见图 2-1-3)。浙江省在"双高"专业群建设中提出了九大重点任务,包括人才培养模式创新、课程教学资源建设、教材与教法改革、教师教学创新团队建设、实践教学基地建设、校企合作建设、社会服务、国际交流合作、可持续发展保障机制建设等。高职院校要构建更加完善的专业动态调节机制①,强化专业群组建,以适应新时代社会经济发展需要。专业群建设重点中要融合课程资源与整合课程体系(简称"双合"),理顺课程资源整体与局部、共性与个性、当前与长远的关系,课程体系要形成底层共享贯通、中层整合分层、上层互选拓展;基地建设要做好盘活存量、选准增量、整合余量(简称"三量")。

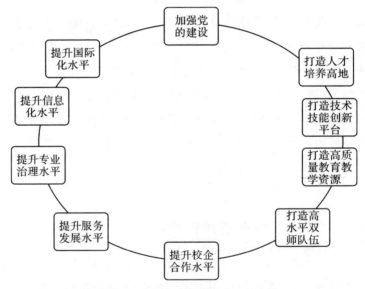

图 2-1-3　高水平专业群建设十大任务

每个专业群建设内容可以分解为若干个子项目内容,如人才培养模式创新可以根据生源的新变化,除了原有的普高生生源外,可细分解为中高职衔接或专本科衔接的人才培养模式建设、适应社会扩招人员的特有培养模式等。教材与教法改革,特别要注意职业教育国家或

① 尤咏:《"双高计划"建设重点与实施路径分析》,《江苏建筑职业技术学院学报》2022 年第 22 卷第 1 期,第 53—64 页。

省级规划教材建设,进行重点攻关。课程教学资源重点可分解为国家级教学资源、省级教学资源及校级教学资源建设。社会服务可以分解为科技服务、技术服务等。教师教学创新团队建设可分解为课堂教学改革团队、教学研究团队、技术服务团队、培训团队等。

四、"双高"建设时代背景及出台过程

中国特色高水平高职学校和专业建设计划是指我国为建设一批引领改革、支撑发展、中国特色、世界水平的高等职业学校和骨干专业(群)的重大决策建设工程,亦是推进中国教育现代化的重要决策。"建设一流高职院校"的目标和"国际化"路径选择的确立,既是顺应中国"走出去"发展战略,提升中国企业和产品国际竞争力的需要,也是主动适应当前中国经济转型升级,提升职业教育及其人才培养竞争力,从而切实增强职业教育吸引力的需要,"双高"建设的时代背景是基于高职教育自身发展的需要及中国提升国际竞争力的需要。我国十分重视高职教育,党中央、国务院做出正确决策,教育部等有关部门积极工作,中国"双高计划"出台的主要过程如下(图 2-1-4)。

2004年，教育部《关于以就业为导向深化高等职业教育改革的若干意见》提出："要在全社会倡导并树立不同层次、不同类型学校都能办出一流教育的思想"

⇕

2014年6月，国务院《关于加快发展现代教育的决定》明确提出，"到2020年，形成具有中国特色、世界水平的现代职业教育体系"及"建成一批世界一流的职业院校和骨干专业，形成具有国际竞争力的人才培养高地"的目标任务；《现代职业教育体系建设规划（2014—2020年）》中提出了"服务国家对外开放战略，培育一批具有国际竞争力的职业院校"的建设任务；国务院印发了《关于进一步加快职业教育发展的决定》

⇕

2014年底，教育部颁布的《关于深化职业教育教学改革全面提高人才培养质量的若干意见（征求意见稿）》又把"建成一批世界一流的职业院校和骨干专业"明确为"建设一批世界一流的高职院校和骨干专业"，且加上了要"扩大国际交流与合作"的内容

⇕

2015年，教育部启动实施《高等职业教育创新发展行动计划（2015—2018年）》和《职业院校管理水平提升行动计划（2015—2018年）》

⇕

2018年11月14日，中央全面深化改革委员会第五次会议，审议通过了《国家职业教育改革实施方案》

⇕

2019年2月，中共中央、国务院印发的《中国教育现代化2035》指出：推动职业教育与产业发展有机衔接、深度融合、集中力量建成一批中国特色高水平职业院校和专业

图 2-1-4 "双高"计划出台过程

第二节 高职教育"双高"建设主要特征研究

一、"双高"建设启动状况

（一）我国"双高"建设启动状况

为贯彻落实《国家职业教育改革实施方案》，根据《教育部　财政部关于实施中国特色高水平高职学校和专业建设计划的意见》（教职成〔2019〕5号）和《中国特色高水平高职学校和专业建设计划遴选管理办

法(试行)》,教育部办公厅、财政部办公厅于 2019 年 4 月 18 日下达了《关于开展中国特色高水平高职学校和专业建设计划项目申报的通知》,我国"双高"建设计划首轮申报工作正式启动。通知明确围绕国家重大战略和区域支柱产业,首轮立项建设 50 所左右高水平高职学校和 150 个左右高水平专业群,重点布局在现代农业、先进制造业、现代服务业、战略性新兴产业等技术技能人才紧缺领域。

按照公开、公平、公正原则,经过学校申报、省级推荐、遴选确定三个环节,2019 年 12 月 10 日教育部、财政部联合公布首批中国特色高水平高职学校和专业建设计划建设单位名单(教职成函〔2019〕14 号),其中"双高"建设学校 56 所、"双高"建设专业 141 个,首批"双高"建设涉及197 所建设单位,覆盖了 29 个省、市、区。作为《国家职业教育改革实施方案》的重点项目,"双高计划"比肩普通高等教育"双一流"建设,是落实"职业教育与普通教育是两种不同教育类型,具有同等重要地位"的重要制度设计,也是国家职业教育大改革大发展的"先手棋"。集中力量建设一批具有引领作用的高职学校和专业,将大幅提升新时代职业教育水平。

(二)"双高"学校立项数据分析

"双高"建设校 56 所,占全国高职(专科)院校总数的 3.7%,分布于29 个省、市、区,江苏省、浙江省、广东省立项数位列前 3 位,占全部立项总数的 32%,体现出十分强劲的实力,显示办学高质量基础。山东省、陕西省、北京市、天津市、湖南省、重庆市紧跟随后,也有较强的实力,其他 20 个省(直辖市、自治区)各有 1 所高校立项,立项 2 所以上高校的省、市、区见图 2-2-1。

56 所立项高校中,其中 A 档 10 所(17.9%)、B 档 20 所(35.7%)、C 档 26 所(46.4%),从档次可以发现位于 AB 档位前 3 位的是浙江省(2A3B)、江苏省(2A3B)和广东省(4B),占全部 AB 档总数的 25%,与高校立项总数优势比相对一致。

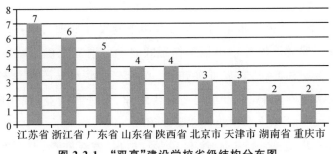

图 2-2-1 "双高"建设学校省级结构分布图

(三)"双高"专业立项数据分析

从专业布局看,立项 253 个专业群(包括"双高"建设单位附建的 112 个专业),覆盖了 18 个高职专业大类,布点最多的五个专业大类分别是装备制造大类、交通运输大类、电子信息大类、财经商贸大类、农林牧渔大类。从产业布局看,服务面向战略性新兴产业的专业群有 75 个,面向现代服务业的 71 个,面向先进制造业的 63 个,面向现代农业的 23 个,面向其他专业的 21 个。专业(专业群)建设立项数量数据显示,立项专业涉及 5 所及以上高职院校的共有机电一体化技术、数控技术、护理等 12 个专业(占 4.7%),显示出强大的建设基础,我们可以理解为强势专业(见图 2-2-2)。

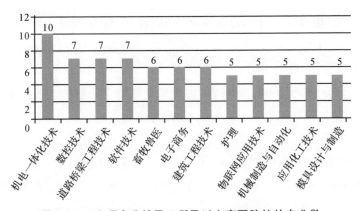

图 2-2-2 立项专业涉及 5 所及以上高职院校的专业数

立项专业涉及 3—4 所高职院校的共有老年服务与管理、物流管理、种子生产与经营等 18 个专业(7.1%),显示出较好的建设基础,我们可以理解为强大专业(见图 2-2-3)。

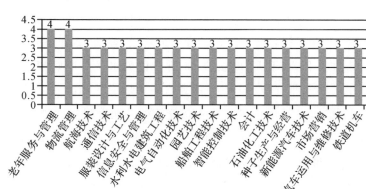

图 2-2-3　立项专业涉及 3—4 所高职院校的专业数

立项专业涉及 2 所高职院校的有学前教育、测绘地理信息技术、药学、中药学等 18 个专业(7.1％),显示出一定的建设竞争力,我们可以理解为强劲专业(见图 2-2-4)。

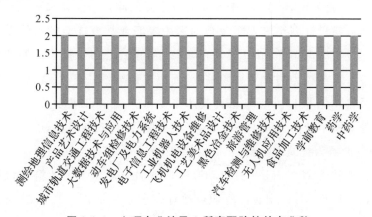

图 2-2-4　立项专业涉及 2 所高职院校的专业数

其他 204 个(80.6％)高职专业均只在 1 所高校立项,我们可以理解为有较大潜力的专业,并有一定的建设基础。

(四)各地"双高"建设启动情况及数据分析

广东省于 2020 年 12 月公布第一批省高职院校高水平专业群拟立项名单,共有 185 个专业群入选,每个专业群包括 1—2 个及以上专业。

2021年2月广东省88所高水平中职学校入选建设、培育名单。2021年11月共有129个专业群被选为第二批省级高水平专业群建设项目。山东省早在2019年就启动了"双高"专业群建设,首批60个高水平专业群入选。吉林省2020年12月立项13所特色高水平高职院校、130个特色高水平高职专业(群)、40所特色高水平中职学校、123个特色高水平中职专业(群)。《湖北省高水平高职院校和专业群建设计划实施方案》于2021年5月7日发布,提出到2024年,基本建成20所左右省级高水平高职院校、60个左右省级高水平高职专业群的总体目标。2020年11月6日,《福建省高水平职业院校和专业建设计划实施方案》发布,提出到2022年立项建设10所左右省级高水平高职院校、30所左右省级高水平中职学校、20个左右省级高水平高职专业(群)、90个省级高水平中职专业(群)的总体目标。《关于西藏自治区高水平职业院校和专业群建设计划实施方案的通知》于2022年发布,同年立项高水平高职院校1所、中职学校8所,涉及17个专业群。宁夏回族自治区高水平职业院校和专业群建设计划实施方案及自治区中等职业教育优质校和优质专业(群)建设实施方案于2020年发布,2021年正式公布宁夏工商职业技术学院等4所学校为高水平高职院校,葡萄与葡萄酒工程、旅游管理、机械制造及自动化等13个专业群为高水平专业群,宁夏工业学校、宁夏农业学校等8所学校为优质中职学校,畜牧兽医、现代农业技术、电子信息等20个专业群为优质专业群。

江苏省于2020年11月启动高等职业教育高水平专业群建设申报工作,2021年1月确定省高等职业教育高水平专业群144个(含省高水平高职院校申请"双高计划"的44个专业群)、高水平专业群培育项目11个,每个专业群涉及3—5个专业。2022年3月28日,江苏省公布省五年制高等职业教育高水平专业群建设项目30个,支持江苏联合职业技术学院等举办五年制高职的院校①开展职业教育五年制专业群建设。

---

① 江苏联合职业技术学院实行"小学院、大学校"的办学模式,下设若干所高等职业技术学校作为学院的分院,并设若干个办学点。

省高水平专业群建设期限为两年,实行年度报告、期末验收和常规考核管理制度。省教育厅将以"大专项+任务清单"的方式对省属高职院校高水平专业群建设给予奖补,对其他院校根据建设情况视情进行奖补,培育项目建设经费由学校自筹。

湖南省教育厅、财政厅2022年4月1日印发《湖南省高水平高职学校和专业群及优质中职学校和专业(群)建设计划实施方案》的通知,提出集中力量建设一批示范引领、有湖湘特色的职业学校和专业群,"十四五"期间遴选建设30所左右高水平高职院校(含职业本科学校)、150个左右高水平专业群,60所左右优质中职学校、200个左右优质专业(群),标志着"双高计划"建设正式启动。2022年7月28日正式公布湖南省楚怡高水平高职院校和专业群建设计划及楚怡优质中职学校和专业(群)建设计划建设单位名单,规模大、涉及面广,立项数据宏观结构见图2-2-5。

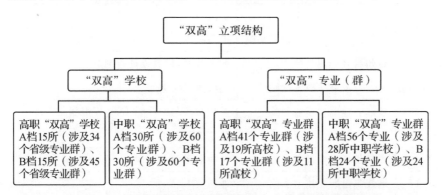

图 2-2-5　湖南省楚怡"双高"学校和专业群立项数据结构

浙江省2020年9月启动"双高"申报工作,通知中明确已入选国家高水平学校建设单位的6所高职院校自然为省域高水平学校,不再参与本次申报;已入选国家高水平专业群建设单位的9所高职院校可参与省级高水平学校申报。2个专业群均入选A类的为省级"双高"学校建设单位,其他有1个及以上专业群入选的为省"双高"专业群建设单位。同时,将中职学校也纳入申报范围。2020年12月正式公布15所高职院校、50所中职学校为省高水平职业院校建设单位,30个高职专业群(见表2-2-1)、150个中职专业群为省高水平专业群建设项目。

表 2-2-1　浙江省高水平高职院校专业群建设一览表（截至 2022 年）

序号	建设单位	专业群名称
1	温州科技职业学院	绿色食品生产与检验，畜牧兽医
2	杭州科技职业技术学院	模具设计与制造（智能制造），市政工程技术（智慧建造）
3	台州职业技术学院	汽车制造与装配技术，药品生产技术
4	绍兴职业技术学院	计算机应用技术，电子商务
5	嘉兴职业技术学院	软件技术（工业互联网），服装与服饰设计
6	湖州职业技术学院	工业过程自动化技术
7	宁波卫生职业技术学院	护理，老年保健与管理
8	浙江医药高等专科学校	药物制剂技术
9	浙江同济科技职业学院	水利工程，建筑工程技术（智能建造）
10	衢州职业技术学院	护理，计算机应用技术
11	浙江国际海运职业技术学院	航海技术
12	台州科技职业学院	园艺技术，模具设计与制造
13	杭州万向职业技术学院	国际贸易实务
14	浙江农业商贸职业学院	茶树栽培与茶叶加工，会展策划与管理
15	浙江广厦建设职业技术大学	建筑工程技术
16	浙江长征职业技术学院	跨境电子商务
17	浙江邮电职业技术学院	通信技术
18	浙江特殊教育职业学院	特殊教育
19	浙江舟山群岛新区旅游与健康职业学院	导游
20	宁波幼儿师范高等专科学校	学前教育

二、"双高"建设的主要特征

（一）国家"双高"建设体系、机制

教育文件明确提出"双高计划"实行国家、地方、学校三级推进，以促

进"双高"建设有序推进。国家"双高计划"每五年为一个支持周期,全面实施项目绩效管理,实行"总量控制、动态管理,年度评价、期满考核,有进有出、优胜劣汰"的建设机制。如果出现违背立德树人根本任务,学校在思想政治工作上出现重大问题或者偏离国家"双高计划"总体目标、社会贡献度显现较弱或学校建设任务没有如期完成、目标实现未达预期,将停止"双高计划"建设,令其退出计划。如果出现以下情形的(见图 2-2-6),将限期整改,并在绩效评价结果中予以反映。

图 2-2-6　"双高"建设限期整改的三种情形

根据教育部 2020 年教育统计数据(2021 年 8 月 30 日公布),高职(专科)院校有 1468 所,中等职业教育有 9896 所,由于国家首批立项的"双高"学校占比仅 3.7%,因此以上体系与机制将带给职业教育很大的发展空间与机遇。各省"双高"建设周期一般不超过 5 年,如浙江省"双高"项目建设期为 3 年(2021—2023 年),实行动态管理,期满验收。福建省级"双高计划"建设周期为 3 年(2020—2022 年),实行"总量控制、年度考核、动态调整、优胜劣汰"的项目建设管理机制。国家"双高计划"全面实施项目绩效管理[①]。绩效评价结果将作为调整项目经费支持额度的重要依据。对资金筹措有力、建设成效显著的项目,加大支持力度;对资金筹措不力、实施进展缓慢、建设实效有限的项目,提出警告并酌减资金支持额度;对出现重大问题、经整改仍无改善的项目,中止项目建设。中止建设的项目单位不得再次申请"双高计划"项目。分析国家及部分省

---

　① "双高计划"绩效管理(简称绩效管理)是指"双高计划"建设学校(简称学校)、中央及省级教育部门和财政部门组织实施绩效目标管理,依据设定的绩效目标实施过程监控,开展绩效评价并加强评价结果应用的管理过程。

市的"双高"建设机制,可以归纳为以下几个方面的特征(见图 2-2-7)。

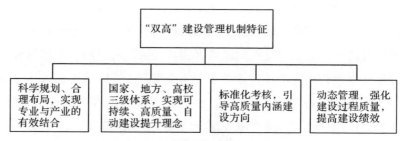

图 2-2-7 "双高"建设的主要机制特征

(二)"双高"学校建设主要观察指标研究

"双高"学校建设数据采集主要内容模块分项目资金、绩效指标、其他需要特别说明的问题三大方面,绩效指标分为 3 个一级指标、6 个二级指标、28 个三级指标(见图 2-2-8)。

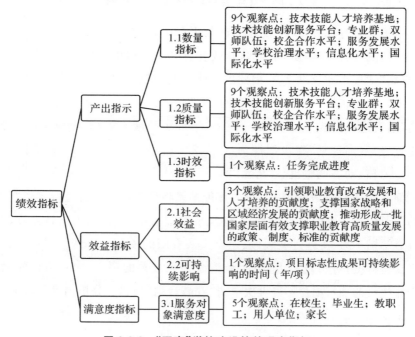

图 2-2-8 "双高"学校建设绩效观察指标

(三)"双高"专业建设主要观察指标研究分析

"双高"专业群建设数据采集主要内容模块分项目资金、绩效指标、其他需要特别说明的问题三大方面,绩效指标分为 3 个一级指标、6 个二级指标、26 个三级指标(见图 2-2-9)。

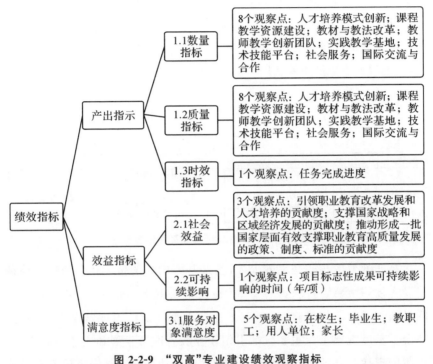

图 2-2-9　"双高"专业建设绩效观察指标

高校在专业群建设中,要重视专业群结构的合理性、专业群与产业链对接紧密性、对职业岗位群的满足度、核心专业群带动作用、专业群基础建设、专业社会服务能力建设、专业群组织体系、专业群人才培养方案、课程体系、双师队伍、实训条件建设、教学资源库建设、成效与成果积累、专业品牌鲜明度与影响力、办学特色提炼等。

(四)"双高"建设其他观察指标

"双高"建设的绩效指标围绕"双高计划"的十大任务,即"一加强、四打造、五提升",通过加强党的建设,在党建指导和引领"双高"建设的前提下,完成"四打造(打造技术技能人才培养高地、打造技术技能创新服务平台、打造高水平专业群、打造高水平双师队伍)"和"五提升(提升校企合作水平、提升服务发展水平、提升学校治理水平、提升信息化水平、提升国际化水平)"来强化内涵建设,带动职业教育持续深化改革,实现高质量发展。除了绩效观察指标外,我国"双高"建设观察指标还包括社会贡献度、社会认可度、当地政府重视度三大方面。为办好高职,必须坚持为当地经济社会发展的基本理念,适应当地经济社会发展,强化政校合作,当地政府重视度主要从以下四大维度指标进行考察(见图 2-2-10)。

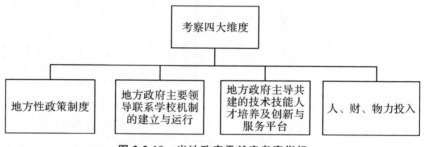

图 2-2-10 当地政府贡献度考察指标

高职教育的核心是培养人才,其最基本的目的是为社会输送合格的建设人才,社会认可度也是"双高"建设重要的考察指标,人才质量的高低必须经过社会的检验,从而有了社会贡献度及认可度这个考察指标。社会贡献度观察指标主要包括引领职业教育改革发展和人才培养方面,支撑国家战略和地方经济社会发展方面,推动形成一批国家层面有效支撑职业教育高质量发展的政策、制度、标准方面。每个维度均包括标志性成果名称、绩效目标设定中对应的三级指标编码与指标值、标志性成果简介、社会评价佐证材料目录四个要素。[①] 社会认可度观察指标主要从行业企业认可度等四个维度进行考察(见图 2-2-11)。

---

① 陈正江:《基于"治理表"的"双高"建设绩效管理研究》,《职教论坛》2021 年第 11 期,第 146—151 页。

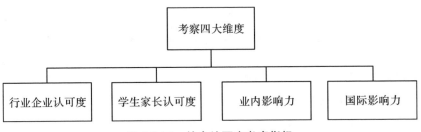

图 2-2-11　社会认可度考察指标

三、"双高"建设的基本原则

　　"双高"建设以习近平新时代中国特色社会主义思想为指导,牢固树立新发展理念,服务建设现代化经济体系和更高质量更充分就业需要,扎根中国、放眼世界、面向未来,强力推进产教融合、校企合作,聚焦高端产业和产业高端,重点支持一批优质高职学校和专业群率先发展,引领职业教育服务国家战略、融入区域发展、促进产业升级,为建设教育强国、人才强国做出重要贡献。在这个指导思想下,"双高"建设的基本原则为做到五个坚持(见图 2-2-12)。

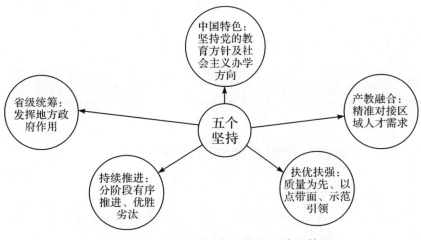

图 2-2-12　"双高"建设基本原则(五个坚持)

四、"双高"学校项目遴选的成果条件

国家"双高"建设学校申报时对成果有很高的要求,注意必须是规范的比赛、规范的奖项,学校在以下 9 项标志性成果中至少满足 5 项(见表 2-2-2)。

表 2-2-2 "双高"学校申报标志性成果

序号	内容
1	近两届获得过国家级教学成果奖励(第一完成单位)
2	主持国家级职业教育专业教学资源库立项项目且应用效果好
3	承担国家级教育教学改革试点且成效明显
4	有国家级重点专业(仅包括国家示范、骨干高职学校支持的重点专业)
5	近五年学校就业工作被评为全国就业创业典型
6	近五年学生在国家级及以上竞赛中获得过奖励(世界技能、全国职业院校技能、中国"互联网+"大学生创新创业大赛、"挑战杯"全国大学生课外学术科技作品竞赛和中国大学生创业计划竞赛)
7	教师获得国家级奖励("万人计划"教学名师、高校黄大年式团队、职业院校教学能力比赛)
8	建立校级竞赛制度,近五年承办过全国职业院校技能大赛
9	建立校级质量年报制度,近五年连续发布《高等职业院校质量年度报告》且未有负面行为被通报

五、"双高"建设中期绩效评价

(一)评价指标体系

依据《〈中国特色高水平高职学校和专业建设计划绩效管理暂行办法〉的通知》(教职成〔2020〕8 号),教育部组织双高建设中期评估。中期绩效评价工作采取以"双高计划"建设单位自评为基础、省级评价为重点、教育部和财政部两部评价为引导,自下而上、上下结合的方式进行。

中期绩效评价的主要指标体系见表 2-2-3。

表 2-2-3　"双高"建设学校绩效评价主要指标体系

评价维度	一级指标	二级指标
学校层面 （100 分）	产出指标 50％	数量指标 20％＋质量指标 20％＋时效指标 10％
	效益指标 30％	社会效益 15％＋可持续影响 15％
	满意度指标 10％	服务对象满意度 10％
	管理与执行指标 10％	资金管理 5％＋项目管理 5％
专业层面 （100 分）	产出指标 50％	数量指标 20％＋质量指标 20％＋时效指标 10％
	效益指标 30％	社会效益 15％＋可持续影响 15％
	满意度指标 10％	服务对象满意度 10％
	管理与执行指标 10％	资金管理 5％＋项目管理 5％

注：（1）三级指标。"双高"学校参照《"双高"学校数据采集表》，"双高"专业群参照《高水平专业（群）建设数据采集表》，结合各省情况制定；（2）高水平学校建设单位评分＝对学校层面的建设任务评分×50％＋2 个专业群评分之和×25％；高水平专业群建设单位评分＝对学校层面的建设任务评分×30％＋1 个专业群评分×70％。

（二）定量与定性指标赋值方法

定量指标得分按照以下方法评定：与任务和绩效指标值相比，完成指标值的，记该指标所赋全部分值；未完成指标值的，按照完成值与指标值的比例记分。

定性指标得分按照以下方法评定：根据指标完成情况分为达成指标、部分达成指标并取得一定效果、未达成指标且效果较差三档，分别按照该指标对应分值区间 100％—80％（含）、80％—60％（含）、60％—0％合理确定分值。

（三）评价结果及应用

评价结果按照以下四档（见图 2-2-13），对评价等级为"中"或"差"的根据不同情形限期整改或中止支持建设。

图 2-2-13　评价结果等级

"双高"建设中,教育部十分重视评价结果应用,如果出现以下情况时(见图 2-2-14),将限期整改。对限期整改的"双高"建设高校,将调减项目经费支持额度,并在建设期满的终期绩效评价结果中予以体现。我们认为此条款是"黄牌","双高"建设学校必须避免出现。

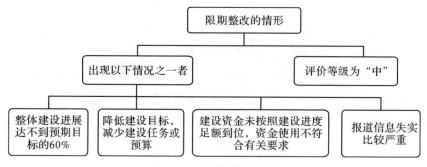

图 2-2-14　限期整改情形

如果出现以下情况时(见图 2-2-15),将中止支持建设,并使其退出"双高计划",且不得再次申请。我们认为此条款是"红牌",如果"双高"建设出现此情形,将对该校产生长期的负面影响。

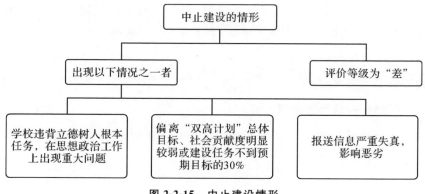

图 2-2-15　中止建设情形

此绩效评价措施及要求提示"双高"建设学校务必按照建设任务书及规范要求组织开展建设工作,很多高职院校十分重视[①],建设任务明确、目标具体、思路清晰、举措翔实、预期成效切合实际、操作性强。很多高校则对建设任务进行详细的分解,以子项目及子子项目的形式落实任务责任领导及责任人,并结合高校实际,对部分指标提出更高的建设要求与目标,以此来压实建设工作。

第三节　高职教育"双高"建设相关政策解读

一、高职教育"双高"建设国家层面有关政策解读

为推动现代职业教育高质量发展,促进社会经济发展,我国不断出台一系列职业教育重大政策与决定,有些是直接与职业教育有关的政策决定,如 2021 年中共中央办公厅、国务院办公厅印发的《关于推动现代职业教育高质量发展的意见》明确提出职业教育是国民教育体系和人力资源开发的重要组成部分,肩负着培养多样化人才、传承技术技能、促进就业创业的重要职责。有些政策、决定与职业教育密切相关,如 2015 年出台的《中国制造 2025》(国发〔2015〕28 号),2018 年出台的《关于进一步加强科研诚信建设的若干意见》(国务院公报 2018 年第 17 号)、《关于推行终身职业技能培训制度的意见》(国发〔2018〕11 号)等。教育部历来高度重视职业教育的发展、改革和创新等工作,尤其是在《国家职业教育改革实施方案》(国发〔2019〕4 号)颁布以来,先后制定出台了系列职业教育改革文件,为职业教育创造了天时地利人和的大好发展机遇。如

---

① 章君:《高水平高职院校建设任务研究——以 18 所"双高计划"院校为例》,《天津商务职业学院学报》2021 年第 9 卷第 2 期,第 76—83 页。

2019年教育部和财政部联合印发了《关于实施中国特色高水平高职学校和专业建设计划的意见》(教职成〔2019〕5号),标志着我国职业教育的"双高"建设计划正式启动,集中力量建设一批高水平高职学校和高水平专业群,引领新时代职业教育实现高质量发展,形成中国特色职业教育发展模式。

科学技术部联合教育部、财政部等印发了《关于加强我国科研诚信建设的意见》(国科发政〔2009〕529号),文件明确指出科研诚信是科技创新的基石,是社会主义精神文明建设的重要组成部分,引导高职教育规范诚信科研。2021年《中华人民共和国科学技术进步法》(2021年修订)出台,提出国家发挥高等学校在科学技术研究中的重要作用,鼓励高等学校开展科学研究、技术开发和社会服务,培养具有社会责任感、创新精神和实践能力的高级专门人才,鼓励科学技术研究开发与高等教育、产业发展相结合,鼓励学科交叉融合和相互促进,学校及其他教育机构应当坚持理论联系实际,注重培养受教育者的独立思考能力、实践能力、创新能力和批判性思维,以及追求真理、崇尚创新、实事求是的科学精神,这些将科学引导高职院校在"双高"建设过程中正确组织开展科学研究工作。

2022年,中国就业培训技术指导中心、人力资源社会保障部职业技能鉴定中心组织专家根据教育部门颁布实施的《职业教育专业目录(2021年)》等标准规定,研究编制《职业信息与培训项目(专业)对应指引》(包括《新职业信息与培训项目(专业)对应指引》),为高职院校开展有关职业教育的培训起积极的指引作用。2021年修订公布《国家职业资格目录(2021年版)》,规范引导高职双师型教师队伍建设。为深入实施人才强国战略,加强全国专业技术人才队伍建设,促进专业技术人才能力素质提升,根据国家"十四五"规划和2035年远景目标纲要,制定出台《专业技术人才知识更新工程实施方案》,包括高级研修项目、专业技术人员能力提升项目、数字技术工程师培育项目、国家级专业技术人员继续教育基地建设项目,其中很多项目内容依托高职院校完成,对高职院校自身办学水平提升起积极推动作用。

2021年2月,中共中央办公厅、国务院办公厅发布的《关于加快推进乡村人才振兴的意见》提出,坚持把乡村人力资本开发放在首要位置,为全面推进乡村振兴、加快农业农村现代化提供有力人才支撑。完善高等教育人才培养体系,加强乡村振兴发展研究院建设,加快发展面向农村的职业教育,鼓励退役军人、下岗职工、农民工、高素质农民、留守妇女等报考高职院校,这给"双高"建设带来新的生机与活力,如面对高职扩招对象的变化,如何科学地设计人才培养模式,需要高职院校用新时代大局的智慧与科学对策来实现人才高质量培养。

随着健康中国行动的推进,对医药卫生人才质量需求不断提高,而护理人才仍然是紧缺型人才,这一现象在基层医疗卫生单位更为明显。高职教育院校中医药护理专业人才数量大,在"双高"建设背景下,国家卫生健康委员会作为国务院组成部门,与教育部一样,对人才质量予以高度关注,与教育行政部门通力合作,支持职业教育,如国家卫生健康委在《全国护理事业发展规划(2021—2025年)》中提出,进一步加强护士队伍建设,丰富护理服务内涵与外延,提升护理管理水平,推动护理高质量发展,努力让人民群众享有全方位全周期的护理服务。规划提出要采取有效措施持续增加护士队伍数量,特别是从事老年、儿科、中医、社区、传染病和安宁疗护工作的护士及在基层医疗机构工作的护士数量,这给高职护理专业设置调整及人才培养模式的改革带来明确的指引。规划提出创新护理服务模式,提供"互联网+护理服务"、延续护理、上门护理等,加强以满足重大疾病、重点人群的临床护理需求为导向的护理学科建设。补齐护理短板弱项,加快发展老年医疗护理,加快发展安宁疗护,加强护理信息化建设,推动中医护理发展,加强护理交流与合作等。这些重大行业需求信息,有助于高职"双高"建设精准把握专业人才培养。

学习职业教育国家有关政策,了解有关政策内容,准确把握职业教育政策精髓是高职院校必须做的一门功课,有利于准确指导工作,有利于工作质量提升,有利于职业教育内涵建设,有利于培养出助推我国社会经济发展的优秀人才,无论对于高职院校管理人员,或专业教师,或企业管理人员而言,都是十分必要的一项工作。本课题组对近 10 年来我国职业教育相关政策进行了梳理、研究与解读,与职业教育相关的重大政策与决定(部分)主要精髓解读见表 2-3-1。

表 2-3-1 2014 年以来我国职业教育相关的政策(部分)主要精髓解读

名称	主要精髓
《关于加快发展现代职业教育的决定》(国发〔2014〕19 号)	内容主要包括总体要求、加快构建现代职业教育体系、激发职业教育办学活力、提高人才培养质量、提升发展保障水平、加强组织领导等六个方面。提出到 2020 年,形成职业教育与普通教育相互沟通,体现终身教育理念,具有中国特色、世界水平的现代职业教育体系。
《中国制造 2025》(国发〔2015〕28 号)	内容主要包括发展形势和环境、战略方针和目标、战略任务和重点、战略支撑与保障等四个方面。提出了到 2020 年、2025 年、2035 年和建国一百年的分阶段战略目标,详细列举了 2020 年和 2025 年制造业主要指标情况。
《关于推行终身职业技能培训制度的意见》(国发〔2018〕11 号)	内容包括总体要求、构建终身职业技能培训体系、深化职业技能培训体制机制改革、提升职业技能培训基础能力、完善保障措施等。提出建立并推行覆盖城乡全体劳动者、贯穿劳动者学习工作终身、适应就业创业和人才成长需要及经济社会发展需求的终身职业技能培训制度。
《关于进一步加强科研诚信建设的若干意见》(国务院公报 2018 年第 17 号)	意见从完善科研诚信管理工作机制和责任体系、加强科研活动全流程诚信管理、进一步推进科研诚信制度化建设、切实加强科研诚信的教育和宣传、严肃查处严重违背科研诚信要求的行为、加快推进科研诚信信息化建设等方面给予指导和规范。
《国家职业教育改革实施方案》(国发〔2019〕4 号)	又称"职教 20 条"。内容主要包括完善国家职业教育制度体系、构建职业教育国家标准、促进产教融合校企"双元"育人、建设多元办学格局、完善技术技能人才保障政策、加强职业教育办学质量督导评价等。提出了职业教育重大改革实施方案,组织实施高水平高等职业学校和专业(群)建设。

续　表

名称	主要精髓
《关于加快医学教育创新发展的指导意见》(国办发〔2020〕34号)	意见适应健康中国建设新需求,强化对医学教育办学指导,提出"全面优化医学人才培养结构、全力提升院校医学人才培养质量、深化住院医师培训和继续医学教育改革"等内容。
《关于推动现代职业教育高质量发展的意见》	意见涵盖了"强化职业教育类型特色、完善产教融合办学体制、创新校企合作办学机制、深化教育教学改革、打造中国特色职业教育品牌"等方面的内容。提出职业教育分阶段建设新目标:到2025年,职业教育类型特色更加鲜明,职业教育吸引力和培养质量显著提高;到2035年,职业教育整体水平进入世界前列,技能型社会基本建成。
《关于进一步支持大学生创新创业的指导意见》(国办发〔2021〕35号)	内容包括提升大学生创新创业能力、优化大学生创新创业环境、加强大学生创新创业服务平台建设、推动落实大学生创新创业财税扶持政策、加强对大学生创新创业金融政策支持、促进大学生创新创业成果转化、办好中国国际"互联网＋"大学生创新创业大赛和加强大学生创新创业信息服务。
《加快推进教育现代化实施方案(2018—2022年)》	主要内容包括指导思想、实施原则、推进教育现代化的"实施新时代立德树人工程""深化职业教育产教融合""推进高等教育内涵发展""全面加强新时代教师队伍建设"等十项重点任务、保障措施。
《关于加强新时代高技能人才队伍建设的意见》(2022年10月)	内容主要包括总体要求、加大高技能人才培养力度、完善技能导向的使用制度、建立技能人才职业技能等级制度和多元化评价机制、建立高技能人才表彰激励机制、保障措施等六个方面。提出到"十四五"时期末,技能人才占就业人员的比例达到30％以上,高技能人才占技能人才的比例达到1/3。力争到2035年,技能人才规模持续壮大,素质大幅提高,高技能人才数量、结构与基本实现社会主义现代化的要求相适应。

续　表

名称	主要精髓
《关于实施中国特色高水平高职学校和专业建设计划的意见》(教职成〔2019〕5号)	意见提到集中力量建设50所左右高水平高职学校和150个左右高水平专业群,打造技术技能人才培养高地和技术技能创新服务平台,支撑国家重点产业、区域支柱产业发展,引领新时代职业教育实现高质量发展。
《中国特色高水平高职学校和专业建设计划项目遴选管理办法(试行)》(教职成〔2019〕8号)	办法明确了遴选指导思想、原则、申报条件、管理措施、政策保障等内容,提出"双高计划"每五年为一个支持周期,2019年启动第一轮建设,明确了高水平学校和高水平专业群的条件、档次和数量等。
《深化新时代职业教育"双师型"教师队伍建设改革实施方案的通知》(教师〔2019〕6号)	主要内容包括建设分层分类的教师专业标准体系,推进以双师素质为导向的新教师准入制度改革,构建以职业技术师范院校为主体、产教融合的多元培养培训格局,完善"固定岗+流动岗"的教师资源配置新机制等;旨在通过建设提高教师教育教学能力和专业实践能力,优化专兼职教师队伍结构,大力提升职业院校"双师型"教师队伍建设水平。
《关于做好职业教育"双师型"教师认定工作的通知》(教师厅〔2022〕2号)	主要内容包括明确认定范围、严格标准要求、加强组织实施、强化监督评价、促进持续发展、注重作用发挥等六项,同时公布了职业教育"双师型"教师基本标准(试行),双师型教师分为初、中、高级三个级别,中等、高等职业学校教师标准分列。
《关于进一步加强全国职业院校教师教学创新团队建设的通知》(教师厅函〔2022〕21号)	主要内容包括明确创新团队建设目标任务、强化创新团队教师能力建设、形成创新团队建设范式、突出创新团队模块化教学模式、加强创新团队协作共同体建设、加大创新团队建设保障力度、加强创新团队建设的检查验收等,提出了组建原则,并提出因地制宜做好省级、校级创新团队整体规划和建设布局。
《办好深度贫困地区职业教育助力脱贫攻坚的指导意见》(教职成厅〔2019〕4号)	意见从"指导思想、基本原则、工作目标、主要任务、保障措施"等方面给予指导,进一步提升职业教育服务区域经济社会发展和脱贫攻坚的能力。

续　表

名称	主要精髓
《中国特色高水平高职学校和专业建设计划绩效管理暂行办法》(教职成〔2020〕8 号)	办法明确了"双高"建设的绩效管理目的、绩效目标、评价过程与方式、评价结果运用(包括限期整改及退出计划的具体情形)等内容。
《职业教育提质培优行动计划(2020—2023 年)》(教职成〔2020〕7 号)	行动计划包含"落实立德树人根本任务、推进职业教育协调发展、完善服务全民终身学习的制度体系"等十个方面的任务,详细列出了 56 项重点任务。
《本科层次职业教育专业设置管理办法(试行)》(教职成厅〔2021〕1 号)	办法包括总则、专业设置条件与要求、专业设置程序、专业设置指导与监督和附则等内容,进一步规范和完善本科层次职业教育专业设置管理,从师资结构、人才培养方案、软硬件条件等方面给予指导。
《教育信息化 2.0 行动计划》(教育部)(2018 年)	提出了八项行动计划(包括数字资源服务普及、网络学习空间覆盖、网络扶智工程攻坚、教育治理能力优化、百区千校万课引领、数字校园规范建设、智慧教育创新发展、信息素养全面提升行动)。
《现代产业学院建设指南(试行)》(教育部办公厅　工业和信息化部办公厅)(2020 年)	旨在扎实推进新工科建设再深化、再拓展、再突破、再出发,协调推进新工科与新农科、新医科、新文科融合发展,全面提高人才培养能力。提出了七项建设任务(创新人才培养模式、提升专业建设质量、开发校企合作课程、打造实习实训基地、建设高水平教师队伍、搭建产学研服务平台、完善管理体制机制)。
《关于开展中国特色高水平高职学校和专业建设计划中期绩效评价工作的通知》(教职成厅函〔2022〕10 号)	通知明确了"总体安排、评价内容、评价方式、评价结果及应用"等内容。对建设单位的评价分为"两类"和"三个阶段"。两类即高水平学校和高水平专业群,三个阶段为自评、省级评价和两部评价,三个阶段的评价内容基本一致。

二、高职教育"双高"建设地方政府层面有关支持政策解读

我国地方政府十分重视职业教育工作,如浙江省在中央赋予浙江"展示中国特色社会主义制度优越性的重要窗口"和"高质量发展建设共同富裕示范区"重要使命背景下,民营经济极为活跃,对高素质的技术技能人才需求尤为旺盛,浙江省政府长期以来始终把职业教育摆在优先发展的战略地位,先后召开多次重要会议,出台系列指导性文件,如 2021年浙江省教育厅印发了《浙江省职业教育"十四五"发展规划》(浙教规〔2021〕28 号),规划总结了"十三五"以来全省职业教育发展基础和取得的成绩,分析了当下面临的发展形势,并从总体思路、主要任务和工作举措、保障措施等方面谋划"十四五"的发展规划,为高质量发展建设与共同富裕示范区相适应的全国职教高地指明了方向。浙江省各地方政府还通过举办职业教育活动周来树立全民对职业教育的新认识、新思维,组织开展校园开放体验、社会服务、教学成果展示等活动,着力展现职业教育的特色与魅力,推动职业教育的创新发展,充分激发职业教育对社会经济贡献的活力,截至 2022 年 8 月已举办 8 届,活动时间和主题见图2-3-1。为加快推进职业教育现代化,服务现代产业体系和创新强省、人才强省建设,各地方政府也结合各自的发展特色和定位,强化职业教育人才培养、目标定位、路径、功能、结构等各方面的顶层设计,为职业教育的发展创造了大好条件,纷纷出台各类重大支持政策,推动职业教育的高质量发展,促进当地经济社会的发展。辽宁省政府在支持民办高校发展中也进行了诸多有益探索和尝试,特别是在创新教育管理体制、优化教育资源配置和探索建立新型"府学关系"等方面取得了重大成就。[①]江苏省政府在推进产业联盟发展中起积极的引导、扶持、监督评估作用。江苏省教育厅在《国家职业教育改革实施方案》及"双高计划"出台,产教

---

① 郭家宁:《民办高校发展中地方政府职能作用研究——以辽宁省 D 学院为例》,辽宁师范大学 2021 年硕士学位论文。

融合型企业、职教集团、教师队伍建设、教材建设、劳动教育逐步发展等一系列背景下,迅速制定出台了《省教育厅关于推进五年制高等职业教育高质量发展的意见》。[①]

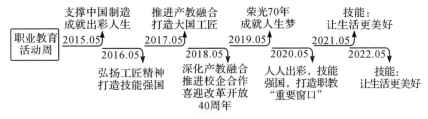

图 2-3-1　浙江省历届职业教育活动周主题

各地方政府层面出台支持职业教育发展的相关政策(部分)主要精髓解读(表 2-3-2)。

表 2-3-2　部分地方政府层面出台的职业教育相关政策(部分)主要精髓解读

序号	省份	名称	主要内容精髓
1	浙江	《关于推进职业教育与民营经济融合发展助力"活力温台"建设的意见》(浙政函〔2020〕136 号)	从激发企业参与职业教育新动能、完善协作开放的职业培训体系、创新产教融合校企合作方式、提升技术技能人才培养能级、协同推进产教人才高效流动、打造职业教育助力双创标杆等十方面进行推动。
2	浙江	《浙江省深化产教融合推进职业教育高质量发展实施方案》(浙政发〔2020〕27 号)	方案以深化产教融合为主线,从"推进职业教育产教融合校企协同育人、深化职业教育体制机制改革"等方面提出措施,为浙江"两个高水平"和"重要窗口"建设提供高素质技术技能人才支撑。
3	上海	《上海职业教育高质量发展行动计划(2019—2022 年)》(沪府办〔2019〕128 号)	计划强调"着力落实和巩固职业教育的类型教育地位、优化职业院校和专业布局、深化产教融合校企合作、全面提升人才培养能级、打造职业教育师资发展高地"等内容,以推动职业教育高质量发展。

① 　张跃东、徐伟:《五年制高职:新时代新走向——〈省教育厅关于推进五年制高等职业教育高质量发展的意见〉解读》,《江苏教育(职业教育版)》2021 年第 5 期,第 23—28 页。

续　表

序号	省份	名称	主要内容精髓
4	江苏	《关于加快推进职业教育现代化的若干意见》（苏政发〔2018〕68号）	意见从"完善职业教育和培训体系、推进产教深度融合、建设高水平教师队伍、激发职业教育办学活力、提高技术技能人才培养质量、增强职业教育服务发展的能力、营造全社会关心重视职业教育的氛围"等方面给予引导。旨在为"强富美高"新江苏建设提供重要支撑。
5	广东	《广东省职业教育"扩容、提质、强服务"三年行动计划（2019—2021年）》（粤府办〔2019〕4号）	计划包括以"扩容"为重点，着力增加优质职业教育资源；以"提质"为核心，大力培养高素质产业生力军；以"强服务"为目标，提高职业院校社会服务能力等内容。增强职业教育服务经济社会发展能力，为广东省实现"四个走在全国前列"、当好"两个重要窗口"提供人才支撑和智力支持。
6	天津	《关于深化产教城融合打造新时代职业教育创新发展标杆的意见》（津政发〔2021〕1号）	意见主要包括对接经济结构优化、融入产业高端发展、融入学习型城市建设、融入城市文化建设和人文交流、融入高技能社会发展、建设一流技术技能队伍等内容，并提出具体的发展目标。
7	山东	《关于整省推进提质培优建设职业教育创新发展高地的意见》（鲁政发〔2020〕3号）	意见从创新各层次各类型职业教育模式、提升职业院校办学水平和服务能力、建设产教深度融合校企命运共同体、建设充满活力的"双师型"教师队伍、扩大和深化职业教育对外开放合作等方面给予明确措施。旨在打造新时代职业教育现代化样板和标杆。
8	福建	《关于深化产教融合推动职业教育高质量发展若干措施》（闽政办〔2020〕51号）	提出统筹推进职业教育与区域发展深度融合、实施产教融合型城市建设试点行动计划、实施产教融合型行业试点行动计划、实施产教融合型企业试点计划、探索企业参与办学途径、开展校企融合发展项目建设、推动院校开展职业培训、加大职业院校人才引进力度、完善职业教育支持政策等措施。

续 表

序号	省份	名称	主要内容精髓
9	重庆	《关于推动重庆职业教育高质量发展促进技能型社会建设的意见》(渝府发〔2021〕35号)	意见主要内容有围绕经济社会发展新格局对技能人才需求,加快构建现代职业教育体系;围绕产业高质量发展对技能人才需求,扩大优质职业教育资源供给;围绕创造高品质生活对技能人才需求,提高人才供给质量;围绕建设重要增长极对技能人才需求,增强职业教育服务重大战略能力。为建设国家重要先进制造业中心提供有力的人才和技能支撑。
10	浙江	《浙江省职业教育提质培优行动计划(2021—2023年)》(浙教职成〔2021〕50号)	制定出台了提质培优行动计划(2021—2023年)的任务清单共38项。通过计划的实施,全省形成全社会共同参与、共同支持职业教育的新格局,职业教育"三个高地"(质量高地、创新高地和融合高地)建设成效彰显。
11	浙江	《开展区域中高职一体化人才培养改革工作的通知》(浙教办职成〔2022〕20号)	通过改革达到打造中职、高职、地方、产业紧密互动的产教融合新模式,为职业教育人才(应用型人才)培养提供新探索和新借鉴等目标。
12	广东	《组织开展高等职业教育创新强校工程(2019—2021年)建设工作》(粤教职函〔2019〕134号)	出台了高等职业教育"创新强校工程"(2019—2021年),明确了分类建设实施的指导意见。旨在落实"职业教育扩容、提质、强服务"三年行动计划,明确了高职教育创新强校工程考核指标。
13	江苏	《江苏省职业教育质量提升行动计划(2020—2022年)》(苏教职〔2020〕6号)	计划涵盖完善立德树人落实机制、各层次职业教育高质量协调发展、提升校企协同育人水平等7个方面,提出了20条重点任务。
14	福建	《福建省教育厅关于加快推进五年制高等职业教育发展的通知》(闽教职成〔2019〕6号)	提出了扩大规模,加快重点领域人才培养;对口帮扶,支持县域职业教育发展;搭建"立交桥",拓宽技能人才成长通道;加强监管,不断提高人才培养质量等措施。旨在加快构建中高职协调发展的技术技能人才培养体系。

序号	省份	名称	主要内容精髓
15	山东	《关于推进职业院校混合所有制办学的指导意见（试行）》（鲁教职字〔2020〕10号）	意见明确了办学总体要求、办学形式、办学管理、支持政策等方面的内容。通过充分调动企业等社会力量参与职业教育的积极性、主动性，深化产教融合、校企合作，优化职业教育供给，推动形成多元办学格局。
16	山东	《关于实施高水平专业群建设工程推动高职院校专业化特色化发展的通知》（鲁教职函〔2021〕8号）	通知涵盖了建设要求、建设任务、建设步骤、经费支持等内容。通过专业群的建设引导高职院校优化专业结构和资源配置，推动"校校有特色"实现高质量发展，形成核心竞争力和办学品牌。
17	天津	《天津市职业教育创优赋能建设项目和资金管理办法》（津教规范〔2021〕7号）	办法包括总则，工作任务，项目申报、评审与实施，项目管理，资金管理，监督检查和验收，附则等内容。旨在打造新时代职业教育创新发展标杆，为促进经济社会持续发展和提高国家竞争力提供多层次高质量的技术技能人才支撑。
18	天津	《天津市教育信息化"十四五"规划》（津教政〔2021〕20号）	规划明确提出了"支撑职业教育特色化融合发展"，"打造统一融合的天津特色职业教育区块网络体系，建成天津职教学习服务资源中心"等目标。
19	陕西	《关于深化医教协同进一步推动中医药教育改革与高质量发展的实施方案》（陕教〔2021〕74号）	明确提出了强化中医药学科专业建设，推进中医药课程教材体系改革，建立早跟师、早临床学习制度，改革中西医结合教育，大力发展中医药职业教育，加大中医药教育支持力度等12项任务。
20	湖南	《关于加强高职高专院校学生专业技能考核工作的指导意见》（湘教发〔2019〕22号）	建立健全高等职业教育质量评价制度，进一步明确学生专业技能考核工作的基本要求，包括完善专业实践教学体系、制定专业技能考核标准等。

　　职业教育不仅仅是教育部门的主要工作，也是全民重要事项，在职

业院校"双高"建设十大任务中,涉及科技的相关任务有技术技能创新服务平台打造、校企合作及技术服务等,充分说明技术技能创新服务平台建设的必要性。涉及人事部门的有技术技能人才培养高地打造、双师队伍建设等,说明教师团队建设是高职院校提升内涵的重要基础及关键核心内容之一。这些都说明"双高"建设离不开地方政府其他部门的大力支持,彼此相互配合、同频共振,共同推动"双高"建设高质量开展。如针对高职院校技术技能创新服务平台建设存在着企业参与不足、缺乏领军人才、资金投入不足、高质量研究成果不多、技术转化和应用率低等问题[1],省科学技术管理部门可以在科技创新、重大项目申报、重大平台建设等方面发挥着引领性的作用;针对一线技术技能人才紧缺的状态,省人力资源和保障厅管理部门可以在人才的引进、评价机制,高校学生的就业等工作上起到指导作用;针对现代学徒制人才培养[2],省卫健委同医药卫生类学校或专业在"双高"建设过程中可以进行协同机制的创新探索;等等。目前,多部门协同创新、支持职业教育发展已经形成较大的共识,也出台了相应的支持政策,如浙江省科技厅出台了《关于加强高校院所科技成果转化的实施意见》(浙科发成〔2021〕20号),积极鼓励高校院所科技人员面向社会和各类市场主体开展技术开发、技术咨询、技术服务、技术培训等横向合作活动,提升高校对社会经济发展的贡献力度。浙江人力资源保障厅出台《浙江省高层次创新型人才职称"直通车"评审办法》(浙人社发〔2021〕37号),完善特殊优秀人才认定标准,进一步畅通高级职称直接申报渠道,助力浙江全球人才蓄水池建设。

　　福建省发改委出台《福建省职业教育产教融合工程建设方案(2021—2025年)》(闽发改社会〔2021〕113号),提出通过建设科学配置并做大做强职业教育资源,建设一批产教融合实训基地,大幅提升新时代职业教育现代化水平。山东省卫健委发布《关于建立完善老年健康服

---

①　张向辉、刘丽:《建设视域下打造技术技能创新服务平台实践研究》,《对外经贸》2021年第9期,第133—136页。

②　李鑫、李梦卿:《"双高计划"高职院校中国特色学徒制建设的机制与路径》,《职业技术教育》2021年第42卷第28期,第19—25页。

务体系的实施意见》(鲁卫发〔2020〕9 号),意见涵盖开展健康宣传教育、加强预防保健、强化支持保障等多方面的内容,并明确提出支持职业院校开设老年医学等相关专业。天津市出台《关于公布第一批天津市大学科技园名单的通知》(津科区〔2021〕150 号),明确提出将高校科教智力资源与市场优势创新资源紧密结合,推动大学科技园充分发挥创新资源集成、科技成果转化等核心功能,促进科技、教育和经济融通发展,天津职业技术师范大学进入第一批天津市大学科技园。

值得重视的是,许多高职院校都位于地级所在市,都十分重视职业教育的"地域服务属性",职业院校的地方性决定其必须要立足地方、融入地方、服务地方经济社会发展,各地在制定职业院校"双高"建设计划时,都把对当地的经济社会发展作用摆在了突出地位。融入区域经济发展已成为"双高"建设校制定高质量发展建设举措和推进创新实践的行动指南,匹配区域经济和产业发展特色,契合学校发展实际和优势,将发展理念转化为切实可行的办学思想和建设思路是"双高"建设校的显著特点。[1] 这一过程也推动了高职院校与当地政府的深化合作,客观上许多地方政府常常也在人才引进与人事管理、资金管理与绩效分配、资产管理与物品购置、党建管理、学生管理等众多领域给予当地高职院校更多的支持,反映出当地政府对办好高职院校十分重视,并付诸行动[2],这是值得我们庆幸的,通过全力支持当地高职院校建设,促进高校高质量发展,从而为当地培养更多的特色人才,促进当地社会经济发展,形成高校与地方经济双赢的良好发展趋势。当地高校与地方政府合作进行某领域建设的专项案例也很多,如广东省 19 个高校与地方政府共建了新型研发机构[3];有的高校、地方政府共建大学科技园;有的高校基层党组

---

① 江平、麻来军:《"双高"建设校的群像特征与建设启示——基于浙江省的分析》,《中国高教研究》2021 年第 2 期,第 104—108 页。

② 佛朝晖:《地市政府应强化统筹主导职业教育的责任——对地市职业教育行政管理现状的调查与思考》,《职教通讯》2014 年第 25 期,第 64—68 页。

③ 惠青山、苟思颖、杨惠丽:《高校与地方政府共建的新型研发机构多要素多组态发展模式研究》,《科技管理研究》2021 年第 1 期,第 94—99 页。

织与地方政府进行党建合作研究；有的则在高校科技成果转化与地方政府管理创新方面进行研究、探索与实践；衢州市科学技术协会推出博士创新工作站平台建设，推动高校博士进入企业，政府做好政策支持工作；江苏省积极探索高校与地方政府异地合作办学探究；湖南省探索开展地方高校、政府、社区共创"平安校园"，对创建模式选择与实现路径进行研究。有的地方政府加强与高校合作，对人才政策对高校毕业生就业城市选择影响因素进行研究，根据国家就业政策总原则、指导思想，优化就业政策保障措施。

三、"双高"建设中地方政府支持职业教育案例研究

地方政府支持当地职业教育发展，充分发挥角色与功能作用的举措、策略成功案例较多，变通执行作为地方政府职业教育政策执行的一种行动策略，是地方政府在压力型体制下的一种行动策略，是地方政府先行先试、积累经验的重要方式，但应该注意完善制度设计，促进地方政府职业教育政策变通执行从有序变通向制度框架之下的有效执行转变。[①] 许多地方政府也是在国家制度框架下努力创新改革，促进职业教育建设的有效执行与高质量发展，如福建省漳州市地方政府积极探索管理体制创新、开放办学、打造品牌等管理方式，推动了区域高等职业教育发展。[②] 也有的地方政府对本地区职业教育精准扶贫政策进行了加码，如广东省积极探索地方政府推进职业教育校企合作策略研究；浙江省衢州市人民政府在衢州职业技术学院"双高"建设过程中，出台了系列重大支持政策。限于篇幅，本处仅对衢州市人民政府支持衢州职业教育发展的案例做法进行专题研究解读。

---

① 李阳、潘海生：《变通执行：地方政府职业教育政策执行的一种行动策略》，《职业技术教育》2022 年第 43 卷第 15 期，第 48—54 页。
② 陈曦、郑素卿：《地方政府管理创新与高等职业教育发展——以福建省漳州市为例》，《安顺学院学报》2020 年第 22 卷第 2 期，第 79—83 页。

（一）将"双高"建设列入当地政府重大工作事项

衢州市为浙江省地级市，是一座具有1800多年历史的江南文化名城，地处浙、闽、赣、皖四省边际，素有"四省通衢、五路总头"之称。习近平总书记在浙江工作期间曾八次来衢考察指导，做出了一系列战略性、前瞻性、针对性的重要指示，鲜明提出"衢州要成为全省经济发展新的增长点""加快建设四省边际中心城市"。在2022年召开的中国共产党衢州市第八次党代会上，明确指出要紧紧围绕"四省边际中心城市"战略定位，牢牢把握"工业强市"战略路径，谋划建设"浙西新区"战略平台，并将支持衢州职业技术学院创建"双高"院校写入党代会报告中。

（二）针对"双高"建设，出台专门政策性指导文件

2021年，衢州市委市政府专门出台了《关于加快推进衢州职业技术学院建设高水平高职院校的若干意见》（衢委发〔2021〕16号），意见明确了衢职院新时代发展的主要目标，加快推进新时代发展的主要措施，以及经费等保障机制。文件的出台，为衢职院"双高"建设擘画了宏伟蓝图，起到了极大的推动作用。在市委新发展理念的指引下，衢州职业教育需要顺势而为，不断拓展职业教育发展空间，衢州职业技术学院成为四省边际职业教育桥头堡，这样既给衢职院强有力的政策支持，同时又强化衢职院职业教育的龙头责任，对于地方高职院校而言，既是机遇也是挑战。

（三）服务"双高"及职业教育发展，成立职教集团

在市政府的领导与支持下，2021年在衢州市职业教育改革发展工作领导小组指导下，成立了区域职业教育产教融合组织——衢州市职业教育集团（见图2-3-2）。集团实行理事会负责制，常务理事会作为集团的主要决策机构，理事长单位设在衢州职业技术学院。职教集团成立有利于推进区域职业教育产教融合、校企合作，形成人才集聚合力，更好服务区域经济社会发展。

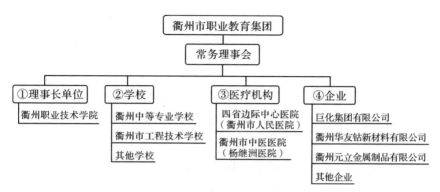

图 2-3-2　衢州市职业教育集团组成

集团成立了经市民政局登记注册的民办非企业单位——衢州市职业教育集团化办学职业能力促进中心,主要负责职教研究与咨询、职教资源建设与管理等。集团还成立了职业教育研究所,主要负责职业教育理论、政策和教学研究工作,为集团决策提供依据。对应衢州市新材料、新能源、集成电路、智能装备、生命健康、特种纸等六大产业群,集团前期拟设六大专业群产教融合工作委员会。衢州市职业教育集团内设机构见图 2-3-3。

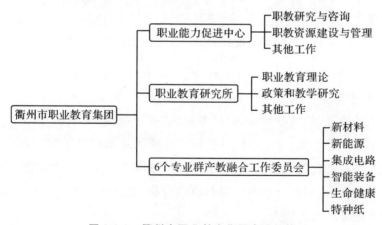

图 2-3-3　衢州市职业教育集团内设机构

集团搭建了立体化办学体系,深化中高职统筹发展,有力促进区域职业教育与经济社会持续协调发展。力争通过建设期,将集团建设成"运行机制有创新、人才培养有特色、合作育人有成效、服务能力有提升"的省级示范性职教集团,成为衢州企业技术技能人才的"储备库"、应用技术研发的"领头雁"、产业转型升级的"助推器"、社会终身学习的"加油站",走出一条具有衢州特色的职业教育集团化、规模化、品牌化发展道路。

(四)服务职业教育高质量发展,"五统筹"策略

近年来,衢州市职业教育积极探索专业、师资、基地、就业、招生"五个统筹",即统筹专业布点,服务地方经济;统筹师资队伍建设,发扬名师辐射效应;统筹招生工作,畅通生源渠道;统筹实训资源,开放设备红利;统筹就业服务,做好人才输送。"五统筹"的模式和路径见图 2-3-4。

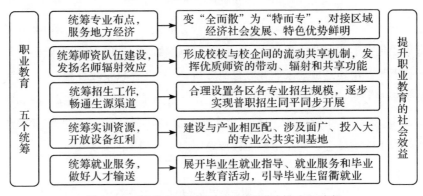

图 2-3-4 衢州市职业教育"五统筹"的模式和路径

通过"五统筹"的改革创新后,同一市域内专业布点数不得超过 3 个,一所中职学校重点建设 1—2 个特色专业群,专业数控制在 5—8 个。各中职校梳理出"停办专业、限制专业、扶持专业、强优专业"四类清单,学校依据优势专业,将原本以学校所在县市区命名校名的方式,统一更换为以专业特色命名校名(见表 2-3-3)。"五统筹"的创新模式能够深度推进产教融合,深化校企合作和东西部合作,提升职业教育的社会效益和服务地方经济的能力。

表 2-3-3 衢州市中等职业学校校名更改一览表

序号	原校名	更改后校名
1	衢州市衢江区职业中专	浙江省衢州理工学校

续 表

序号	原校名	更改后校名
2	衢州市翔宇中等专业学校	浙江省衢州应用技术学校
3	龙游县职业技术学校	浙江省衢州工商学校
4	龙游县求实职业中专	浙江省衢州交通学校
5	江山中等专业学校	浙江省衢州第二中等专业学校
6	江山职教中心	浙江省衢州财经学校
7	江山育仁职业高级中学	浙江省衢州护士学校
8	常山县职业中等专业学校	浙江省衢州数字工业学校
9	浙江省开化县职业教育中心	浙江省衢州旅游学校

四、《关于加快推进衢州职业技术学院建设高水平高职院校的若干意见》(衢委发〔2021〕16号)主要内容精华研究解读

(一)明确衢职院新时代发展的主要目标

提出到2025年,建成医护康养和材料能源产业数字化2个省级高水平专业群,学校跻身浙江省高水平高职院校行列,办学定位更加准确、办学特色更加鲜明、产教融合更加紧密、社会服务能力显著增强,全面助推衢州打造四省边际高职教育新高地。到2030年,2—3个专业群被列入中国特色高水平专业群建设计划,学校跻身中国特色高水平高职院校建设计划行列,形成具有区域特色、国内竞争力的职业教育高质量发展"衢职院范式"。(见图2-3-5)

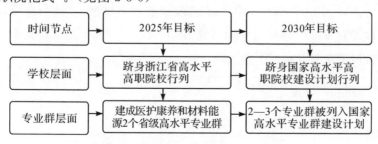

图 2-3-5 衢职院新时代发展的主要目标

（二）加快推进衢职院新时代发展的主要措施

在市委、市政府的鼎力支持下，衢职院主要从"新校区建设、专业群建设、双师队伍、科创平台、培养技术技能人才、四省边际职业培训联盟、衢州职业教育集团和国际合作办学"八个方面加快推进发展（见图2-3-6）。文件制定了衢职院建设高水平高职院校对衢州发展预期贡献量化指标，包括学校毕业生留衢就业率，高层次人才引进数量和质量，年技术服务到款额，年社会培训规模等等。同时也列出了加快推进衢职院建设高水平高职院校重点任务清单（2021—2025年），对标对表、凝心聚力开展"双高"建设任务，力争早出成果、出大成果，为衢州经济社会发展做出应有的贡献。

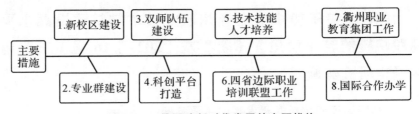

图2-3-6 衢职院新时代发展的主要措施

（三）加快推进衢职院新时代发展的保障机制

保障机制主要包括三个方面：一是市委市政府定期研究衢职院"双高计划"建设工作，根据工作需要设立专项工作推进机构，帮助协调解决学校建设发展过程中的重大问题。二是2021—2025年，市财政每年给予一定的专项经费支持学校开展"双高计划"建设工作，主要用于高层次高技能人才引进、技术创新平台建设和标志性成果打造等。三是各级部门要全面落实市委、市政府各项支持政策和保障措施，主动帮助衢职院解决建设和发展中碰到的实际问题，在全市上下形成关心支持衢职院建设和发展的良好氛围。

第三章

高职教育"双高"建设高校策略与路径研究

第一节　高职院校行政职能部门优化提升策略研究

我国高等职业学校实行党委领导下的校长负责制,这在 2014 年中共中央办公厅印发的《关于坚持和完善普通高等学校党委领导下的校长负责制的实施意见》(中办发〔2014〕55 号)中再次明确,为高校全面贯彻党的教育方针,坚持社会主义办学方向,培养中国特色社会主义事业合格建设者和可靠接班人,促进高校改革发展,提供了坚强组织保证。坚持党的教育方针及社会主义办学方向就是"双高"建设的五大原则之一,"双高"建设将立德树人培养社会主义接班人作为十大任务之一。学校职能部门是在学校统一领导下,有效组织实施有关职能的机构,科学设置职能部门有利于协同作战,更好地发挥其职能,因此,提高协同作战的效能已经引起许多专家的重视。高水平高职院校及高水平高职专业群建设重点内容如技术技能创新服务平台打造、技术技能人才培养高地打造、校企合作、信息化建设、国际化合作、专业群打造等,都需要职能部门、各教学业务部门的协同作战与实施。

一、高职院校职能部门设置现状研究

(一)国外设置现状

在高职教育的发展过程中,行政管理体系建设是基础性工程,也是开展教育教学工作所必需的。新加坡的职业教育体系独具一格且高效完备,其高职院校的内部治理具有"机构精简,权责明晰""纵向垂直,横向无界""多方合力,共同治理"等特点。如新加坡南洋理工学院内设机构为董事会领导下的校长(CEO)①负责制,下设发展(包括规划与发展,国际开发)、行政服务(包括人力资源,采购与总务管理,财务,内部审计,电脑与网络中心,资产管理,质量与规划办公室,交流与推广等8个部门)、继续教育与培训(包括继续教育学院,专业发展中心,精密工程研究院,新加坡零售研究院)、学术发展与服务(包括注册办公室,学生与毕业生服务,考试办公室,招生和录取,基础和综合学习,国际学生办公室,学生事务,图书馆与信息服务,校友办公室,工业服务中心,技术创新与商业化中心,专业与领导力发展中心等)、院系(包括保健护理系等6个院系)②。

(二)我国设置现状

行政管理能力与高校的办学质量和水平关系密切,职能部门是在学校统一领导下,具体运行的管理部门,是保障学校政令畅通,具体组织实施的部门。随着"双高"建设的推进,高校行政管理工作无论是在职能、工作内容还是作用方面都有了全新的改变,行政能力高低优劣也成为评价一个高校竞争能力的重要标准之一。行政部门主要包括:教学管理机构,主要是教务处;科研及成果转化相关的科研管理机构,主要是科技处;人事管理机构,即人事处;学生教育管理机构,主要是学工处及相关教育管理中心;对外联络与合作机构,主要是国际交流合作处和校友工作办公室;学校资产管理机构,主要是后勤管理处、资产处、基建处、财务处等;综合协调类机构,主要是校长办公室、发展规划办、管委会等。而档案馆、出版社、图书馆、网络信息中心、后勤集团、校医院等常常作为直属单位或支撑机构。有专家调研发现,高校行政部门平均达20.3个③,

① CEO是首席执行官职位,其工作内容:对公司的一切重大经营运作事项进行决策,包括对财务、经营方向、业务范围的增减;参与董事会的决策,执行董事会的决议;主持公司的日常业务活动;对外签订合同或处理业务;任免公司的高层管理人员;定期向董事会报告业务情况,提交年度报告。

② 陈婵英:《新加坡高职院校内部治理特点及启示》,《职业教育研究》2016年第5期,第93—96页。

③ 杨丹、李伟玲:《高校非教学机构设置情况调查研究》,《当代教育实践与教学研究》2020年第17期,第339—340页。

我们调研发现高职院校的党政职能机构数量相对较少,抽查全国 10 所高职院校,平均为 15.5 个(见图 3-1-1),明显少于杨丹等研究报道的数量。但是我们认为,虽然各高职院校行政内设机构的架构数量有一定的差异性,但并无实质性意义,随着现代信息化教育要求提高及"双高"建设的推进,很多高校更加重视质量管理及信息化建设,有的专门设置相关机构,如金华职业技术学院在教务处校企合作处专门设置"双高"建设项目管理办公室,深圳职业技术学院设置了质量保障中心,衢州职业技术学院专门设置教学质量监控与评估处、"双高"建设办公室、数字校园建设中心等。但值得注意的是各高职院校有关职能部门的名称可能有一些差异,如科研方面的职能部门,金华职业技术学院命名为"科技处",深圳职业技术学院则命名为"科研处",衢州职业技术学院则命名为"科学研究与社会合作处",南京信息职业技术学院则命名为"科技处·学术委员会秘书处",陕西职业技术学院命名为"科学研究部",这与所在学校的职能划分有一些关系,不影响工作的正常开展。

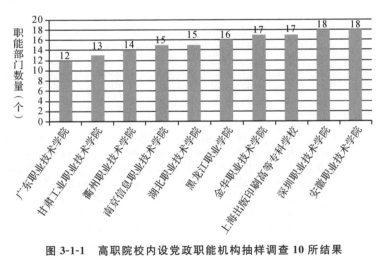

图 3-1-1 高职院校内设党政职能机构抽样调查 10 所结果

表 3-1-1 部分高职学校内设职能机构汇总表

学校	部门数量	内设行政职能机构
金华职业技术学院	17	学校办公室(合作与发展办公室、信息化办公室、校友工作办公室、机关党委);教务处校企合作处("双高"建设项目管理办公室);学生处、学工部、人武部(招生工作办公室、心理健康教育咨询中心、学生资助管理中心);人事处、教师工作部(教师发展中心、人才交流中心);科技处(学报编辑部);教育督导处;就业指导处(创业学院、就业创业指导与服务中心);国际合作交流处(港澳台事务办公室、国际教育学院、卢旺达穆桑泽国际学院);计划财务处;国有资产管理处(采购中心、资产经营公司、京华教育集团);保卫处(社会治安综合治理办公室);审计处;纪委办公室;组织部、统战部、离退休工作处(人才工作办公室);宣传部(文化育人办公室);巡察办公室。
深圳职业技术学院	18	党政办(党委统战部);组织人事处(党委教师工作部);党委宣传部(文化育人办公室);纪检监察(审计)室;发展规划办公室(校务研究中心);党委学生工作部(武装部、学生处);机关教辅党委(退休办);关心下一代工作委员会;教务处;科研处(产学研用促进处);质量保障中心;招生就业办公室(就业指导中心、基金会、校友会);计财处;外事处;国有资产管理处(含实训室管理中心);采购中心;后勤基建处(含后勤服务中心);保卫处。
衢州职业技术学院	14	党委办公室(学校办公室、国际交流合作处);组织部(人才工作办公室、退休人员管理办公室);宣传部(统战部、教师工作部);纪检室;学工部(学生处、人武部);法务与规划发展处(职业教育研究所);教务处(教学质量监控与评估处、"双高"建设办公室);科学研究与社会合作处;人事处(教师发展中心);计财处;审计处;资产与实训室管理处(采购处);后勤保卫处;数字校园建设中心。
南京信息职业技术学院	15	校长办公室(办学理事会秘书处)(与党委办公室合署);发展规划处(高职教育研究院、校刊编辑部);人事处(与党委教师工作部合署);教务处;学生处(与党委学生工作部合署);科技处·学术委员会秘书处;校企合作处·就业处;招生办公室;财务处(内部控制建设办公室);安全管理处(与党委保卫部合署);质量监控处·督导办公室;审计处;国际交流合作处·港澳台办公室;国有资产处;离退休处。

注:数据来源于相应高校官方网站 2022 年 6 月 30 日数据。

当然,除了关注高校职能部门的数量,我们更应该关注高校职能部门与院系现实的关系,以及职能部门效能的发挥。有专家研究认为,高校职能部门存在越位现象,职能部门在处理与院系的关系中更多地发挥着"管"的作用而不是"服务"和"协调",原因值得深入分析。

二、职能部门优化提升策略与路径分析

有关职能部门优化提升的策略研究,我们通过万方数据库进行了检索,检索时间范围为 2018—2022 年,以题名或关键词进行检索。如果设定检索语为"高校""职能部门",共检索到 241 条结果;设定检索语为"高校""职能部门""路径",共检索到 22 条结果;设定检索语为"高校""职能部门""策略",共检索到 18 条结果。少部分专家对职能部门提升策略与路径进行了研究报道,比较有代表性的结论或建议如下:根据职能大类和所在高校规模等实际情况,推行高校大部制职能部门改革[①],有一些高校已在进行大部制管理改革探索,将职能相近或者业务相同的部门归结起来,避免职能的交叉、多部门管理的弊端,这种将相似部门归结为一个部门管理的方式就是大部制管理。也有专家研究认为以人为本,基于组织行为学视角下提升职能部门管理水平的有效途径[②],力求实现组织与个人有机结合、共同发展的最佳状态;职能微观管理向宏观调控转变、资源分配向事中事后监管转变、粗放管理向精准管理转变、行政管制向服务型管理转变[③]等。本课题组认为,我们可以吸收国内外成功的成熟经验,但决不能照搬,一定要结合各地高职院校实际情况,充分发挥自己的特色与优势,科学吸收,有机结合。在进行高职院校内部治理改革时,要注重精简行政编制,提高管理效能,创新机制,实现校企深度合作,坚持民主协商原则,突出教师的管理地位。职能部门优化提升策略与路径如下(见图 3-1-2)。

---

① 王骥、查永军:《治理能力现代化视野下我国高校职能部门的越位与复位》,《黑龙江高教研究》2018 年第 10 期,第 66—69 页。
② 孙晏:《基于组织行为学的高校机关职能部门行政管理水平提升路径探讨》,《创新创业理论研究与实践》2019 年第 24 期,第 174—175 页。
③ 张士红、孙立锐、陈华:《校院两级管理改革背景下关于高校管理部门职能转变的研究》,《科技风》2021 年第 1 期,第 181—182 页。

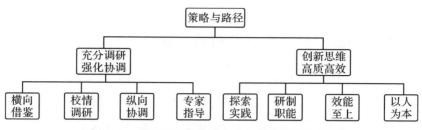

图 3-1-2　高职院校职能部门优化提升策略与路径

三、促进职业教育高质量发展的路径探索

(一)关注教师发展

教师发展及其水平是高职教育质量可持续最重要的保障,要给予教职员工更多尊重和关注,激发其主观能动性。要注意引导教职工的价值取向与学校发展一致,人力资源管理方向要与学校发展同向,保持学校、人力资源管理与教职工三者价值取向的高度一致性。"以人民为中心"的治理逻辑正在主导并开启我国国家治理现代化的新道路和新话语。长期以来,人力资源保障处工作均以人的管理为核心,这符合人本化理论与管理[①],特别在"双高"建设背景下,更要进一步发挥广大教职员工的内在潜力。高职院校人事管理工作的创新过程中务必坚持人本理念、完善人事管理制度、合理化引进人才、优化人才配置、提高综合素质及工作效率、完善薪酬制度。对照高职"双高"建设学校及专业群建设绩效评价产出、效益、满意度三大指标,"双高"学校 28 个观察点,与人力资源直接相关指标有 7 个(占 25.0%),其他 21 个间接相关;专业群建设 26 个观察点,与人力资源直接相关指标有 5 个(占 19.3%),其他 21 个间接相关。鉴于"双高"建设绩效考核指标与人的关系十分密切,包括技术技能人才培养基地、技术技能创新服务平台、服务发展水平、校企合作水

---

① 人本化管理是指以人为本的发展和管理模式。人本化管理更加倾向于关注人本身的发展,在管理的过程中注重人的行为模式发展和身心健康情况,进一步尊重人的价值需求,强调人的个性化发展。

平、标志性成果获得、课程教学资源建设、教材与教法改革等,都需要人的作用进一步发挥,潜力进一步挖掘。

(二)提高成果质量

长期以来,中国高职院校综合竞争力排名中均十分重视科研产出,"金平果高职排行榜"[①]指标体系中的 4 个一级指标及权重分别是办学条件占 25％、师资力量占 22.5％、科教产出占 32.5％、学校声誉占 20％。科教指标共设 10 个二级指标,其中科研指标 3 个,分别是科研项目、高质量论文、发明专利。"GDI 智库高职高专排行榜"[②]指标体系有 4 个一级指标(职场竞争力指数、教育竞争力指数、品牌竞争力指数、二次评估指数),但 GDI 没有对外公布权重和具体二级指标,GDI 指标体系同样十分注重成果产出。尤其要注意的是这两个评价排行榜在 2020 年均增设了"双高"建设观察指标。高职"双高"建设绩效评价中也十分重视产出指标、效益指标,如创新团队、技术技能平台、社会服务及服务发展水平、支撑国家战略和区域经济发展的贡献度、项目标志性成果等,因此必须强化科技高质量成果工作。

高职院校排行榜对高职办学有积极指导与推动作用,近年来,高职院校对排行榜的重视程度明显提升,不断进行教学改革,有力地促进了高职办学高层次成果的增加及办学质量的提升。正确的办学理念及科技导向,对学校科技项目、科技论文、专利成果及技术服务四大方面的进步与提升有明显的影响[③],高职院校要坚持正面的科技导向,这是提升学校科研整体水平的关键,需要进一步改善与优化政策环境,强化科技人才队伍。当前在"双高"建设背景下,科技改革必须紧紧围绕立德树

---

① "金平果高职排行榜"即中国科教评价研究院发布的"中国高职院校综合竞争力排名"。该排行榜指标体系有 4 个一级指标和 26 个二级指标、70 个观察点。

② "GDI 智库高职高专排行榜"即广州日报数据和数字化研究院发布的"广州日报高职高专排行榜",排行榜指标体系有 4 个一级指标(职场竞争力指数、教育竞争力指数、品牌竞争力指数、二次评估指数),但没有对外公布权重和二级指标。

③ 饶和平、黄云龙、邱惠萍:《基于服务地方经济理念的高校科技导向及成效分析》,《产业与科技论坛》2018 年第 17 卷第 10 期,第 137—138 页。

人、提升人才培养质量这个核心,对照高职院校排行榜及"双高"建设标准,结合高职院校的实际情况,摸清家底优势与短板,采取规划制度先行、重点突破、优势发展的战略。

(三)深化教学改革

"双高"建设背景下,双高绩效评价的产出、效益、满意度指标中大部分与教学管理直接相关,如"双高"学校 28 个观察点,与教学直接相关指标有 10 个(占 35.7%),其他 18 个间接相关。专业群建设 26 个观察点,与教学直接相关指标有 16 个(占 61.5%),其他 10 个间接相关。"金平果高职排行榜"指标体系中,与教学直接相关的二级指标有教学仪器、教育经费、教研基地、生师比、教学团队、教师教学竞赛、优势专业、教学资源库、教学成果奖、课程教材、学生竞赛获奖等 11 个指标(占 42.4%)。"GDI 智库高职高专排行榜"指标体系中,一级指标"职场竞争力指数、教育竞争力指数、品牌竞争力指数、二次评估指数"均与教学密切相关。另外,值得关注的是"产教融合 100 强"和"创新创业 100 强"的评价结果自 2021 年起纳入高职评价指标体系。因此,我们不但要做好传统指标建设,还要与时俱进,关注国家职业教育改革的新动向,并自动融入。因此,特别要强化教学改革创新,这是学校教学管理的难点,也是核心要素。但目前高职教育教学管理仍然面临许多挑战,如在普高生、单考单招、自主招生、社会扩招、中高职衔接、订单班等多种生源类型下如何保障人才培养标准化及质量等,面对文化基础相对较差的高职生源,如何提高其英语水平等课程教学质量问题等,笔者 2021 年做的专项调查发现高职教育教学主要面临以下困境(见图 3-1-3)。

"双高"建设绩效指标及高职教育高速发展要求决定了高职院校需要在做好教学管理基础性工作的前提下,勇于改革创新,形成办学特色。如针对校企合作深化不够的困境,产教协同创新需要形成高校、企业价值共享的机制,才能增强双方在合作中付出努力的主动性,真正践行"双

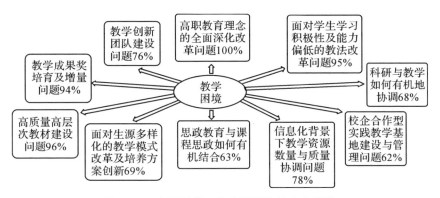

图 3-1-3 高职教学工作主要面临的十大困境

师协同＋多元互动"人才培养模式,提高校企合作实效。[①] 结合全国高职技能大赛教学能力比赛[②],高职院校如何将此工作与日常教学有机结合,避免参赛选手日常教学"去赛化"问题[③],达到以赛促教目的。教学质量是高职院校教育事业发展中的一个永恒主题,《教育部等六部门关于加强新时代高校教师队伍建设改革的指导意见》中强调指出:"要强化高校教师教育教学管理,完善教学质量评价制度,多维度考评教学规范、教学运行、课堂教学效果、教学改革与研究、教学获奖等教学工作实绩。"许多高职院校都对教师的教学质量与业绩进行评价,但每个高校的评价指标体系有一定差异,我们认为要按照立德树人教书育人核心价值原则、可测量性原则、师生一致性原则、定量与定性相结合的原则来体现设计指标体系的科学性、完整性,在此方面也有很大的创新改革空间。

(四)增强协同创新

高职院校所有部门及所有人都要有协同作战意识与行动,围绕"双

---

① 牛四花、许馨苓:《基于产教协同的高职院校教学管理创新研究》,《职业教育研究》2022 年第 2 期,第 143—145 页。

② 全国高职技能大赛教学能力比赛由教育部组织,对高职院校深化"三教"改革、提高教师信息化教学能力、推进信息化技术与教育教学改革深度融合、加强高素质"双师型"教师队伍建设、专业教学内容重构等起到积极的推动作用。

③ 龚凌云、陈泽宇:《高职技能大赛教学能力比赛的普适性研究》,《黑龙江高教研究》2022 年第 2 期,第 116—121 页。

高"建设提升工作质量,推动"双高"建设水平。要重视在校生、毕业生、用人单位、家长对学校满意率提升的研究;完善思政教育体系,强化思政教育,注意有效性研究,积极向上的校风、学风、班风营造;提供科学规范的学业规划指导;提供精准的就业指导,实现高就业率及留地方高就业率;强化学生心理健康教育与指导;强化全员服务学生意识与行动,公正公平对待每一位学生。强化网络、新媒体、广播站、电视台、橱窗等校园宣传阵地建设与管理,加强正面宣传,加强精神文明建设,重视校园文化氛围营造,注意及时研判师生思想动态与舆情掌控;加强统战工作,做好民族、宗教和侨务工作,整合力量支持"双高"建设与行动。加强青年学生世界观引导,加强爱国主义教育,加强社团管理,支撑"双高"建设;全面推动青年志愿者服务,培育良好的服务理念。加强干部队伍配置与管理,实施规范、有效流动;强化基层党组织建设及党员管理,特别要重视青年学生党员的培养与教育;积极发挥退休教职工的作用,支持"双高"建设。营造环境优美、安全校园良好氛围。对学校党组织和党员干部依法履行职责、秉公用权、廉洁从业和道德操守等情况进行规范监督检查,保障高职院校风清气正,支撑"双高"学校校风建设。

四、实例介绍

"六个一批"特色案例

实施背景:职业教育自进入提质培优、"双高"建设以来,比以往任何时候都强调职业教育的高教性,强调职业教育的社会服务性。在"俯身贴地、提升能力,服务地方经济社会发展"的办学理念下,紧紧围绕市委市政府"工业强市、产业兴市"战略部署,主动对接衢州主导产业和战略性新兴产业,2021年6月衢职院科技服务实施"六个一批"行动。

内涵特征:"六个一批"是指全校领导及教学单位走访一批企事业单位、征集一批校企合作需求、签订一批技术服务合同、培育一批教科研项目、推进一批科技成果转化、促进一批学生就业。

徐须实书记（前排右一）在　　　吕延文校长（左三）在江山变压器
龙游县企业调研（2022.7）　　　有限公司调研（2021.10）

主要路径：以服务地方发展的专项行动为抓手，通过"跑部进会"（跑市级机关部门，进国家、省级协会学会），打磨提高留衢就业率、推进产教深度融合、促进科研成果转化、强化社会培训等路径，签订横向科技服务项目、建立博士创新站、组建校级科技创新团队等。

经验分享："六个一批"专项行动主要经验有三条。（1）推动产学研深度融合。鼓励教师面向社会和各类市场主体开展技术开发、技术咨询、技术服务、技术培训等横向合作活动，通过职称政策指标要求等引导教师承接企业的项目。推动科技指标明显提升增量提质：横向科研技术服务经费到款连续两年实现翻番、2022中国高职院校科研与社会服务竞争力评价报告排名位居全国第42位。（2）强化高校院所科技成果转化导向。重点关注项目成果转移转化、应用推广以及产生的经济社会效益。评价结果与教师职称评定、科技奖励以及后续配置科技资源挂钩。一年组织科技成果竞价（拍卖）会专场2次，共推出科技成果11项，拍卖总价高达235万元！（3）强化服务地方的人才培养。学校采取多项措施让更多毕业生留衢就业。一是专业动态机制。根据区域经济发展适时调整了专业布局，新设材料化工智能制造学院、针灸推拿国控专业等；二是加强区域中高职一体化办学，提高本地学生的生源；三是调整人才培养方案课程体系增设跟岗实习课程，把学生安排在本地企业实习。留衢就业率从2020年的11%迅速增加到2021年的18.5%。

第二节　高职院校"以院建群、以群强院"策略研究

一、高职院校二级教学单位设置及运行模式现状研究

(一)二级教学单位设置与专业布局调查

高职院校以培养职业技术技能型人才为目标,二级学院是学校内设的基本管理机构,处于承上启下的重要位置,不仅仅拥有教学职能,而且在学校党政统一领导下,按照相关要求开展党建工作、人才培养、专业建设、科研与社会服务、学生管理和文化传承创新等各类活动。我国高职院校二级学院的命名通常有四种,第一种是以"系"命名,第二种是以"学院"命名,第三种是"系"与"学院"同在,第四种是以"分院"命名。在最初的职业教育办学时以"系"命名的较多,主要原因是受到本科的影响,此种模式学科管理理念强,目前正在逐渐减少,但仍然有一些学院以"系"命名,如山西职业技术学院下设材料环境工程系、车辆工程系等 11 个系。北京京北职业技术学院下设教育管理系、影视技术系等 4 个系。福建职业技术学院下设智能工程系、信息工程系等 8 个系。第二种形式是以"学院"命名,此种模式使以专业为核心的管理理念得以加强,也是目前最为常见的形式。如金华职业技术学院就下设了信息工程学院、农学院、医学院等 11 个二级学院。深圳职业技术学院下设了经济学院、管理学院、人工智能学院等 17 个二级学院。陕西职业技术学院下设新商科学院、环境艺术学院等 10 个二级学院。温州科技职业技术学院下设了农业与生物技术学院等 5 个二级学院。第三种命名方式是"学院"与"系"命名同存,如苏州卫生职业技术学院下设护理学院(国际护理学院)、临床医学院、药学院、医学技术学院及口腔系、健康管理系等。上海出版印刷高等专科学校下设印刷包装工程系、出版与传播系等 7 个系和

1个现代传媒技术艺术学院。延安职业技术学院下设石油与化学工程系、医学系等9个系和1个士官学院。第四种命名方式以"分院"命名,如新疆农业职业技术学院下设动物科技分院、生物科技分院、园林科技分院、食品药品分院、信息技术分院等13个分院。但不管是哪种命名,都在系或二级学院内设置若干个相近类型专业。2022年10月,本课题组在全国范围内随机抽样12所高职院校中的某一个二级教学单位,发现专业数量在2—7个区域间,专业平均有4.92±1.62个,专业数量与二级教学单位的命名无明显关联(见表3-2-1)。

表3-2-1 随机抽查12所职业技术学院的二级教学单位所设专业情况

学校	二级教学单位	专业设置	专业数
福建职业技术学院	智能工程系	工业机器人技术、无人机应用技术、应用电子技术、智能产品开发与应用、光电显示技术	5
温州科技职业技术学院	农业与生物技术学院	种子生产与经营、设施农业与装备、绿色食品生产与检测、食品加工技术、食品质量与安全、环境工程技术	6
陕西职业技术学院	环境艺术学院	环境艺术设计、视觉艺术设计、工艺美术品设计	3
西安职业技术学院	健康护理学院	护理、婴幼儿托育服务与管理	2
延安职业技术学院	士官学院	航海技术、轮机工程技术、汽车检测与维修技术、机电一体化技术	4
南阳职业学院	商学院	高尔夫球运动与管理、高速铁路客运服务、酒店管理与数字化运营、旅游管理、大数据与会计、电子商务、两年制市场营销	7
广西职业技术学院	物流学院	现代物流管理、物流工程技术、供应链运营、国际商务、应用越南语、汽车检测与维修技术	6

续　表

学校	二级教学单位	专业设置	专业数
湖南工业职业技术学院	机械工程学院	智能制造装备技术、数控技术、机械制造与自动化、工业工程技术、机械产品检测技术、机械装备制造技术	6
江苏卫生健康职业学院	药学院	药学、中药学、药品经营与管理	3
黑龙江职业学院	旅游与人文艺术学院	酒店管理、旅游管理、商务英语、空中乘务、会展策划与管理	5
九江职业技术学院	船舶工程学院	船舶工程技术、船舶动力工程技术、航海技术、轮机工程技术、供热通风与空调工程技术、智能焊接技术、船舶检验	7
宁波卫生职业技术学院	健康服务与康养学院	老年保健与管理、健康管理、康复治疗技术、医学营养、现代家政服务与管理	5

注:数据来源于专业所在学校官方网站(2022 年 11 月 10 日数据)。

（二）二级教学单位运行模式状况

我国高职院校大多数在管理模式上沿用一级管理模式的居多,即上下级垂直式的管理模式。① 学校管理层或职能部门根据国家、省市相关要求,结合自身发展实际下达任务,一级管理模式表现在二级学院完全没有决策决定权,只按照学校规章制度要求实施工作管理、配合完成职能部门下达的各项指令,组织完成具体的教育教学、科学研究、社会服务、国际交流与合作等工作,此种模式二级学院在人事、经费、项目和重大事项等方面缺少决策权,导致创新性和主观能动性无法被充分调动。随着职业教育的不断发展,为发挥各级积极性,强化内涵建设,二级管理理念开始提出。对于学校来说,二级管理的核心是形成学校、院(系)二级管理层次,本

---

① 荣侠:《高职院校二级学院管理体制机制研究》,《辽宁广播电视大学学报》2021 年第 2 期,第 53—55 页。

质上是纵向分权的一种管理模式,而对于二级学院来说,二级管理的核心是如何实现职责权利相匹配,有的高职院校积极试点探索二级学院综合改革①,但认为改革有一定的难度与过程性,要明确改革的初始目标,要厘清涵盖人、财、事权下放的改革内容。也有专家研究认为高职院校校企共建二级学院是一种新型合作模式,但存在校企共建专业融合度不足、对教育监督不健全、对教学安排不同及投入不同等具体问题②,另一种是实施有限的二级管理模式,学校、二级学院实施分级管理,任务与职责相匹配,既能够充分发挥二级学院角色与作用,又能够紧紧围绕学校工作中心,按照各自的岗位履行职责,保障学校重大工作目标的实现,促进办学内涵质量提升。目前,不同类型的高职院校在院系设置上已经发展得较为齐全,部分高职院校在院(系)设置以及专业设置上已经突破了学校类型的限制,有向综合性高校发展的趋势。③ 二级教学单位学院是推进"双高计划"建设的主要阵地,在实现"双高计划"建设目标,培养中国特色社会主义复合型技术技能人才方面发挥着至关重要的作用。在"双高"建设背景下,二级教学单位的角色与功能如何发挥、发挥的质量直接影响到"双高"院校建设及专业群建设的质量。高质量、高效能的二级教学单位运行最为关键,实现有限的二级管理模式是符合多数高校实际的,进行专业设置与二级教学单位组建的关联度研究与探索成为人们关注的新课题。

二、高职教育专业群构建策略与路径

(一)专业群概念

专业群的概念首次在国家文件中出现要往前追溯至 2006 年,教育

①　李妮:《优质高职院校建设中试点二级学院综合改革探究》,《南宁职业技术学院学报》2018 年第 23 卷第 2 期,第 42—45 页。

②　张岩:《高职院校校企共建二级学院的管理与建设》,《新教育时代电子杂志(教师版)》2020 年第 10 期,第 254 页。

③　刘秀琼:《高职院校机构设置现状分析》,《邢台职业技术学院学报》2017 年第 34 卷第 5 期,第 62—65 页。

部出台了《关于全面提高高等职业教育教学质量的若干意见》（教高〔2006〕16 号），明确提出"建立以重点建设专业为龙头、相关专业为支撑的专业群"[1]。但关于专业群的概念，尚没有普遍认可的定义，学术界仍然存在争论。认可度较高的概念是：由若干个专业技术基础相同或紧密相关，表现为具有共同的专业技术基础课程和基本技术能力要求，并能涵盖某一技术或服务领域的由若干专业组成的一个集群[2]，其主要特征见图 3-2-1。

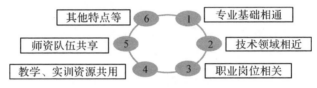

图 3-2-1　专业群特征

专业成群的基本要素包括集群的专业 3—5 个，有共同的专业技术基础知识、基本技术技能，面向同一服务领域（岗位群或产业链）。专业群建设是以专业建设为核心的资源整合活动，与传统单一专业相比，专业群更加注重的是复合型、高素质技术技能人才的培养，面向社会的适应能力更强，知识技能要求更高，其建设优势如图 3-2-2 所示。

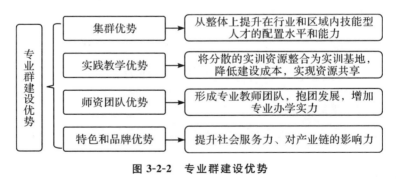

图 3-2-2　专业群建设优势

————————

①　《教育部关于全面提高高等职业教育教学质量的若干意见》（教高〔2006〕16 号）。
②　毅颖：《高职专业群建设的基本问题解析》，《中国大学教学》2011 年第 1 期，第 36—38 页。

随着我国职业教育迎来大发展时代,加之"双高"建设工作的大力推进,专业群建设已成为当前高职院校有效应对区域产业集群化、链条式发展的重要举措。

(二)专业群构建及研究

2019 年教育部、财政部启动的"双高计划"把专业群建设摆在了更加重要的位置,反映了当下全面建设小康社会过程中产业集群式发展的新趋势。在最初阶段,虽然各大高职院校已经认识到专业群建设的重大价值,但在专业群的构建上仍未完全摆脱传统的专业建设路径,存在一定的误区。少数高职院校生硬地将几个专业放在一起,构建专业群,部分高职院校存在"新瓶装旧酒"现象[①],仅仅是将已有的资源重新整合,缺乏对当下区域产业发展趋势及岗位人才需求的深入调研,以至于难以做到真正根据区域产业链与专业群的内在逻辑关联进行构建。基于高职院校的职业教育的类型特征与应用型人才培养要求,专业群构建对增强产业适应性,能更好地适应产业和技术发展的瞬息万变、交叉融合变化,提高就业服务产业的能力,提高学生就业竞争力有重要意义,另外通过专业群构建能突出集成协同效应,促进组群内各专业内涵的整体提升,实现以强带弱,培养新专业,以新促老,改良老专业。

近年来,高职院校加强了对专业群构建的研究与探索,本课题组以"高职""专业群"作为检索语,设定检索时间段为 2019 年 1 月—2022 年 11 月 11 日,通过万方数据库进行检索,共检索到 1961 篇文章,但增加"构建"作为检索语,真正进行专业群构建研究报道的只有 242 篇,排除体系等方面的构建,真正与专业群构建逻辑或原则相关的论文仅 33 篇,本处选择一些有代表性的研究结果进行呈现。如数控技术专业面临适应制造强国战略、服务先进制造业集群大发展的机遇,也面临产业转型升级全面提速、新兴交叉岗位不断涌现、学生成长发展需求多样等挑战,有专家提出了按照专业群与产业的对应性、注意专业群人才培养定位及

① 王亚南、成军:《高职院校高水平专业群建构:内涵意蕴、逻辑及技术路径》,《大学教育科学》2020 年第 6 期,第 118—124 页。

对接职业岗位的组群逻辑[1],既要强调专业群与产业链的对应性,也要注意群内专业的逻辑性(如符合产业链走向、符合人才培养规律、契合专业建设特色等)。[2]

秦凤梅等[3]研究报道了重庆城市管理职业学院根据人工智能技术架构及其所呈现的算法、算力、计算三大共性技术体系,将"智+"专业群分为"基座"专业群和"板卡"专业群两大类。"基座"专业群和"板卡"专业群在课程平台、专业实训项目、技术师资及实验平台共建共享,共同培养跨职业类型的复合型人才等方面,有较大创新。

也有学者在现有的研究基础上,提出了专业群构建逻辑的四种导向,即以产业发展为导向的组群逻辑,以职业分类为导向的组群逻辑,以国家需求为导向的组群逻辑和以知识生产为导向的组群逻辑。[4] 义乌工商职业技术学院的财经商贸类专业紧紧对接地方经济转型发展,主动推进高职"新商科"专业群建设,提出了对接"市场"转型升级,推动市场业态新旧动能转换,以"市场"为逻辑主线,强化专业群逻辑关系,紧跟"一带一路",服务区域社会经济发展的组群逻辑。[5]

还有专家研究认为鉴于学校所处区域、办学基础、发展定位等各不相同,专业群构建方式也呈现不同类型,组群方式有专业分类一致型、产业链专业集结型、服务群体一致型、资源互补型等。[6] 也有学者提出以思维统一和行动力支撑为基础,以开放性、可行性、灵活性为原则,构建

[1] 湖南网络工程职业学院智能制造学院课题组:《"三高四新"战略背景下高职数控技术专业群构建研究》,《湖南广播电视大学学报》2022 年第 3 期,第 1—16 页。

[2] 张红英、丁宗胜:《专业群构建的逻辑与路径研究》,《重庆电力高等专科学校学报》2022 年第 27 卷第 2 期,第 65—78 页。

[3] 秦凤梅、莫堃:《"双高"背景下高职"智+"专业群构建》,《教育与职业》2021 年第 3 期,第 47—50 页。

[4] 郭哲、胡德鑫:《高职院校高水平专业群的形成机理、组群逻辑与建构路径研究》,《成人教育》2022 年第 3 期,第 74—78 页。

[5] 陈庆:《"一带一路"倡议下高职"新商科"专业群构建逻辑研究——以义乌工商职业技术学院为例》,《创新创业理论研究与实践》2020 年第 14 期,第 157—159 页。

[6] 顾永安、许戈、张静:《高职院校专业群生成逻辑研究》,《高等工程教育研究》2021 年第 4 期,第 152—157 页。

主体协同、机制协同、管理协同、资源协同的专业群协同建设模式。①

（三）高职院校"以院建群，以群强院"专业群建设

"双高"建设背景下，打造高水平专业群作为职业教育改革发展的重点任务，专业群构建是二级教学单位最基础，也是最为重要的工作任务之一，也是二级教学单位优化专业内涵质量、增强办学绩效、满足行业需求、实现提质增效必由之路。教育部、财政部联合印发《中国特色高水平高职学校和专业建设计划》（教职成〔2019〕5号），要求高职院校在专业群建设上进一步"优化内部治理结构，扩大二级院系管理自主权，发展跨专业教学组织"，这就要求高职院校做好"以群建院"的顶层设计，并在此基础上进一步明确高职院校专业群组成逻辑。有关专家基于以上依据已提出了"以院建群"的思路②，提出高职院校"以群建院"的构建逻辑是厘清专业群组建的结构逻辑，理顺岗位链对接产业链的专业群组建逻辑，理透专业群人才培养模式的创新逻辑③。从以上研究可以发现，专业群围绕产业链进行组建还是比较常见的，通过对产业链应用人才需求状况的结构分析，构建与该产业发展要求相一致的专业群体系，形成链条式专业群，使专业链与产业链对接（见图3-2-3）。

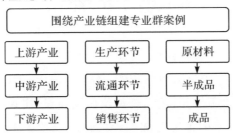

图3-2-3 围绕产业链组建专业群案例

① 王磊：《金华职业技术学院健康服务专业群协同建设研究》，浙江师范大学2019年硕士学位论文。

② 丁金昌、陈宇：《高职院校"以群建院"的思考与运行机制》，《高等工程教育研究》2020年第3期，第122—125页。

③ 王敏：《高职院校"以群建院"：价值意蕴、构建逻辑、建设策略》，《职业技术教育》2022年第43卷第21期，第41—44页。

专业群也可以围绕职业岗位群进行组建。职业教育的专业与职业有着紧密的联系,专业以职业岗位(群)为依据,与职业岗位(群)具有一致性。专业群的构建要考虑企业岗位的设置背景,尽可能多地覆盖行业岗位群,满足企业岗位群的需要。如护理专业群,其职业岗位群主要包括临床护理服务、社区护理服务、中医药护理服务、母婴健康服务、养生养老服务、健康管理服务等。

按照"以院建群"的理念实现专业群构建是我们面临的机遇与挑战,本课题组研究认为,可以将"以院建群"与"以群强院"进行结合,对"双高"建设将有极大推动。结合专家的研究探索报道及专业群建设的目的,我们课题组提出了"以院建群,以群强院"专业群构建的四大思路(见图3-2-4)。

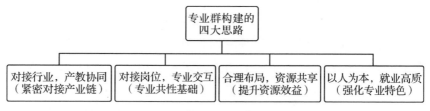

图 3-2-4 "以院建群,以群强院"专业群构建思路

(四)"以院建群,以群强院"内设教学组织体系模型研究

为了保障专业群建设顺利开展,必须注意其下设的教学管理组织建设,主要有专业教研室、课程组、实训中心等。专业教研室作为学校的基层教学和科研组织,担负着教学组织、课程建设、教研科研、社会服务及师资队伍建设等多项任务,是学校加快内涵建设、实现持续发展的基本载体,必须得到足够的重视与加强。根据高职教育人才培养的特色要求,在体系设置中还要正确厘清专业教研室与实训中心的关系,它们相辅相成,密不可分。根据"双高"专业群建设的新要求,我们提出了二级学院"以院建群、以群强院"的教学组织体系框架模型图(见图3-2-5),需要说明的是这个模型图是我们课题组的理论研究成果,各高职院校务必根据实际进行构建。

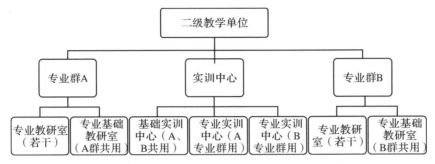

图 3-2-5　"以院建群、以群强院"的教学组织体系框架模型图

在实际运行过程中,基础实训中心要满足二级教学单位所有专业群使用,这是最基本的建设原则,规模尽可能大,以实现资源共享,效益最大化。而专业实训中心,要尽可能精致而专一,宜适当控制规模,因为随着产业结构或需求的变化,专业群中的部分专业可能会做出调整,为了避免投资专业实训基地投资效益不充分问题,部分内容可以与企业深度合作,通过强化校外实训基地的方法解决问题。

三、强化毕业生回顾性调查与应对策略

(一)关注课堂教学及就业指导

高职院校二级教学单位要十分关注毕业生回顾性调查,更重要的是针对调查结果进行深层次分析,这对改进管理方式、方法大有益处。2021 年本课题组对某省高职院校毕业生回顾性数据进行了分析,三年总样本 347135 人,年度及作答率分别是 2018 年 112905 人(91.57%)、2019 年 117126 人(96.68%)、2020 年 117104 人(92.71%),平均作答率达到 93.65%,调查可信度较高。对学校工作的满意率维度,我们选择的观察指标有总体满意度、课堂教学效果、实践教学效果、教学水平、就业求职服务五个指标,三年比较均有明显的统计学差异($P < 0.01$)(见表 3-2-2)。

表 3-2-2　2018—2020 年某省高职毕业生回顾性调查结果(n,%)

年份	总体满意度	课堂教学效果	实践教学效果	教学水平	就业求职服务
2018 年	99058 (87.74)	95346 (84.45)	94756 (83.93)	94202 (83.43)	93859 (83.13)
2019 年	103856 (88.67)	100611 (85.90)	100014 (85.39)	99616 (85.05)	99147 (84.65)
2020 年	104468 (89.21)	103790 (88.63)	103100 (88.04)	103292 (88.21)	102242 (87.31)
X^2 值	125.74	883.36	825.05	1102.29	811.76
P 值	<0.01	<0.01	<0.01	<0.01	<0.01

分析以上数据结果,我们可以发现,五项指标总体呈现积极向好发展趋势,反映出随着"双高"建设的推进及高质量发展理念的树立,高职院校重视教师队伍建设、重视教学改革、重视课堂教学质量、重视学生就业指导服务。但是五项满意度指标仍然有一定的上升空间,二级学院这个角色,有必要深入研究探索其影响因素,如就业指导工作如何做到更精准、更个性化、更有效,建议开展专题调研,提出对策。对于教学有关指标,虽然与教师密切相关,但影响课堂教学的因素是复杂的,可以深入课堂了解情况,加强与学生就课堂教学相关问题进行沟通了解,然后反馈给相关部门或老师,我们认为十分必要。在"双高"建设背景下,提高课堂教学及就业指导满意度工作中,辅导员的主要应对策略见图 3-2-6。

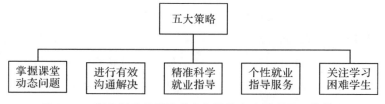

图 3-2-6　提高课堂教学及就业指导满意度辅导员工作策略

(二)关注"学生四率"及对策

作为高职院校务必关注学生入学及毕业后四大事项,即升学率、创

业率、就业率和毕业后离职率,本课题组2021年对某省高职院校毕业生
进行了回顾性调查,调研结果见图3-2-7、3-2-8、3-2-9、3-2-10。

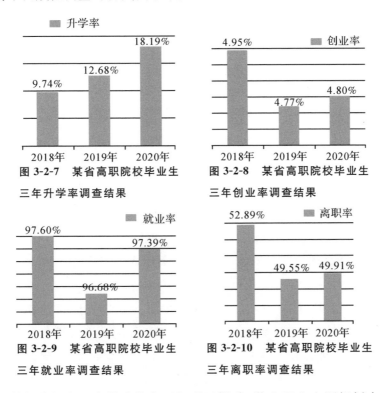

图3-2-7　某省高职院校毕业生
三年升学率调查结果

图3-2-8　某省高职院校毕业生
三年创业率调查结果

图3-2-9　某省高职院校毕业生
三年就业率调查结果

图3-2-10　某省高职院校毕业生
三年离职率调查结果

　　数据分析发现本科升学率逐年明显提升,学生职业生涯规划中对进
一步升学愿望明显提高,实际投入行动也明显加强,我们要积极引导学生
的学习热情,推动学风建设。调查发现学生创业率处于较低的水平,我们
认为原因是复杂的,但是学生的技能等综合素质十分重要,要积极引导学
生做好长期的准备工作,加强与创业学院的联系,鼓励学生创业,提供较
好的创业政策环境。调查发现,高职学生就业率维持在较高水平,这是值
得肯定的,但我们更要关注就业质量,有必要进行专项调查,针对问题提
出对策,从我们调查发现的毕业生就业岗位离职率高达40%以上这个数
字就提醒我们要重视就业针对性、重视专业适应性,不能过分强调就业率
而忽视就业质量及稳定性,要注意与学生毕业后就业岗位相关单位的联
络与沟通,帮助协调有关困难,双高建设背景下这一工作更为迫切。

四、助力职业本科教育，推动"双高"建设

(一)学生继续深造有较大愿望

"双高"建设任务及绩效评价指标中均十分重视"技术技能人才培养高地打造"和"人才培养模式创新"，对服务对象满意度(包括在校生、毕业生、学生家长)及社会认可度(包括学生家长、业内认可度)也给予高度关注，学生的职业成长过程中职业本科教育目标的实现将关联着上述任务指标的质量水平。高职院校学生升本通道有普通高等教育、成人高等教育、高等教育自学考试等，近年来考取普通高等教育、接受全日制本科教育等方式更受高职学生青睐，这是由于"3＋2"高职与本科分段培养模式打破了职业院校侧重技能训练、本科院校偏向理论学习的局限，两者充分整合资源、发挥各自优势，有助于拓展职业院校学生的成长空间，促进现代职教体系建设，培养应用型高端技术技能型人才①，反映出高职院校专业教学质量与学生的积极向上风气。本课题组 2022 年对 1246 名学生进行抽样调查，其中女 634 名、男 612 名；涉及的专业有医药卫生大类，包括护理、助产、中药、针灸推拿等，工科类专业大类，包括机电一体化、工业机器人技术、汽车检测技术、机械制造等。专业调查研究发现，希望进入全日制本科学习的有 852 人(74.3％)，结果见表 3-2-3。

表 3-2-3　不同类型生源高职学生就读本科意向(N,％)

生源类型	N	全日制本科	成人高等教育	高等教育自学考试
普高生	634	539(85.0)	39(6.2)	14(2.2)
中高职衔接五年制	275	139(50.5)	24(8.7)	14(5.1)
单考单招生	222	165(74.3)	16(7.2)	10(4.5)
社会扩招生	15	9(60.0)	0(0.0)	1(6.7)

---

① 杨建荣、安秀林、贺红军等:《论从高职到本科"3＋2分段培养"的平稳过渡探索》,《张家口职业技术学院学报》2018 年第 4 期,第 28 页。

生源类型	N	全日制本科	成人高等教育	高等教育自学考试
X² 值		121.14	3.13	6.44
P 值		0.000	0.372	0.092
合计		852(74.3)	79(6.9)	39(3.4)

结果简要分析:(1)学生就读全日制本科愿望强烈,不同生源就读全日制本科有明显的统计学差异(P<0.01),主要表现为普高生、单考单招两种生源愿望最为强烈。其他两种形式本科学习愿望较低,且不同生源间无统计学差异(P>0.05)。(2)852 名学生中,女性 524 名(61.5%)、男性 328 名(38.5%),女生就读全日制本科愿望明显高于男生($X^2=51.309$,P=0.000)。

(二)职教本科教育是高职院校跨越式发展的重要战略选择

高职院校推动全日制专升本工作过程,对于高职院校来说,既提高了专业内涵建设质量,促进了专业群办学水平的提升,也是本科职业教育的经验积累;对于学生来说,也促进了一批高职生职业规划目标的实现。许多高职院校借助"双高"建设,推动了本科职业教育工作,受到学生欢迎。由于依托优质高职院校举办职业本科教育具有必然性[1],这与其深厚的办学底蕴基础、人才培养范式契合职业本科教育办学需求、专业建设理念匹配职业本科教育的办学逻辑、技能形成经验符合职业本科教育的办学规律、市场合作机制有利于提高职业本科教育的办学效率等因素有关,因此普通高等教育学校中,职教本科将成为重要组成部分。因此,发展本科层次职业教育也是高职院校实现跨越式发展的重要战略选择,对凸显类型教育特征、提升学校发展创新能级、拓展现代职业教育体系、促进经济高质量持续发展的现实需要有积极作用[2]。本研究组调查中也对就读本科影响因素进行了专题观察,结果见表 3-2-4。

---

[1]　庄西真:《"职教本科"就要有职教本科的样子——谈优质高职院校举办职业本科教育的必然性》,《职业技术教育》2022 年第 12 期,第 8—13 页。

[2]　张慧波:《高职院校发展本科层次职业教育的现实需要与实施路径》,《百家论苑》2021 年第 37 卷第 7 期,第 152—156 页。

表 3-2-4　不同类型生源高职学生就读本科影响因素(N,%)

生源类型	N	就业思维	经济条件	年龄	学校引导	支持政策	高质量辅导班
普高生	634	608 (95.9)	248 (39.1)	76 (12.0)	532 (83.9)	510 (80.4)	558 (88.0)
中高职衔接五年制	275	244 (88.7)	112 (40.7)	70 (25.5)	216 (97.3)	199 (72.4)	220 (80.0)
单考单招生	222	209 (94.1)	91 (41.0)	36 (16.2)	182 (82.0)	172 (77.5)	192 (86.5)
社会扩招生	15	12 (80.0)	4 (26.7)	4 (26.7)	8 (53.3)	9 (77.7)	8 (53.3)
X^2/P		21.33/ 0.00	1.43/ 0.698	26.81/ 0.00	41.62/ 0.00	9.98/ 0.02	22.40/ 0.00

结果简要分析:就读本科的主要影响因素有就业思维 1073 人(占 93.6%)、高质量辅导班 978 人(85.3%)、学校引导 938 人(占 81.8%)、支持政策 89 人(占 77.7%)、经济条件 455 人(39.7%)、年龄 186 人(占 16.2%),结果显示学校因素(通过教育、引导、政策支持等)作用较大,仔细分析,我们发现,除了经济条件因素外,其他五个影响因素中不同生源间有统计学差异($P<0.01$),进一步说明学生个体因素对之影响有限,再次验证高校因素的重要性。

根据以上信息特点,我们认为在"双高"建设背景下,高职院校应该发挥好的功能有:一是积极引导教育,包括专业方向引导、应对方法指导,同时加强与家长的沟通,取得进一步支持;二是政策支持,可以出台较为实际的专门鼓励政策;三是认真免费办好考试科目高质量辅导班。

(三)"双高"建设推动学生职业本科目标实现取得初步成果

近年来,学生实际上线率不断提升,如研究观察发现,天津市高职生近三届毕业生升学比率呈明显上升趋势,从 2017 年的 1.25% 上升到 2019 年的 4%[①],得益于高职本科队伍扩大及高职与本科的合作等原因,

---

① 海强、马涛:《天津高职毕业生升学现状分析》,《晋城职业技术学院学报》2019 年第 12 卷第 6 期,第 22—25 页。

全国本科层次职业大学或应用技术大学的增容给高职学生升本创造了很好的条件,但存在高职升本考试可选专业面狭窄等问题。以浙江省衢州职业技术学院为例,2022年报名全日制专升本767人(占当年毕业生数的34.8%),可能与我校在"双高"建设过程中的教育引导、政策支持有一定关联,实际上线301人,上线率达39.24%(见图3-2-11)。

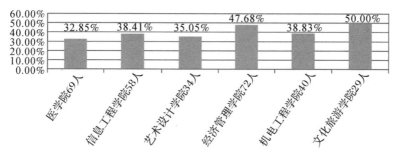

图 3-2-11　2022 年各专业大类全日制本科上线率

结果显示,医学相关专业上线率偏低,主要原因可能与护理专业就业形势较好,绝大部分仍然选择先就业,而在校期间直接参加了成人本科护理专业学习,参加报名全日制本科人数偏少有关,如在医学院报名的人中护理专业107人,仅占本专业人数的26.8%;助产专业仅30人,仅占本专业人数的33.3%;中药学70人,占本专业人数的77.8%,再次证实了高职良好的就业优势会影响学生参加全日制本科学习的热情,另外也可能与医学相关专业本科竞争比较激烈有关,因为部分同学虽然上线了,由于对应本科专业不理想,选择不服从专业调配,从而落选。我们的调研结果与有关专家报道的高职院校护理专升本通过率偏低的现状基本一致。[①]

工科类专业、艺术类专业本科学习上线率偏低,同样表现出专业竞争十分激烈。文化旅游类专业、经济类专业上线率较高,可能与之竞争相对不足有关。本课题组按照专业上线率做了进一步比较分析,发现市场营销排列第一,但仅1人,说明学生报名愿望不强;而中药学专业上线

<hr />

① 吴翠玲:《高职院校护理专升本通过率偏低的现状与分析》,《新商务周刊》2020年第13期,第208—210页。

率位于前 3 位,而且高达 46 人,学生就读中药本科专业愿望强烈,而且该校中药学专业办学质量较好;会计学专业也显示出与中药学相似的状况。详细排名情况见图 3-2-12。

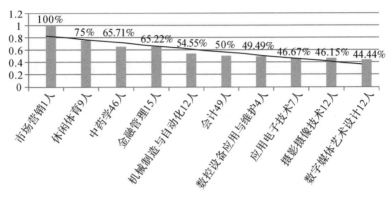

图 3-2-12 本科上线率前 10 位专业

五、重视身心健康发展,促进"双高"建设

依据《国家体育锻炼标准》,教育部制定了《国家学生体质健康标准》。本标准从身体形态、身体机能、身体素质和运动能力等方面综合评定学生的体质健康水平,是促进学生体质健康发展、激励学生积极进行身体锻炼的教育手段,是学生体质健康的个体评价标准,其根本目的是促进学生健康,服务人才培养,提升人才综合素质。立德树人是高校核心内容,也是"双高"建设核心任务及考核指标。只有拥有良好的体质,才能更好地为社会服务。标准对评价内容、评价指标、评价方法等做出明确规定。大学生的体测项目及标准分见表 3-2-5。

表 3-2-5 大学生各年级体测项目及评分

评价指标(测试项目)	分值	备注
身高、标准体重	10	必测
肺活量、体重指数	20	必测
1000 米跑(男)、800 米跑(女)、台阶试验	30	选测一项

续　表

评价指标（测试项目）	分值	备注
坐位体前屈、掷实心球、仰卧起坐（女）、引体向上（男）、握力体重指数	20	选测一项
50 米跑、立定跳远、跳绳、篮球运球、足球运球、排球垫球	20	选测一项

注：本标准各评价指标的得分之和为本标准的最后得分，满分为 100 分。根据最后得分评定等级：90 分及以上为优秀，75 分—89 分为良好，60 分—74 分为及格，59 分及以下为不及格。

　　但是近年来，大学生体质健康持续下降，与健康中国行动建设方向不一致，已成为社会各界广泛关注与担忧的问题，认为大学生体育与健康意识薄弱、大学生体质健康测试落实不到位是主要原因[1]。也有专家研究发现，与饮食行为、运动量和锻炼态度相关[2]。本课题组研究认为，大学生健康体质出现下降原因是多方面的，例如信息化互联网发展迅速可能导致学生购物行为单一化、人际关系网络化，主动走出寝室减少了，甚至连就餐都通过外卖实现；高职院校的课务安排也可能影响学生的早起锻炼，如果早上第 1—2 节课是自习，那么学生就可能晚起床；我们的研究推理与李晓琨等[3]专家的原因分析有一定的相似性，许多高职院校十分重视大学生体质健康工作，衢州职业技术学院作为校方主角色提出了"两馆一室"文化理念，所谓两馆是指图书馆与体育馆，通过不断改善馆场条件，吸引并鼓励大学生走进两馆，打造高标准的体育场所，不断改善校园环境。有关部门如公共体育部、学生处及各有关二级学院有效组织晨跑及夜跑，同时不断深化体育课程改革，结合各专业特点，开设合适的体育课程内容，并提供一定的体育选修项目，极大地提高了大学生体育活动兴趣。本课题

---

　　① 武勇亮：《健康中国背景下大学生体质健康下降成因及疏解之策》，《山西大同大学学报（社会科学版）》2022 年第 36 卷第 3 期，第 140—142 页。

　　② 黄志浩、邹淼、陈继艳等：《东营市高校体测未达标大学生行为影响因素的研究》，《实用预防医学》2021 年第 28 卷第 12 期，第 1475—1478 页。

　　③ 李晓琨、赵西堂、沈天行：《广东省普通高校大学生体质健康影响因素研究》，《体育科技文献通报》2022 年第 30 卷第 5 期，第 149—152 页。

组对某高职院校 2022 年 6 月 2399 名学生进行了分析,其中男性 1166 名、女性 1233 人,合格人数 1935 人(占 80.6%),其中男性合格 815 人(69.9%),明显低于女性 1120 人(90.8%)(X^2=168.41,P<0.01),优秀 28人(占 1.17%)、良好 238 人(占 9.92%)。我们同时抽检了护理等 10 个专业,发现平均通过率达到 79.6%,结果发现,专业间存在一定的不平衡现象,有明显的统计学差异(X^2=116.91,P<0.01),详见表 3-2-6。高于平均率的专业分别是护理、会计、金融服务与管理、连锁经营与管理、休闲体育5 个专业,显示出较好的状态,说明这些类型专业学生体质有了明显的改善,分析原因我们认为这些专业女性比例高,符合上述在总体研究发现的女性合格率高于男性的结果,同时我们认为可能与上述这些专业所在学院的管理及专业要求较高有一定关系。进一步观察发现,体测通过率偏低的专业以工科类占比多,例如大数据技术、计算机应用技术专业体测通过率仅 50.7%—64.4%,明显偏低,我们认为与这些专业男性占比高有关,与上述总体研究发现的男性大学生合格率差于女性相吻合,再次提示高职院校要加强对男性学生的体育健康活动的教育引导。

表 3-2-6　各专业体测合格率比较(N,%)

专业	N	通过数(率)	X^2 值	P 值
护理	455	398(87.5)		
大数据技术	75	38(50.7)		
电气自动化技术	107	72(67.3)		
会计	175	147(84.0)		
机电一体化技术	59	42(71.2)		
机械制造及自动化	69	47(68.1)	116.91	0.000
计算机应用技术	132	85(64.4)		
金融服务与管理	68	65(95.6)		
连锁经营与管理	58	50(86.2)		
休闲体育	63	60(95.2)		
合计	1261	1004(79.6)		

由于与大学生体质相关因素比较复杂,如学校管理因素、体育场馆因素、课程改革因素、学生自身因素、家庭社会因素、专业因素、后勤保障因素、校园文化因素等,我们认为"双高"建设背景下,高职院校应该重视其本身管理角色与功能的发挥,特别是与体质相关比较密切的管理部门,如学生处、教务处、公共体育管理部门、后勤处等,采取综合对策,通过加强健康教育、深化学校体育改革、落实体质健康测试、构建体质健康促进服务体系的健康促进策略。本课题组构建了 ABCD 模型促进图(见图 3-2-13)。

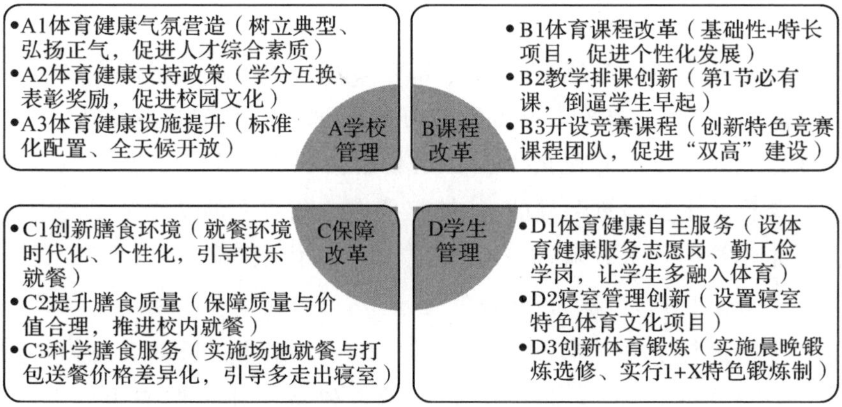

图 3-2-13　体育健康促进 ABCD 模型图

第三节　"德技双强"专业负责人助推"双高"建设策略

职业教育建设过程中必然涉及专业负责人,专业是高职院校履行办学职能的基本单元,为了能够激发基层教师投入专业建设的主动性与积极性,推进管理重心下移,专业主任制度应运而生①。在各高职院校,专

---

① 周应中:《高职专业负责人质量文化领导:本真、现状与行为框架》,《中国职业技术教育》2021 年第 27 期,第 12—17、23 页。

业主任的称谓形式多样,如专业主任、专业带头人、教研室主任等,有的甚至同时配备了专业主任和专业带头人,或者专业主任和专业副主任,一个负责日常事务处理,一个负责专业建设发展。但是我们认为专业带头人、专业主任与教研室主任是不同的概念。"双高"专业群建设背景下,与专业建设密切相关的专业负责人(广义)主要包括专业群负责人、专业主任、专业教研室主任等,我国教育行政部门于 2018 年对专业带头人提出了"双带头人"[①]素质要求,可以理解为是对专业带头人、专业主任、专业教研室主任提出的"德技双强"的素质要求。专业负责人肩负着专业建设发展的重任[②],"德技双强"素质要求也是高职院校"双高"建设的迫切需要。高职院校的专业负责人大多通过严格的程序选拔出来,在德能勤纪廉等方面都有较好的表现和较高的自我要求,一些高职院校还规定了专业负责人必须是副高职称以上或者在市级以上的各类比赛中获得过荣誉的,能够担任专业负责人的基本上是专业的甚至是学校的骨干教师,能较好地带动专业发展,推进"双高"建设的各项任务。特别是"双高"建设的背景下,许多高职院校对专业教研室及其主任进行了科学定位,设置更加规范化,推进了高职专业内涵建设。专业群负责人、专业负责人、专业教研室主任要形成协同效应。专业负责人在"双高"专业群建设过程中涉及的工作很多,"德技双强"专业负责人建设通过大量专业管理工作及自我身建设得以锻炼与成长,限于篇幅,本处对部分专业内涵相关工作进行研究。

一、教师创新团队建设

各类高水平的专业教师创新团队是助推"双高"建设的重要举措,目前高职院校普遍建立的团队有研究院或研究所形式的,也有专门的科技

---

① 《中共教育部党组关于高校教师党支部书记"双带头人"培育工程的实施意见》(教党〔2018〕26 号)。

② 孙佳鹏、王启龙:《提质培优背景下高职院校专业负责人培训的问题、成因与对策》,《教育与职业》2022 年第 9 期,第 70—77 页。

创新团队或教学创新团队,或者研究所、研究院、科技团队、教学团队并存,有学者①提出可以通过组建科技研发团队、基础研究团队、专利团队、国际合作研发团队等形式,实现不同团队间的联合攻关和协同创新。如深圳职业技术学院结合当地经济社会发展成立了粤港澳大湾区人工智能应用技术研究院,也内建了一些检测中心、公共平台等。淄博职业学院成立了大数据与会计专业教师团队等一批教学团队。衢州职业技术学院除了组建肿瘤早筛早诊科技创新团队等一批创新团队以外,还创建了结合专业群(或专业)的教学创新团队及技术服务团队,结合专业群建设建立的中国针灸学会衢州科技创新服务站,在全国高职院校中有较大的创新。

我们认为可根据本专业教师的优势,有选择性地组建专业教学型、科研型和技术服务型等创新团队。在组建相应团队时,需认真考虑团队目标、负责人和成员等重要因素,以便实质性发挥团队优势,聚焦研究目标,同频共振,产生更多系列研究成果。专业群(或专业负责人)应掌握专业教师的详细情况,确定好团队建设的类型、建设目标,制定好团队研究方向。但不管哪种类型团队,其研究方向必须紧密结合学校自身发展需要,符合区域经济社会发展需要,对推动经济转型升级或社会发展具有较大现实意义。在团队成员选拔上,应尽量做到年龄和职称结构合理,成员相互间有合作基础,各自研究方向应相对一致。同时团队需选拔一名在专业领域有较高业务素质、治学严谨、富有创新合作精神的负责人。团队在建设过程中要以成果为导向,对标对表"双高"建设的标志性成果,合力攻坚,不断提升团队建设成效和影响力,为打造省级、国家级等更高层级的团队打下基础。专业群建设过程中,除了组建相对固定型教学、科研、技术服务团队外,高职院校专业群建设也要特别注意项目型攻关团队(如国家基金项目攻关专班),围绕"双高"建设,组织申报重大教学改革项目(如针对高层次教学成果奖组建项目专班)、高层次专项科技项目、高水平专项技能大赛项目(如针对教师教学能力大赛建立专班)、重大地方技

---

① 杨理连:《"双高计划"建设下高职院校技术技能创新服务能力研究》,《职业技术教育》2020 年第 41 卷第 11 期,第 6—9 页。

术服务项目等,实行一定时期的专项合作,项目组成员实行优化组合制。

二、创建优质共享的信息化专业教学资源库

专业教学资源库是指按照一定的技术规范和专业课程的内在逻辑关系构建的,由优秀的数字化媒体素材、知识点素材及示范性教学案例等教学基本素材构成的,可不断扩充的开放式教学支持系统。建设教学资源库,是为了整合优秀的教学资源,从而实现教育资源的广泛共享,凸显专业的示范与辐射效应。每个专业群都要围绕核心专业,建立自己的教学资源库。教学资源库建设是一项长期的任务,专业负责人要起引领作用,同时必须充分调动广大教师的积极性,共同参与,可以考虑与相关院校、按专业群分类,共同研制开发教学资源,形成共建共享的良性循环机制。教学资源库建设又是一个系统工程,需要领导有足够的重视,保障必需的资金投入;需要教师的积极参与,对教学资源的应用给予密切的配合;需要网站技术人员有良好的技术和技能。在"双高"建设任务中,教学资源库建设是其核心内容之一,很多高职院校已经积极行动起来。本课题组研究认为,专业教学资源库建设要注意以下一些核心内容模块(见图 3-3-1)。

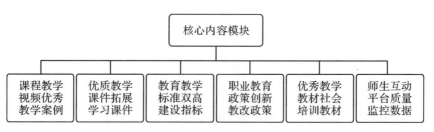

图 3-3-1　专业教学资源库的核心内容模块

三、专业教学质量控制

教学质量是教学传授者在教学活动中满足教学接受者明确或隐含需求,达到教育价值的一种教学效果的体现。教学质量是高职院校教育

质量的重要组成部分,是高职教育质量管理的核心关切。我国《深化新时代教育评价改革总体方案》(2020年)、《国家职业教育改革实施方案》(2019年)、《职业教育提质培优行动计划》(2020—2023年)为职业教育评价改革做出了全面部署,并对职业教育评价改革提出新要求,如改进结果评价、强化过程评价、探索增值评价等。

学校内部质量保证体系的构成至少包括以下三个要素:一是质量标准。需要客观明确(尽可能多一点客观指标,减少主观指标),保障公正公平。二是质量管理。系统设计、规范流程、管理体制、运行机制、评价手段(信息化)、质量监督要求,形成自主运行的内生动力。三是质量诊改。即时反馈,及时诊断与改进是关键。质量保证体系运行的策略中,可以实施"管、办、评"分离措施,学校主管,二级教学单位主办,而质量保障机构进行主"评"。二级教学单位及专业群(专业)负责人必须紧紧抓住健群(专业群或专业)、优课(课程、教案与教材)、强师与强资源(教师教学能力与教学实训条件),实现三环相扣。随着"双高计划"的实施,为实现建设世界一流高职院校的目标,质量管理必将成为高职院校头等重要的事情。专业作为开展具体教学工作的基层组织,在教学质量的提升上必须付出更多努力。

完善教学材料检查。专业群负责人或专业负责人或专业教研室主任可以对专业内教师开展学期初、学期中和学期末等不同学期阶段的教学材料检查,教学材料的检查建议吸收下设的教研室或课程组组长参加,发挥其积极性,提高其责任感,以保证检查工作的全面性、教学骨干参与度,必要时可以通过专题检查会的形式举行,对发现的新问题、新现象或共性问题,提出科学的整改意见。学期每个阶段的检查侧重点不一(见表3-3-1)。通过学期初教学检查了解学期初教学过程中各方面的实际情况,及早发现和解决影响教学过程正常进行的各种问题,同时为本学期工作树立明确目标,确保学期工作良好的开端。通过期中教学检查,掌握在教学活动开展、教学秩序维护和教学质量提高等方面的具体做法,及时发现和解决教学工作中存在的各种问题,并对下半学期的教学工作做出相应的安排。通过期末教学检查,总结本学期教学工作成绩以及分析解决存在的不足,做到重在总结经验,从而推动教学质量的持续提升。

表 3-3-1 学期不同阶段教学材料检查重点

学期阶段	检查侧重点
学期初	(1)教材、授课计划、实训开设计划、教案(课程思政)等教学材料准备。
	(2)对授课时间、教室、授课设备熟悉情况。
	(3)授课目标符合双高建设下职业教育的发展情况等。
	(4)教师教育教学能力建设。
	(5)教学实训条件建设。
学期中	(1)教学日志填写规范情况。
	(2)教学进度与计划匹配情况。
	(3)教学秩序维护情况。
	(4)教师课外辅导和作业布置批改情况。
学期末	(1)试卷题型等符合要求情况。
	(2)试卷内容、难易程度和教学内容相适应情况。
	(3)试卷批改、学生各项成绩规范合理情况。
	(4)下学期工作落实情况。

开展形式多样的进课堂听课活动。如专业教师集中进课堂、专业负责人随机进课堂等,全面指导教师从教学计划到教学实施的整个过程,多维度评价教师教学能力和教学效果。如专业有条件,也可制定实施教学提升计划,每个学期挑选1—2位教师,专业主任进行全过程听课,这样可以较为完整和全面地掌握教师从第一堂课到最后一堂课的变化,教学能力在哪些方面得到提升,还存在哪些方面的不足以及日后的改进举措,这对一名教师,尤其是新教师的成长是极为有利的。

做好专业教学督导工作。教学督导实践推动了教育教学及其管理工作的规范化、科学化、效益化以及青年教师的成长,为学校教育教学质量保障与人才水平提高奠定了坚实基础。专业可以充分发挥师徒结对授课模式的优势,让资深教师将自己对课堂的掌控力、对学生的分析力以及多年的教学经验通过言传身教传授给青年教师。同时青年教师也要发挥在信息技术应用、课件制作、课堂互动等方面的强项,协助老教师共同提高教学质量。通过开展教师座谈会和学生代表座谈会,了解专业教师在授课方面的优势和不足,掌握学生对课堂教学开展形式和内容等方面的需求。召开专业教师座谈会和教师一对一谈话等多种形式的活动,及时将课堂教学的意见和建议进行反馈,肯定优势、指出不足、提出改进的建设性意见。鼓励学生评价高、课堂教学质量好的教师进行教学示范,督促有待提升的教师制定整改计划和措施,形成课堂教学质量提升的闭环。

　　总之在教学质量保证体系运行方面,要紧紧抓住三点,一是自主运行筑牢教学底线,形成内生闭环,建立质量文化(五"自"即自觉、自省、自律、自查、自纠);二是评价监测,包括专业(群)认证评估、课程教学评估、学生学业信息反馈、教学督查及课堂评价教育督导;三是诊断改进,做到即时反馈、及时诊断、限期整改、改进绩效。

　　在"双高"建设专业内涵建设提升背景下,我们课题组认为有关课程教学督导方面,高职院校应该重点把握以下几个重点创新环节及内容(见表3-3-2)。

表 3-3-2　课程教学督导的创新环节及内容

环节模块	重点内容
督导队伍	聘请行业专家及退休专家成立专职督导组织,在全校统一规范标准化建设要求下,按照专业分别组建督导小组,每小组 3—5 人;保障督导小组规范运行的机制落实。
督导重点	教学设计与课程标准的一致性(如果不一致,须有说明);课程思政(重点是思政元素选择的合理性,融合元素融入方法的科学性);教学内容(特别是重点难点内容)的把控,与实际生产一线的一致性;教学方法运用与教学策略的科学性、创新性;教学评价的科学、公正、公平性;实际教学效果(必要时访谈学生);教师对课堂把控的总体情况。
反馈整改	强化课程教学反馈"1＋X"通道建设;反馈内容规范、科学性、权威性(内容须经督导小组集体讨论,根据内容情况在反馈前进行必要沟通,必要时专业主任参与讨论)。

　　注:凡课堂听课后必须进行反馈、整改。"1＋X"通道:"1"是指反馈主渠道,实行线上反馈;"X"是指其他形式反馈,如面对面交流,或通过微信、钉钉等。

四、构建专业群人才培养模式

专业群内的专业由于技术领域或学科基础相近,在课程内容上有相当一部分共同的基础理论和技能基础,国内有些高职院校采用"平台共享+模块互选"的模式构建(见图 3-3-2)。"平台共享"主要由公共课和专业基础课组成,是根据专业群培养复合型人才所必备的共同基础知识和基本技能设置的。公共课针对所有专业,含思政课、体育课、美育课、劳育课等,突出培养德智体美劳等最基本素质。专业基础课为专业群内各专业共同必需的生产技术知识、产品技术知识、材料技术知识和职业基本技能,是可持续发展的基础保证。"模块互选"是根据不同的专业(方向)而设置的,由体现专业(方向)特色的课程组成。每一个模块以工作任务或工作过程为依据,是围绕某一工作过程必需、够用的专业理论与专业技能的综合,是专业能力、方法能力和社会能力训练的综合。学生在修完"平台"课程后,获得专业群共同的职业基础理论和基本技能训练,具备在行业内从事专业群所包含岗位的基本职业能力和适应职业变化的能力。在此基础上,可根据自己的兴趣特长和就业需要自由选择其中一个模块进行学习,主要实现按不同职业方向进行人才分流培养,较好地解决专业群内各专业的针对性问题。

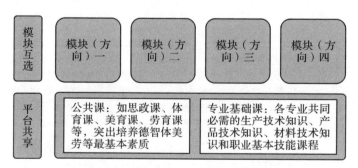

图 3-3-2 "平台共享+模块互选"模式

"1+X"证书制度是"职教二十条"中的重要内容,即通过校企深度合作、产教融合,在完成学历教育的同时,进一步延伸出对特定技能的学习要求,其目的是培养复合型技术技能人才,适应智能化社会发展背景下(如机器换人、网上服务等)职业结构的变化对职业教育人才培养模式及其目标、规格所带来的深度挑战;提高职业教育人才培养特色的多元选择性;突破源于普通学历教育的固化的学制形态。"1+X"的核心是人才培养模式改革,这也是专业群建设的核心任务,结合教育部关于职业院校专业人才培养方案制定与实施工作的指导意见(教职成〔2019〕13号),学历职业教育人才培养方案中内容重构路径可以从以下几个方面进行探索:一是以书证融通为核心,重构人才培养方案,注意标准对应(职业技能等级标准与专业教学标准对应)、教学统筹(学历教育为技能等级培训留足"接口"与空间,尽力不增加学生学习负担)、内容融合(课程置换、选修补修、强化培训)、评价同步(职业技能考核与学历教育课程考试统筹安排)、成果互换(学历证书与职业技能等级证书体现的学习成果相互转换);二是重新定位学历职业教育的培养目标,依据行业核心素养(关键能力)系统性重构课程,在保证"1"的主体性与基础性的前提下,突出"X"的"四个性"即针对性(如新技术、新规范)、适应性(聚焦岗位胜任力)与灵活性(灵活实施,快速迭代);三是在充分体现课程的职业属性前提下,厘清学历教育课程与技能等级证书要求的"配伍"关系,重构课程内容在"1+X"课程内容匹配中,优先选择在行业中具有普遍意义,对学生具有长远生涯发展意义的课程内容进行教学。

五、专业团队建设博士创新站典型案例

案例一

博士创新工作站名称:浙江山海机械有限公司博士创新站

博士创新工作站建设成功感言:立足服务、团队攻坚、研教并重、合作共赢

博士创新工作站建设成功经验:由李培江领衔的博士工作站建设成功的宝贵经验有三大方面:一是坚持俯身贴地、立足服务,协同企业创新发展。围绕智能装备产业链,俯身贴地,积极走入企业、深入车间、观察

问题、立足服务,结合自身专业特长,将物联网技术与传统的空压机装备结合在一起,为解决企业现实生产难题献"技"献"策"。积极将企业生产、研发中的问题作为项目进行探索研究,加快提升企业核心技术自给水平,摆脱关键领域受制于人的被动局面,以企业需要,解转型之困,在服务中树立良好口碑,形成长期合作发展的良好态势。二是坚持通力协作、团队攻坚,助力企业提质增效。博士创新站实质上是系统性创新中心和技术成果性服务平台的综合体,集聚了各类创新要素,一名博士组建一个科研团队带领 8 名以上学生进驻企业,并吸纳企业多名技术人员、业务人员参与研发、成果转化,打破层级、部门限制,通过"纵横融通"将校企间具有不同技术专长和专项技能的人员进行组合,实施项目"校企团队"共同运作,助力企业提质增效。三是坚持强化育人、研教并重,提升人才培养效能。建站前,教师需与企业深度对接,发现与提炼科学问题;建设中,学生直接参与其中,问题直接来源于实践,成果直接应用于实践。教师将科研、教学、服务有机结合,学生将研究、学习、应用有机结合,从而搭建了科研资源直接转化为教学资源的"直通车",构筑了技术技能型人才培养的高地。多名学生在学科、技能竞赛中获得了奖项,同时教师与企业技术人员在不断交流中取长补短,提升人才培养效能。

图 A　团队现场检查问题　　　　图 B　团队现场分析问题

案例二

博士创新工作站名称:浙江省柯城区人民医院博士工作站

博士创新工作站成功感言:成功源于共享,合作成就未来

博士创新工作站成功经验:由甘椿椿领衔的博士工作站的建立充分

体现校企合作、高校服务企业的理念。在建站前期,高职院校就与该企业有广泛的接触、合作,我们认为这是博士创新工作站建设的基本要求。高校要主动服务企业,这是我们取得对方信任,进行深入合作的基础,也是我们成功的经验之一。成功第二大经验就是要深化校企合作,解决企业(基层医院)面临的困难,针对企业开展科技攻关、推动医疗护理质量提高、满足人民健康的新要求,我们在建站期间重点以项目申报为突破口实施专题合作攻关,成功获得三大科技攻关项目,分别是"静配中心审方药师合理用药干预与分析""基层医院门诊慢病患者用药依存性调查与分析"和"CYP3A4编码基因多态性对探针药决奈达隆体外代谢活性影响的研究",并借助项目研究指导发表高质量文章及国家专利。第三大成功经验就是借助专业优势,进行牵线搭桥,如促使柯城区人民医院与杭州禹正医药科技有限公司达成合作意向,为"甲苯磺酸拉帕替尼片人体生物等效性评价预实验"项目提供技术服务,横向合作到款额为27万元。改善了临床药理中心的伦理审查制度,修改了临床药理中心药物一致性评价项目的试验方案,大大降低了实验的成本,促进柯城区人民医院节能减排。协助企业开展培训,帮助企业获得了基层药事管理优秀奖(浙江省医院药事管理质控中心)和医院药事管理优胜奖(衢州市医院药事管理质控中心)。建站第四个经验就是带动团队进步、促进团队发展,工作站为8位同学提供了实践的机会,其中4位同学分别获得全国医药行业特有职业技能竞赛学生组二等奖(国家级B类),浙江省医药行业特有职业技能竞赛学生组二等奖(省级A类),浙江省高职院校职业技能大赛中药传统技能竞赛二等奖、三等奖(省级A类)。6位同学最终留在了柯城区人民医院就业。

图A　团队全体人员

图B　团队开展学术交流

第四节　高职院校"双师双能"教师建设策略与路径分析

专业教师是高职院校中主要群体之一,直接承担着教书育人、科研和社会服务、学生管理、文化传承等各项高职院校的基本职责,专业教师是"双高"建设的根本着力点和落脚点,直接关系到"双高"建设的落地走向与位置,同时也直接决定了"双高"建设的质量。因此专业教师需从思想上正确认识"双高计划"的意义,在行动上支持和推进"双高"各项建设任务,从业绩成果上提升"双高"建设质量和成效,在师德师风、教学能力、科学研究和社会服务能力等方面全面提升,以高素质的师资队伍推动高水平的学校和专业群建设,从而达到学校发展和个人成长双赢的效果。"双高"建设涉及的十大任务及专业群建设涉及的九大任务,几乎都涉及专业教师的角色,如人才培养模式、创新技术技能人才培养高地打造、实践教学基地、校企合作、社会服务等,但是我们必须注意到高职院校专业教师的角色是否得到充分的发挥是至关重要的,一所高水平的职业院校必然是有统一性特别强的发展理念与执行度,必须有大量一线人员的持续努力付出与大量的奉献,专业教师工作对办学理念的共识度、工作的敬业度、投入度、活跃度、行为规范度等,直接影响到其科研、教学、社会服务工作的质量,同时我们必须注意到高职院校管理的科学性、规范性等与专业教师的行为有较大的关联度。

一、"双高"建设背景下的教师师德与诚信研究

(一)师德师风建设相关政策研究

教师是人类灵魂的工程师,是人类文明的传承者,承担着传道、授业、解惑的重大任务,良好的师德修养对学生的影响和示范作用极大,因此不

管在工作还是生活中,必须时刻谨记要不断提高自己的师德师风修养。党和国家将师德师风建设作为教师队伍素质的第一标准,高职院校教师需认真学习贯彻相关系列文件精神。教育部《新时代高校教师职业行为十项准则》(教师〔2018〕16 号)明确提出,引导广大教师努力成为有理想信念、有道德情操、有扎实学识、有仁爱之心的好老师(见图 3-4-1)。

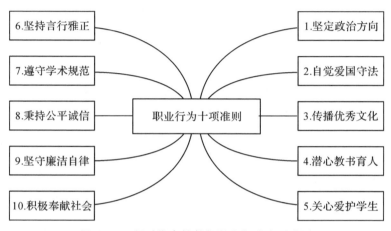

图 3-4-1　新时代高校教师职业行为十项准则

教育部等七部门印发《关于加强和改进新时代师德师风建设的意见》(教师〔2019〕10 号),意见明确提出了"加强师德师风建设的总体要求,全面加强教师队伍思想政治工作,大力提升教师职业道德素养,将师德师风建设要求贯穿教师管理全过程,着力营造全社会尊师重教氛围,推进师德师风建设任务落到实处"等工作要求。各高职学校也根据文件精神,出台了相应的建设和管理办法,制定了违反师德师风的负面清单(见图 3-4-2)。

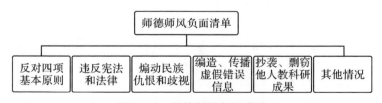

图 3-4-2　师德师风负面清单

除掌握相关政策、守住底线和红线之外,教师更应该以身作则,用自身的榜样作用和人格魅力去感染学生,这样合格的教师才能塑造出合格的学生。要有敬业精神,本着对时代负责,对工作负责的责任感和事业心,始终把"一切为了学生"作为教育教学工作的出发点和归宿点,以积极的心态和饱满的热情对待工作。要以学生为本,关注学生的主体地位,平等地对待学生,让他们在愉快的情感体验中接受教育。

(二)"双高"建设背景下专业教师科研诚信研究

科研与社会服务是"双高"建设绩效评价中十分重要的核心指标,但是我们必须重视专业教师的科研诚信,这是保障高质量、规范化科研与社会服务的必然条件,也与立德树人的人才培养总要求相吻合。

科研诚信是科技人员必须坚持的基本诚信,是科技创新的基石,也是开展科技所有活动的基本职责,自觉防范学术不端[①]是科技人员永远的义务。为全面贯彻党的十九大精神,培育和践行社会主义核心价值观,弘扬科学精神,倡导创新文化,加快建设创新型国家,科技人员必须进一步加强科研诚信建设,为营造诚实守信的良好科研环境做贡献,防止科研诚信案件及科研失信行为发生。[②] 实施科研诚信基本原则是:

1. 明确责任,协调有序

加强顶层设计、统筹协调,明确科研诚信建设各主体职责,加强部门沟通、协同、联动,形成全社会推进科研诚信建设合力。

2. 系统推进,重点突破

构建符合科研规律、适应建设世界科技强国要求的科研诚信体系。坚持问题导向,重点在实践养成、调查处理等方面实现突破,在提高诚信意识、优化科研环境等方面取得实效。

---

① 学术不端行为是指科研人员、管理人员、学生,在科学研究及相关活动中发生的违反公认的学术准则、违背学术诚信的行为。

② 科研诚信案件是指根据举报或其他相关线索,对涉嫌违背科研诚信要求的行为开展调查并做出处理的案件。科研失信行为前款所称违背科研诚信要求的行为(以下简称科研失信行为),是指在科学研究及相关活动中发生的违反科学研究行为准则与规范的行为。

3. 激励创新,宽容失败

充分尊重科学研究灵感瞬间性、方式多样性、路径不确定性的特点,重视科研试错探索的价值,建立鼓励创新、宽容失败的容错纠错机制,形成敢为人先、勇于探索的科研氛围。

4. 坚守底线,终身追责

综合采取教育引导、合同约定、社会监督等多种方式,营造坚守底线、严格自律的制度环境和社会氛围,让守信者一路绿灯,失信者处处受限。坚持零容忍,强化责任追究,对严重违背科诚信要求的行为依法依规终身追责。

(三)有关科研诚信政策文件研究解读

我国十分重视科研诚信工作,教育部、科技部及有关部门出台了相关政策文件,为贯彻实施《中华人民共和国科学技术进步法》等法律法规,进一步规范科研失信行为调查处理工作,科技部会同科研诚信建设联席会议成员单位对《科研诚信案件调查处理规则(试行)》进行修订,2022 年 9 月科技部等 22 个部门①联合发布《科研失信行为调查处理规则》(国科发监〔2022〕221 号)。我们对与高职科研相关的部分政策进行了研究与解读,职业教师必须熟记"不端、违规、失信"等红线警示点(见表 3-4-1)。

表 3-4-1　高职教育部分科研诚信文件精华

文件名	主要内容
《关于进一步加强科研诚信建设的若干意见》(国务院公报 2018 年第 17 号)	强调科研"五不得":(1)不得抄袭、剽窃他人科研成果或者伪造、篡改研究数据、研究结论;(2)不得购买、代写、代投论文,虚构同行评议专家及评议意见;(3)不得违反论文署名规范,擅自标注或虚假标注获得科技计划(专项、基金等)等资助;(4)不得弄虚作假,骗取科技计划(专项、基金等)项目,科研经费以及奖励、荣誉等;(5)不得有其他违背科研诚信要求的行为。

① 22 个部门指科技部、中央宣传部、最高人民法院、最高人民检察院、国家发展改革委、教育部、工业和信息化部、公安部、财政部、人力资源和社会保障部、农业农村部、国家卫生健康委、国务院国资委、市场监管总局、中科院、社科院、工程院、自然科学基金委、国防科工局、中国科协、中央军委装备发展部、中央军委科学技术委员会。

文件名	主要内容
《高等学校预防与处理学术不端行为办法》(教育部令40号)	常见学术不端七种行为:(1)剽窃、抄袭、侵占他人学术成果;(2)篡改他人研究成果;(3)伪造科研数据、资料、文献、注释,或者捏造事实、编造虚假研究成果;(4)未参加研究或创作而在研究成果、学术论文上署名,未经他人许可而不当使用他人署名,虚构合作者共同署名,或者多人共同完成研究而在成果中未注明他人工作、贡献;(5)在申报课题、成果、奖励和职务评审评定、申请学位等过程中提供虚假学术信息;(6)买卖论文、由他人代写或者为他人代写论文;(7)其他根据高校或者有关学术组织、相关科研管理机构制定的规则中属于学术不端的行为。
《科学技术活动违规行为处理暂行规定》(科学技术部令第19号,2020年7月)	十二种违规情形:(1)在科学技术活动的申报、评审、实施、验收、监督检查和评估评价等活动中提供虚假材料,实施"打招呼""走关系"等请托行为;(2)故意夸大研究基础、学术价值或科技成果的技术价值、社会经济效益,隐瞒技术风险,造成负面影响或财政资金损失;(3)人才计划入选者、重大科研项目负责人在聘期内或项目执行期内擅自变更工作单位,造成负面影响或财政资金损失;(4)故意拖延或拒不履行科学技术活动管理合同约定的主要义务;(5)随意降低目标任务和约定要求,以项目实施周期外或不相关成果充抵交差;(6)抄袭、剽窃、侵占、篡改他人科学技术成果,编造科学技术成果,侵犯他人知识产权等;(7)虚报、冒领、挪用、套取财政科研资金;(8)不配合监督检查或评估评价工作,不整改、虚假整改或整改未达到要求;(9)违反科技伦理规范;(10)开展危害国家安全、损害社会公共利益、危害人体健康的科学技术活动;(11)违反国家科学技术活动保密相关规定;(12)法律、行政法规、部门规章或规范性文件规定的其他相关违规行为。
《科研失信行为调查处理规则》(国科发监〔2022〕221号)	常见的科研失信八大行为情形:(1)抄袭剽窃、侵占他人研究成果或项目申请书;(2)编造研究过程,伪造研究成果,买卖实验研究数据,伪造、篡改实验研究数据、图表、结论、检测报告或用户使用报告等;(3)买卖、代写、代投论文或项目申报验收材料等,虚构同行评议专家及评议意见;(4)以故意提供虚假信息等弄虚作假的方式或采取请托、贿赂、利益交换等不正当手段获取科研活动审批,获取科技计划(专项、基金等)项目、科研经费、奖励、荣誉、职务职称等;(5)以弄虚作假方式获得科技伦理审查批准,或伪造、篡改科技伦理审查批准文件等;(6)无实质学术贡献署名等违反论文、奖励、专利等署名规范的行为;(7)重复发表,引用与论文内容无关的文献,要求作者非必要地引用特定文献等违反学术出版规范的行为;(8)其他科研失信行为。

　　凡是出现学术不端或学术诚信行为,必然受到处理,2020年《科学技术活动违规行为处理暂行规定》(科学技术部令第19号)提出了十种处理措施(见图3-4-3)。

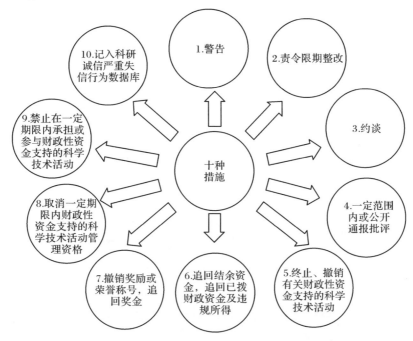

图3-4-3　科学技术部令第19号的学术处理十种措施

　　2022年修订版《科研失信行为调查处理规则》出台后,进一步规范了调查程序,统一了处理尺度,科研失信行为的调查处理工作有了更具操作性的规范。针对近年来科研失信行为表现出的隐蔽性和复杂性,新处理规则中处理措施的种类不但更多了,也更具体、更有针对性(见图3-4-4),高职院校专业教师及研究人员务必铭记在心。

　　上述处理措施可合并使用。给予前款第五、七、九、十项处理的,应同时给予前款第十三项处理。被处理人是党员或公职人员的,还应根据《中国共产党纪律处分条例》《中华人民共和国公职人员政务处分法》等规定,由有管辖权的机构给予处理或处分;其他适用组织处理或处分的,由有管辖权的机构依规依纪依法给予处理或处分。构成犯罪的,依法追究刑事责任。对科研失信行为情节轻重的判定考虑以下因素(见图3-4-5)。

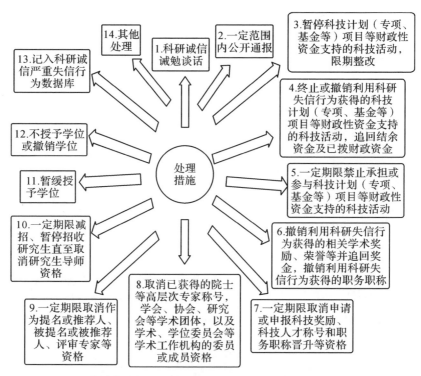

图 3-4-4　科研失信行为调查处理规则对科研失信行为 14 种处理措施

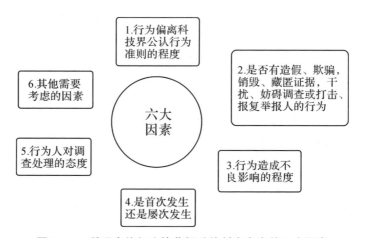

图 3-4-5　科研失信行为情节轻重的判定考虑的六大因素

(四)医学科研伦理原则研究

人类从事医学科研活动的目的是为了揭示生命、健康与疾病发生发展的内在机制,探索战胜疾病、保障人类健康的有效方法和途径,提高人类的健康水平和生命质量。但是,由于科学工作的探索性和不确定性,现代医学科研活动受到来自各方面利益的影响和干扰,这就要求医学科研人员必须遵循一定的道德规范,以确保医学科研工作健康、有序地进行。所有的医学科研工作必须符合四大伦理原则(见表3-4-2)。

表 3-4-2　医学科研工作四大伦理原则

维度	解释
保护受试者原则	对研究受试者的安全、健康和权益的考虑必须重于对科学知识获得和社会整体受益的考虑,力求使研究受试者最大程度受益和尽可能避免风险,这是人体试验最重要、最核心的伦理原则。具体要求包括:必须以充分确认对动物无明显毒害作用的动物实验为基础;确保人体试验方案设计、试验程序严谨科学;在人体试验的全过程要有充分、有效的安全防护措施以处置各种不良事件;必须有严格的审批监督程序,须在具有相当学术水平和临床经验丰富的医学科研工作者的亲自参与和指导下进行;试验结束后必须做出科学报道。
尊重受试者原则	尊重和保障预期的研究受试者是否同意参加研究的自主决定权,严格履行知情同意程序,防止使用欺骗、不当利诱、胁迫(包括变相胁迫)等不当手段招募研究受试者,允许受试者在研究的任何阶段撤销受试同意。包括尊重受试者自我决定权、全面维护受试者的知情权、保护受试者的隐私。
公正原则	包括分配公正:受试者的选择与排除都要依据科学的入选与排除标准,受益与负担合理;研究设计应尽量采用随机双盲对照,以保证不同组别的随机分配。程序公正:招募受试者的程序公正;受试者随机分组过程要保证公正;试验方案、知情同意书、招募广告都要经过伦理委员会审查。回报公正:免除或者减轻受试者因参与研究而承担的经济负担。
接受监督原则	科研工作要自觉接受医院伦理审查委员会审查监督。

二、"双高"建设背景下的教学改革与研究

教学是职业院校的中心工作,是学校实现教育目的、达成人才培养目标的基本途径。不管是国家还是各省的"双高"建设中,都把教学研究工作放在突出位置,随着社会经济发展、产业升级及信息化技术更新,职业教育的教学改革与研究势在必行。发挥好专业教师的角色与功能,需要注意以下几个方面工作。

(一)做好学情的分析

课堂是教师最基本的工作场所,课程教学是教师最直接的工作,把握课程教学的关键之一就是做好学情分析,这是最基本的前提,也是不可缺少的工作内容,因为随着高职教育的不断发展,高职院校的生源更为复杂多样(见图 3-4-6),从最初的普通高中毕业生到后来的单考单招生,现在发展到包括普通高考类、定向培养类①、中高职衔接五年一贯制类②、单考单招类③、提前招生类学生。2019 年,国务院高职扩招政策出台后④,生源中又增加了退役军人、下岗职工和农民工等社会考生。

各类学生基础和能力参差不齐,兴趣爱好有一定的差异,如医学类专业单考单招生中有部分学生已经经历过医院的临床实习;社会扩招生年龄偏大,而且有些已经成家;定向培养生具体模式不一样,有的已经签订就业合同等,我们认为可以在每届学生大一刚入学的时候,

---

① 学校专门为某些特定地区或单位培养人才,定向培养的学生毕业后分配到这些特定的地区或单位工作。

② 初中毕业生进入中职学校学习,达到要求后,进入相应合作办学的高职院校继续学习,进行一贯制的培养。

③ 教育管理部门给高职学校一定的招生指标,进行单独考试单独招生。

④ 2019 年 4 月 30 日,经国务院常务会议讨论通过《高职扩招专项工作实施方案》,高职院校实施扩招 100 万人,招生对象主要包含三类:应往届普通高中毕业生、中职毕业生、社会考生(农民工、下岗职工、退役军人、新型职业农民等)。

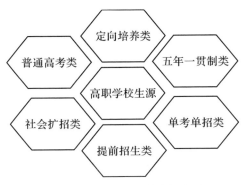

图 3-4-6　高职院校的生源类别

可从兴趣爱好、专业基础等各项指标(见图 3-4-7),全方面进行问卷调查,通过问卷内容,做好每一位学生的生情和学情分析,并反馈至班主任和其他授课教师处。从班主任管理层面,可以有针对性开展学生工作,从教学层面,可以为教学内容分析提供依据,为教学目标的设定打好基础,只有掌握了学生的个性特征,才能更有针对性地提高课堂教学质量。①

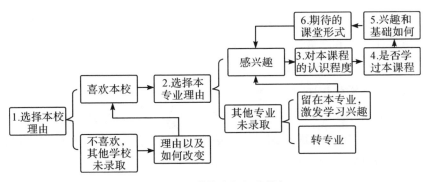

图 3-4-7　学情分析问卷指标

---

①　裴勇:《"双高计划"背景下高职院校推进课堂革命的动因、主体与策略》,《教育与职业》2021 年第 21 期,第 108—112 页。

(二)做好分层分类培养

通过学情分析和课堂表现等因素,教师需及时准确掌握每位学生的基础扎实程度、对学习的兴趣和动力,以此为依据开展分层分类培养,有针对性地开展教学活动,培养学生多样化的兴趣和技术技能,当然这不管从教师的数量还是业务能力上都要求较高。如物流管理专业,根据学生的理论学习能力、动手能力、应变能力和心理素质等标准,将学生分为ABCD四类①,分类制定培养目标,合理设计定制化的课程(见图3-4-8)。

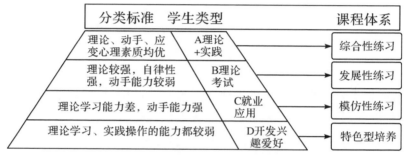

图 3-4-8　物流管理专业分类培养体系

盐城工业职业技术学院纺织专业基于生源特点,结合专业岗位群,采用共性目标和个性目标相结合的方式②,进行分层分类培养(见图3-4-9)。个别高职院校的课堂还采取了"大锅"加"小灶"结合的培养模式,大锅指班级学生集中授课,相同的学习内容,一致的学习目标,以保证完成既定的培养要求或岗位所需基本技能;小灶指根据学生的学习能力和兴趣爱好等,组建创新班、创业班、专升本班、竞赛班等各类模块化班,利用课余的时间为学生进行分班授课,达到多样化人才培养目标。

---

①　丽波:《高职物流管理专业分层分类人才培养模式的研究》,《科技与创新》2022 年第 15 期,第 86—87 页。

②　王可、马倩、王曙东:《高职"百万扩招"背景下纺织专业分类培养分层教学模式探讨——以盐城工业职业技术学院为例》,《纺织服装教育》2022 年第 37 卷第 2 期,第 176—179 页。

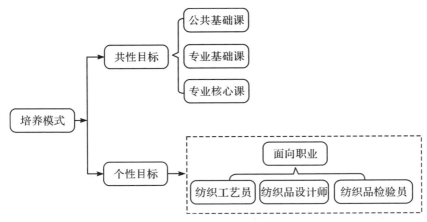

图 3-4-9　纺织专业分类培养体系

(三)提升信息化运用能力,助力课堂教学质量的提升

当前,人工智能、5G、大数据、AR、VR 等新一代信息技术迅速崛起、蓬勃发展,这为职业教育的传统教学模式注入新鲜的血液,将现代教学理论与信息技术相融合,利用教育技术手段开展信息化教学能力成为热潮和主流,职业院校教师信息化教学能力已成为信息技术与职业教育深度融合的重要环节。[1]

在国家宏观政策上[2],鼓励职业学校提升教师和管理人员的信息化能力,利用现代信息技术推动人才培养模式改革,满足学生的多样化学习需求,服务课程开发、教学设计、教学实施、教学评价等。针对教师个人,可以从思想认识、知识技能、设计开发、应用创新、可持续发展等方面全面提升信息化教学能力水平。[3] 教师首先要在思想上认识到信息技术

---

① 叶雷锋:《高职教师信息化教学能力一体化发展模式探索》,《职教论坛》2021 年第 37 卷第 3 期,第 81—85 页。

② 主要政策有《职业教育提质培优行动计划(2020—2023 年)》(教职成〔2020〕7 号)、《教育信息化 2.0 行动计划》(教技〔2018〕6 号)、《职业院校数字校园规范》(教职成函〔2020〕3 号)。

③ 王阳、柯小华:《智能时代职业院校教师信息化教学能力框架与校本发展策略研究》,《中国职业技术教育》2022 年第 19 期,第 85—90 页。

对教学质量提升的重要性和必要性,主动去接触、去改变、去思考,也要给学生灌输这一理念,强调信息技术对学生成长的重要性。在知识技能上,要掌握信息化教学设计的理论、方式方法,熟悉虚拟仿真平台和软件的使用,以及微课、慕课等资源的制作等。在设计开发上,要熟练掌控线下为主的课堂、线上和线下相结合课堂、纯线上课堂等各类课堂模式,针对课前、课中和课后等不同的环节,制作不同的资源,促进学生的自主学习。应用与创新方面,注重课堂的过程性评价、教学反思的开展等。在可持续发展上,主要是体现教师的研究,在信息化教学过程中,及时整理反思需解决的问题、需改进的地方、需完善的平台、需填补空白的虚拟软件等,用好信息化技术,提升课堂教学质量,提高学生学习积极性和主动性。"双高"建设背景下,专业教师信息化教学改革的重点内容见图3-4-10。

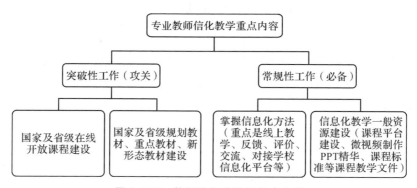

图 3-4-10　教师信息化建设重点内容

(四)做好教材建设

教材是传授教学内容的主要媒介,是培养人才的重要载体,在保障教育质量、弘扬立德树人、服务社会发展等方面都承担着重任。在当下这个技术快速发展、产业迭代升级的时代,高职教育的教材建设必须与时俱进,加强与信息技术、行业产业的融合,确保能满足现代职业院校高质量发展的需要。教材与教学关系密切,既是教师用书,也是学生课程教学的主要用书,教材建设包含着教学改革的巨大信息,如教学内容的优化体现工学结合,教学内容重点难点把握,教学过程对接工作岗位,教学方法策略的创新,教学面向信息化建设等,因此教材建设可以在很大程度上反映高职院校教学改革的质量与水平,反映出教师投入课程教学改革的深度、广度、成果积累情况,反映出课程教学团队的实力,可以说教材建设从专业教师角色来看,反映出教师投入课程教学改革的综合素质,正因为如此,国家教育行政部门及高职院校均十分重视。

在"双高"建设背景下,我们要特别关注高层次教材建设、新形态教材建设。在高层次教材建设方面,高职院校要注意科学制定教材建设规划,构建教材建设体系(见图 3-4-11)。

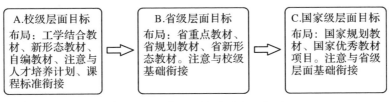

图 3-4-11　高职院校教材建设体系

新形态教材有纸质和电子的结合,动态和静态的互融,还有大量丰富的视频等教学资源,同时强化了校企合作,突出了真实职业岗位的知识,将传统的教材和信息技术相结合,这对学生学习兴趣的激发、主动性的调动、效果的提高极为有利,受到高度关注,2020 年教育部等九部委共同发布的《职业教育提质培优行动计划(2020—2023 年)》中倡导建设活页式、工作手册式、融媒体等新形态教材。各种新形态教材特点、优势见表 3-4-3。

表 3-4-3　常见新形态教材特点

教材形式	特点	优势
活页式教材	(1)用活页的方式装订出版;(2)内容模块化;(3)基于典型工作任务和工作过程编写;(4)设置引导性问题帮助学生获得知识和技能。	(1)创新打破传统教材的编写体例;(2)强调对学生综合能力的培养;(3)顺序可调,体现模块化、灵活、重组性特点。

续　表

教材形式	特点	优势
工作手册式教材	(1)借鉴了企业工作手册的简洁、实用特征;(2)内容以岗位活动为中心,基于流程化的操作和具体方法指导;(3)引导学生建立整体的工作逻辑,具有比较鲜明的企业特点。	(1)可借助教材的内容独自完成某项工作任务,满足工作现场学习需要;(2)符合学习者自主思考模式,有利于提高自学能力并掌握实践技能;(3)较适合实训实习课程。
融媒体式教材	(1)将传统纸质教材和现代信息技术有机融合;(2)内容表现形式丰富多样、互动性强;(3)可通过视频、动画、虚拟仿真等不同方式展现教材内容,使抽象知识形象化、生动化。	(1)弥补了纸质教材表现形式单一、抽象知识难以理解的不足;(2)可以使教材充分服务于教学,满足个性化、信息化的教学需求;(3)提供"纸质教材＋二维码＋课程资源平台＋移动学习端"立体化学习环境。

　　2022年,本课题组研究分析了教育部公布的"十三五"职业教育国家规划教材书目,对"十三五"职业教育国家规划教材进行了特征性分析。高职部分的教材涵盖了20个高职专业大类,包括《职业教育专业目录(2021年)》中的所有专业大类(详见表3-4-4),但部分专业大类呈现两极分化的现象,且与高职在校生数分布不完全成正比例[①],尤其是医药卫生大类,在校生人数为149.1万,排名第二,但规划教材数量排名相对靠后。

表3-4-4　"十三五"职业教育国家规划教材(高职部分)专业大类分布和占比情况

序号	类别	数量	占比	序号	类别	数量	占比
1	新闻传播大类	7	0.2%	11	文化艺术大类	106	3.7%
2	公安与司法大类	11	0.4%	12	医药卫生大类	108	3.8%

　　① 蔡跃、陆婷:《我国高等职业教育国家规划教材书目的数据特征分析》,《职业技术教育》2021年第42卷第21期,第23—27页。

续　表

序号	类别	数量	占比	序号	类别	数量	占比
3	资源环境与安全大类	22	0.8%	13	旅游大类	116	4.1%
4	水利大类	28	1.0%	14	教育与体育大类	137	4.8%
5	公共管理与服务大类	31	1.1%	15	土木建筑大类	200	7.1%
6	轻工纺织	33	1.2%	16	交通运输大类	201	7.1%
7	生物与化工大类	37	1.3%	17	公共基础课程	218	7.7%
8	食品药品与粮食大类	44	1.6%	18	电子信息大类	384	13.6%
9	能源动力与材料大类	62	2.2%	19	装备制造大类	450	15.9%
10	农林牧渔大类	101	3.6%	20	财经商贸大类	532	18.8%

高层次教材建设主要包括国家及省级规划教材、重点教材,也是高职院校努力的目标,是高质量建设高校专业的必然选择,但我们认为机遇与挑战共存,要从教材规划、编写团队、出版审核、修订完善等环节入手,切实提升教材质量,增强竞争力(见图3-4-12)。

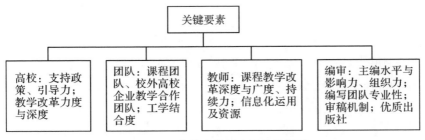

图 3-4-12　高层次教材建设关键要素

关注教材使用效果反馈,推动教材建设。2022年10月,我们课题组按照整群抽样方法,在全省对两所高职院校已经完成"实用护理科研训练"课程学习的203名学生进行回顾性调查,结果发现对国家规划教材总体评价很高(满意度达95%以上)。SPSS统计发现,兴趣是重要影响因素(P<0.05)。调查也收到增加科研实例、提高针对性、多运用图片等有益的建议,调查提示要加强教材编辑设计,通过修订完善,提高学生对课程的兴趣度。

表 3-4-5 国家规划教材使用情况不同生源类型调查结果(x±s)

内容	普高生 (n=135)	单考单招生 (n=68)	T	P
教材对学习的推动程度	3.356±0.787	3.368±0.809	0.102	0.919
课后利用二维码再学习	2.622±0.976	2.647±1.090	0.164	0.870
对教材的色彩的满意度	3.652±0.776	3.471±0.801	1.555	0.122
教材内容适合高职教学	3.667±0.810	3.588±0.851	0.640	0.523
教材微视频质量满意度	3.696±0.813	3.603±0.813	0.772	0.441
对教材 PPT 质量满意度	3.837±0.839	3.677±0.837	1.288	0.199
教材微视频数量满意度	3.770±0.791	3.618±0.773	1.308	0.192
对教材 PPT 数量满意度	3.830±0.797	3.662±0.857	1.381	0.169
教材纸张及排版满意度	3.815±0.821	3.647±0.894	1.333	0.184
同步训练满足教学情况	3.748±0.808	3.662±0.857	0.705	0.482

表 3-4-6 国家规划教材使用情况不同性别调查结果(x±s)

内容	女(n=192)	男(n=11)	T	P
教材对学习的推动程度	3.370±0.768	3.182±1.168	0.765	0.445
课后利用二维码再学习	2.630±1.010	2.636±1.120	0.020	0.984
对教材的色彩的满意度	3.615±0.771	3.182±0.982	1.784	0.076
教材内容适合高职教学	3.677±0.779	3.000±1.265	2.695	0.008
教材微视频质量满意度	3.682±0.791	3.364±1.120	1.268	0.206
对教材 PPT 质量满意度	3.787±0.838	3.727±0.905	0.227	0.821
教材微视频数量满意度	3.740±0.762	3.364±1.120	1.547	0.123

内容	女(n=192)	男(n=11)	T	P
对教材 PPT 数量满意度	3.792±0.798	3.455±1.128	1.330	0.185
教材纸张及排版满意度	3.787±0.826	3.273±1.104	1.969	0.050
同步训练满足教学情况	3.745±0.801	3.273±1.104	1.860	0.064

表 3-4-7　国家规划教材使用情况不同兴趣调查结果($\bar{x}$±s)

内容	兴趣高(n=53)	兴趣一般(n=141)	兴趣差(n=9)	F/P
教材对学习的推动程度	3.943±0.818	3.213±0.619	2.222±0.833	34.835/0.00
课后利用二维码再学习	3.340±1.018	2.447±0.857	1.333±0.707	28.962/0.00
对教材的色彩的满意度	4.000±0.920	3.475±0.672	3.000±0.707	12.505/0.00
教材内容适合高职教学	4.057±0.864	3.546±0.741	2.667±0.500	16.105/0.00
教材微视频质量满意度	4.113±0.870	3.560±0.700	2.667±0.707	18.886/0.00
对教材 PPT 质量满意度	4.302±0.822	3.667±0.724	2.556±0.726	26.381/0.00
教材微视频数量满意度	4.189±0.810	3.596±0.686	2.889±0.782	19.089/0.00
对教材 PPT 数量满意度	4.245±0.830	3.667±0.694	2.667±1.000	21.982/0.00
教材纸张及排版满意度	4.189±0.856	3.667±0.743	2.667±1.000	17.599/0.00
同步训练满足教学情况	4.226±0.800	3.603±0.696	2.556±1.014	25.380/0.00

注:组间比较,兴趣一般组和兴趣差组之间没有差异(P>0.05)。

三、强化双师型教师建设

(一)建设双师型专任教师

20 世纪 90 年代初,我国"双师型"教师概念首次被提出[①],之后多年间,国家和地方均制定出台了系列"双师型"队伍建设发展的意见。2019年 9 月,教育部等四部门印发文件[②],提出经过 5—10 年时间,基本建成一支师德高尚、技艺精湛、专兼结合、充满活力的高素质"双师型"教师队伍。该方案的发布,意味着我国"双师型"教师队伍建设进入新时代,也为我国新时代高职院校教师队伍建设提供了明确的方向指引。近几年,"职教 20 条"、职业教育提质培训行动计划、"双高"建设计划等[③]文件都着重强调了"双师型"或"双师素质"教师的培养。何为"双师型"教师?各学者均提出了见仁见智的观点[④](见图 3-4-13)。虽有不同的观点,但其内涵大同小异,要求教师既有开展职业教育的能力,又有开展技术服务的能力,比如高职院校医学专业的教师,要既能教书育人,又能治病救人。

我国教育部 2022 年出台的《职业教育"双师型"教师基本标准(试行)》,将双师型分为初、中、高三个级别,实现了内涵标准化建设。如高等职业教育高级双师型教师标准提出了在教育教学团队中发挥关键作用,担任地市级以上专业带头人、教学名师、教学创新团队带头人、技艺技能传承创新平台负责人等,主持过重要教育教学改革项目、教学研究

---

① 王昊:《我国职业教育"双师型"教师文件综述及政策演进分析》,《中国成人教育》2021 年第 3 期,第 60—66 页。

② 《深化新时代职业教育"双师型"教师队伍建设改革实施方案》(教师〔2019〕6 号)。

③ 《国家职业教育改革实施方案》(国发〔2019〕4 号)、《职业教育提质培优行动计划(2020—2023 年)》(教职成〔2020〕7 号),简称职教 20 条、《关于实施中国特色高水平高职学校和专业建设计划的意见》(教职成〔2019〕5 号)。

④ 肖凤翔、张弛:《"双师型"教师的内涵解读》,《中国职业技术教育》2012 年第 15 期,第 69—74 页。

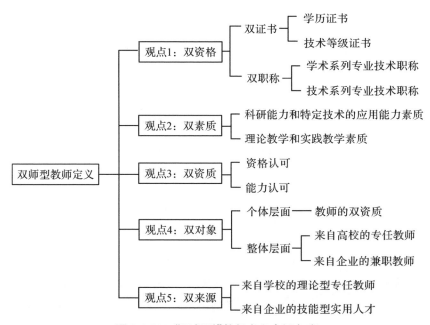

图 3-4-13 "双师型"教师定义内涵角度

项目或科研项目,在教育思想、专业建设、课程改革、实践教学改革、教学方法等方面取得显著成果,发挥示范引领作用,在指导和培养其他教师方面做出突出贡献。发表、出版过有重要影响的学术论文、教学研究成果、著作或教科书等代表性成果,具有丰富的企业相关工作经历或者实践经验,熟练掌握本专业工作过程或技术流程,在实习实训教学、设备改造、技术革新、成果转化等校企合作方面取得突出成果,取得重大的经济效益和社会效益。获得相关的国家职业资格高级证书或职业技能等级高级证书,或具有本专业或相近专业非教师系列高级职务(职称),或具有相应的能力水平等若干标准要求。

在专业教师双师型队伍建设时,可以分类制定相应政策。如针对刚入校新教师,通过开展岗前认知、制度和文件学习等内容丰富的培训(见图 3-4-14),使新教师熟悉高职院校教师的职业特点和要求,掌握教育教学基本知识、方法和技能,养成良好的职业道德素养①,并迅速融入学校和高职教育的大家庭。

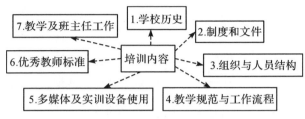

图 3-4-14 入职新教师培训内容

专业通过紧密联系行业、企业,共建"双师型"教师培养基地②,常态化企业实践锻炼制度,选派刚入校青年教师参加半年至一年的企业顶岗锻炼或技术服务,积累教师专业实践工作经验,提高专业技术应用能力、社会服务意识和服务能力。衢州职业技术学院结合地方特色,通过多年的实践探索,为新教师制定了"三衢青蓝"成长计划,根据新教师的学历、是否有高校和企业的工作经历,实施新教师分层分类培养,分类标准见表 3-4-8。采用"选项制"培养模式,为新教师打造师德教育、师范教育、企业实践、助讲培养、"双师"培养、综合锻炼 6 项个性化的专业发展培训项目,助力青年教师"双师型"队伍的建设。

表 3-4-8 教师分层分类培养标准

学历	工作经历	类型
硕士研究生	行业企业实际工作经历和本专业高校或职教教学工作经历＜2 年	类型1
博士研究生	行业企业实际工作经历＜2 年,且本专业高校或职教教学工作经历＜2 年	类型2

① 胡丽娜、李娜、魏小红:《"双高计划"背景下高职院校双师队伍建设路径研究》,《职教论坛》2021 年第 7 期,第 102—109 页。

② 扬伟:《"双高计划"背景下高职"双师"队伍建设的定位、问题与路径研究》,《职教论坛》2020 年第 8 期,第 99—103 页。

续　表

学历	工作经历	类型
硕士、博士研究生	行业企业实际工作经历≥2年,但本专业高校或职教教学工作经历＜2年	类型3
硕士、博士研究生	行业企业实际工作经历＜2年,但本专业高校或职教教学工作经历≥2年	类型4
硕士、博士研究生	行业企业实际工作经历和本专业高校或职教教学工作经历均≥2年	类型5

有的高职院校为入职5年内的教师在教学能力、教科研能力、竞赛指导能力、技术应用能力和社会服务能力等方面制定了双师素质详细的考核指标[1],推进了双师教师水平的提升。

针对骨干教师,要统筹兼顾新技术革命下,高职院校师资需求的新项目和延续改进经典培训项目。专业可以鼓励他们在校内不同岗位进行轮训,协助制定个人成长的三年行动计划或职称晋升计划,选派优秀教师进行挂职锻炼,访问工程师学习和出国进修培训等,提升教师在专业相关职业领域的教学技能、职业教育专业理论与应用能力。

开展骨干教师暑期社会实践,深入行业企业了解新动态,收集真实案例,加以整合形成教学的素材。鼓励教师参加各种资格认证培训,考取专业的资格证书,多参与行业研发与技术交流活动,激发创新能力。常态化邀请企业中的高端技术人才和管理人才,对学校专职教师进行强化训练,提升教师实践操作技能与解决企业生产技术难题的能力。

(二)打造专业化的兼职教师队伍

兼职教师是随着职业教育高质量发展而出现的时代产物,是指受职业学校聘请,兼职承担特定专业课或者实习指导课教学任务的专业技术

---

[1]　随秀梅、高芳、唐敏:《双高背景下高职院院校双师型教师教学创新团队建设研究》,《中国职业技术教育》2020年第5期,第93—96页。

人员、高技能人才①。兼职教师一般为企事业单位在职人员,专业教学急需的也可聘请退休人员。职业学校兼职教师管理办法提出兼职教师的基本条件见图 3-4-15。

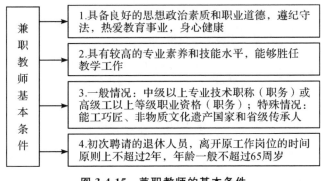

图 3-4-15　兼职教师的基本条件

高职院校兼职教师大多数来自企事业单位一线工作岗位,多为行业专家、能工巧匠,其优势是掌握最新的行业企业动态、实践经验丰富、技术技能水平扎实,但不足的是教师行为规范相对欠缺,离专业化存在一定差距②。因此一些高职院校的专业通常会建立一个兼职教师库,以提高兼职教师聘任时的相对稳定性,在这方面,医学院校相对较有优势,借助于附属医院医护的力量,较容易组建稳定的兼职教师队伍,而且部分医护人员其身份本身就是教师。鼓励和支持兼职教师通过系统的理论学习,考取教师资格证,并通过课前集中培训、课中示范教学、课后教学研讨等多种形式培养兼职教师的教学基本功,包括提升在教学设计、教学方法的运用、课堂节奏把握和教学反思等方面的能力。定期召开学生座谈会、学生评教以及听课评课活动,及时了解兼职教师授课的实际情况,将相关意见和建议反馈给兼职教师,以便其有针对性提升课堂教学质量。实施专兼职互助提高方案,通过兼职和专职教师共同教授一门课

① 2012 年 10 月,教育部等部门印发《职业学校兼职教师管理办法》(教师〔2012〕14 号)。

② 陈燕妮、杨红荃:《面向高职院校企业兼职教师的职业培训研究——基于泛在化的品质化发展角度》,《职教论坛》2022 年第 1 期,第 86—94 页。

形式,使专业教师和兼职教师的理论和实践充分结合,在教师教学能力比赛等各类形式的比赛中,也要积极吸收兼职教师参加。

四、强化辅导员教师工作,助力学生发展

"双高计划"指出,高职院校要注重内涵发展,组建专业集群,提升师资队伍水平。作为高职院校教师的重要组成成员,高职院校辅导员是连接学校与学生的桥梁,是高职院校贯彻落实立德树人根本任务和开展学生思想政治教育的中坚力量,有些高校教师担任辅导员角色,辅导员的工作是通过自身的品德修养、专业技能、人文情怀、事务性工作处理能力等,对大学生在思想政治教育和大学生事务管理服务方面进行指导、教育、管理和服务的过程。

我们通过调研发现,学生心目中理想的辅导员,从词云图(见图 3-4-16)中可以发现 10 个高频词为"沟通能力强""具有亲和力""热情""和蔼""工作能力强""负责""阅历丰富""思想政治觉悟高""人生导师""善良",其中"沟通能力强"出现频次最多,从中可以发现学生希望能跟辅导员建立良好的人际关系,关注辅导员的语言表达、心理辅导等能力,"工作能力强""阅历丰富"反映出学生希望辅导员在日常的工作当中能统筹处理评奖评优、勤贷助学,妥善处理寝室矛盾、危机事件,在就业实习、专升本上提供建设性的建议;"思想政治觉悟高"表明在学生心中辅导员的形象是具有很强的正能量的,这对辅导员的能力提出新要求。

图 3-4-16　辅导员在学生心中的形象——词云图

在"双高计划"背景下,本课题组提出高职院校要做好辅导员"六项工程"能力建设、"六个一做"工作提升、"六个保持"思想引领。

(一)"六项工程"能力建设

一是强基铸魂工程,加强辅导员入职考试的各项能力的考核力度,重视平常辅导员的思政课程的培训,创新思政教育模式;二是素质提升工程,积极开展辅导员业务技能培训、辅导员优秀工作案例大赛、辅导员素质能力大赛,加强辅导员的业务能力和基本素质,不定期举办辅导员例会,构建开发性、专业性的交流平台;三是凝心聚力工程,提升辅导员对岗位的认同感、归属感,定期开展辅导员专项沙龙活动,鼓励辅导员开设具有特色的工作室;四是典型选树工程,树立工作典型,对优秀的辅导员进行针对性、系统性、联系性的培养,起到价值引领作用,逐渐打造一支具有影响力的队伍;五是品牌引领工程,将辅导员分管的工作品牌化,例如医学院的"天使之心、天使之技、天使之翼"等天使品牌文化;六是保障夯实工程,建立辅导员激励制度、辅导员专项职称晋级办法,在可控范围内适当增加辅导员的收入待遇。"六项工程"能力建设以期为辅导员达到补精神之钙、强专业之能、造合力之势、创引领之力、助质量提升、解后顾之忧作用(见图 3-4-17)。

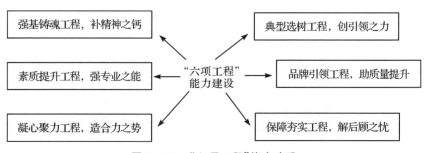

图 3-4-17 "六项工程"能力建设

(二)"六个一做"工作提升

一是写好一文,包括谈心谈话、主题教育、危机处理等日常学生管理的案例、总结、心得,每位辅导员每周至少提交一篇示例;二是讲好一课,辅导员每学年承担一门思政课的教学任务,如职业生涯规划、大学生创新创业,积极参与集体备课,定时参加研讨;三是做好一题,每位辅导员每年参与一项各级各类研究课题申报工作,保证每年手中有一项在研课题;四是结识一师,要向工作时限较长的辅导员、思政专家多学习,每个季度至少一次;五是拥有一技,打造独具特色的思政教育模式,将充分展示个人的工作技能平台变成开展大学生思想政治教育的舞台;六是明确一责,明确自己的模块分工,制定工作计划,完成工作目标,反思工作方法,创新工作思路(见图 3-4-18)。

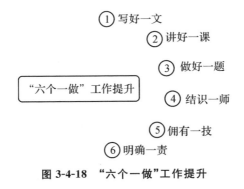

图 3-4-18　"六个一做"工作提升

(三)"六个保持"思想引领

一是保持良好的政治素质,政治素质是思想政治教育应具备的基本素质;二是保持良好的思想素质,思想政治教育是塑造教育对象思想品德的工作,辅导员要有先进的思想观念、科学的思维方式、良好的思想作风;三是保持良好的道德素质,思想政治教育者是塑造人类灵魂的工程师,辅导员要以身作则,为人师表、清正廉洁、艰苦奋斗;四是保持良好的知识素质,思想政治教育是一项知识性、专业性、综合性很强的工作,要做好这一工作,思想政治教育者就必须具备坚实的理论基础和广博的文化知识;五是保持良好的能力素质,能力是知识的综合体现,是将知识运用于实际工作中的技能和艺术,包括危机事件处置能力等;六是保持良好的生理心理素质,作为辅导员,在日常的工作当中要付出大量的体力与心血,所以要求辅导员要有充足的体力支持和良好的心理素质(见图 3-4-19)。

图 3-4-19 "六个保持"思想引领

在"双高计划"背景下,高职院校要通过"六项工程"能力建设、"六个一做"工作提升、"六个保持"思想引领构建一支具有"八气"的辅导员教师队伍,即要拥有独善其身的正气、勤奋好学的才气、富有内涵的韵气、坚持不懈的志气、敢于人先的勇气、不忘初心的意气、砥砺前行的底气、欣欣向上的朝气(见图 3-4-20)。

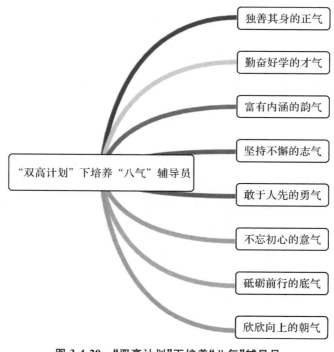

图 3-4-20 "双高计划"下培养"八气"辅导员

五、课程思政教育与改革推动"双高"建设

(一)大思政课建设要求与方案

我国教育部专门出台了《高等学校课程思政建设指导纲要》(教高〔2020〕3号),主要内容见表3-4-9。

表3-4-9　《高等学校课程思政建设指导纲要》主要精华

内容模块	主要精华
全面推进课程思政建设是落实立德树人根本任务的战略举措	将价值塑造、知识传授和能力培养三者融为一体。要寓价值观引导于知识传授和能力培养之中,帮助学生塑造正确的世界观、人生观、价值观。要紧紧抓住教师队伍"主力军"、课程建设"主战场"、课堂教学"主渠道"。
课程思政建设是全面提高人才培养质量的重要任务	建设高水平人才培养体系,必须将思想政治工作体系贯通其中,解决好专业教育和思政教育"两张皮"问题。不断完善课程思政工作体系、教学体系和内容体系。构建全面覆盖、类型丰富、层次递进、相互支撑的课程思政体系。
明确课程思政建设目标要求和内容重点	围绕全面提高人才培养能力这个核心点。课程思政建设内容要紧紧围绕坚定学生理想信念,以爱党、爱国、爱社会主义、爱人民、爱集体为主线,围绕政治认同、家国情怀、文化素养、宪法法治意识、道德修养等重点优化课程思政内容供给。
科学设计课程思政教学体系	有针对性地修订人才培养方案,切实落实高等职业学校专业教学标准,构建科学合理的课程思政教学体系。
结合专业特点分类推进课程思政建设	专业课程是课程思政建设的基本载体。要深入梳理专业课教学内容,结合不同课程特点、思维方法和价值理念,深入挖掘课程思政元素,有机融入课程教学。
将课程思政融入课堂教学建设全过程	高校课程思政要融入课堂教学建设,作为课程设置、教学大纲核准和教案评价的重要内容,落实到课程目标设计、教学大纲修订、教材编审选用、教案课件编写。
提升教师课程思政建设的意识和能力	全面推进课程思政建设,教师是关键。要推动广大教师进一步强化育人意识,找准育人角度,提升育人能力。加强课程思政建设重点难点、前瞻性问题的研究。

续　表

内容模块	主要精华
建立健全课程思政建设质量评价体系和激励机制	制订科学多元的课程思政评价标准。把课程思政建设成效作为一流专业和一流课程建设、专业认证、双高评价、高校或院系教学绩效考核等的重要内容。教师参与课程思政建设作为教师考核评价、岗位聘用、评优奖励、选拔培训重要内容。
加强课程思政建设组织实施和条件保障	加强组织领导、支持保障、示范引领（面向不同层次高校、不同学科专业、不同类型课程,持续深入抓典型、树标杆、推经验,形成规模、形成范式、形成体系）。

　　教育部等十部门印发的《全面推进"大思政课"建设的工作方案》（教社科〔2022〕3 号）提出五大工作模块方案,对每个方案做出具体指导（见图 3-4-21）,如在改革创新主渠道教学中提出建构党的创新理论研究阐释和教育教学的自主知识体系、建强思政课课程群、优化思政课教材体系、拓展课堂教学内容、创新课堂教学方法和优化教学评价体系等,对于高职院校及高职教师来说,每一项内容都是接地气的内容,都需要进行创新研究。如在善用社会大课堂模块,则特别强调了建好用好"大思政课"实践教学基地,并罗列了教育部层面的七大基地[①],七大基地的建设对省级层面及高职院校本身来说,有积极引导价值。在搭建大资源平台提出了建设全国高校思政课教研系统、推进国家智慧教育平台建设使用,并明确提出要建设教学案例库、打造教学重难点问题库、建设教学素材库、开发在线示范课程库,而这些都是需要高职院校及专业教师直接主持或参与的教学改革项目,也是体现课程教学改革的着力点。在构建

---

　　① 大思政课教育部七大实践基地:教育部、科技部联合设立的科学精神专题实践教学基地;教育部、工业和信息化部联合设立的工业文化专题实践教学基地;教育部、生态环境部联合设立的美丽中国专题实践教学基地;教育部、国家卫生健康委联合设立的抗击疫情专题实践教学基地;教育部、国家文物局联合设立的中华优秀传统文化、革命文化、社会主义先进文化专题实践教学基地;教育部、国家乡村振兴局联合设立的脱贫攻坚、乡村振兴专题实践教学基地;教育部、中国关心下一代工作委员会联合设立的党史新中国史教育专题实践教学基地。

大师资体系方面提出了建设专兼结合的师资队伍、搭建队伍研究平台、提升队伍综合能力等三大工作任务,特别强调提出建立思政课特聘教授、兼职教师制度,以强化地方党政领导干部、企事业单位管理专家、社科理论界专家、各行业专家融入思政课程教育,这些思维都特别需要高职院校进行实施,以推动"双高"建设质量。在拓展工作格局模块方面提出了分层分类开展"大思政课"综合改革试点、深入推进大中小学思政课一体化建设等任务,对高职院校领导及有关职能管理部门具有明确的引导作用。

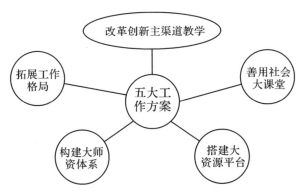

图 3-4-21　全面推进"大思政课"建设的工作方案五大方面

(二)课程思政建设任务及研究状况

立德树人是"双高"建设的十大任务之一,"双高"建设绩效评价指标中明确提出,高职学校如果出现违背立德树人根本任务的现象,在思想政治工作上出现重大问题,那属于"红牌"性质,属于中止"双高"建设的情形。各高职院校均十分重视课程思政的具体落实工作,纷纷出台实施办法,如衢州职业技术学院于 2021 年 4 月专门出台了《课程思政全覆盖体系建设工作方案》,明确了建设总体目标、具体目标、主要任务(包括构建全面覆盖、类型丰富的课程思政教学体系等五项)(见图 3-4-22)。

课程思政建设工作中,高职院校有关职能部门或业务部门,如社会科学部、宣传部、教务处、各专业教师认真履行"双高"建设各角色,发挥角色功能。课程思政的全面实施有效地推动了高职学生综合素质的培

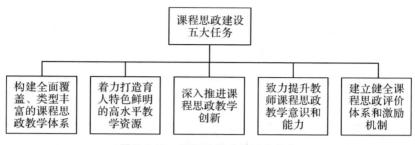

图 3-4-22 课程思政建设五大任务

养,对人才培养起到思想素质保障作用,在"双高"建设及强化课程思政教育背景下,全国高职院校专业教师、教育专家也纷纷投入课程思政教育教学改革与探索,兴起了大高潮,大量研究报道陆续发刊。本课题组通过万方期刊数据库,采用"课程思政"作为检索语进行检索,检索时间段为 2020 年—2022 年 8 月,共检索到"课程思政"研究论文高达 38438 篇,其中 2019 年 3341 篇、2020 年 9165 篇、2021 年 18381 篇、2022 年 1—8 月 7551 篇,近三年增幅十分明显。如果增加"高职"作为检索词,那么 2019 年—2022 年 8 月期间共发表 7206 篇,其中 2019 年 776 篇、2020 年 1867 篇、2021 年 3355 篇、2022 年 1—8 月 1208 篇,近三年增幅同样显示明显增长趋势。高职课程思政的研究涉及的内容也十分广泛,归纳起来研究报道比较多的主要包括以下几个方面(见图 3-4-23)。

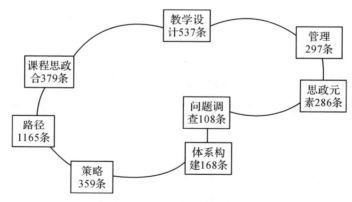

图 3-4-23 高职课程思政研究报道较多的领域

高职课程思政研究报道较少的领域包括课程思政评价指标体系等

方面(见图 3-4-24),虽然有专家进行了相关研究报道,如温州职业技术学院巩彦平等人做了课程思政评价体系的研究①,提出建立高等院校课程思政评价体系四因素模型,也有专家②报道了思政元素融入高职茶艺课程新型活页式教材的探索,有一定的借鉴价值,但我们认为仍有较大的研究空间。

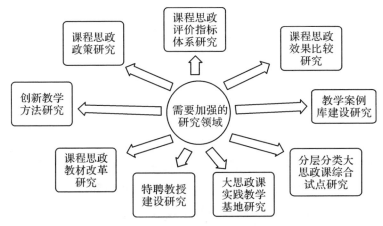

图 3-4-24　2022 年以后课程思政重点研究领域

从课程思政的论文数量来看,平均每所高职学校近三年发表 4.8 篇,高职院校实际发文量仍然处于较少状态,如果按照高职 7206 篇论文数据范围抽样检索 10 所高职学院,我们发现均超过 10 篇,明显高于全国平均数,多者甚至超过 260 多篇(见图 3-4-25),可能与这些高职院校对课程思政改革的重视及专业教师的投入,并注意成果的总结与报道有一定关系,当然也不能排除很多高校虽然重视了课程思政改革,做了大量工作,但研究总结报道方面还没有及时跟进,没有将自己的成果展示出来,研究提示各高职院校研究报道存在明显不平衡现象,可能有些高校研究报道较少。

―――――――――――――

① 巩彦平、张芳芳、金文奖等:《高等职业院校课程思政评价体系研究》,《高教学刊》2022 年第 8 卷第 17 期,第 151—156 页。

② 焦巧:《思政元素融入高职茶艺课程新型活页式教材的探索》,《福建茶叶》2021 年第 43 卷第 11 期,第 115—117 页。

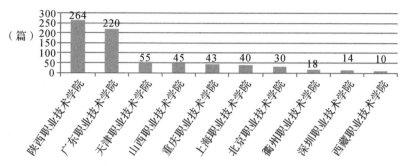

图 3-4-25　抽检 10 所高职院校课程思政发文量

(三)"六结合""三融入"思政课程建设工程介绍

习近平总书记在全国高校思想政治工作会议上的重要讲话中指出,"要用好课堂教学这个主渠道,思想政治理论课要坚持在改进中加强,提升思想政治教育的亲和力和针对性,满足学生成长发展的需求和期待,使各类课程与思想政治理论课同向同行,形成协同效应"。在"双高"建设背景下,高职院校应当以思政课为出发点,注重思政课的改革创新,发挥课程思政育人主阵地作用。一方面,要努力提升思政课教师的积极性、主动性和创造性,另一方面,要拓展教学模式,丰富教学内容。我们课题组研究提出了"六结合"思政课程建设工程及"三融入"思政课程促进工程。内容包括:一是将价值观引导与学科发展相结合,引导教师实现由知识内容传授转化为情感态度价值观培育。根植每一门学科特色,打通不同学科界限,打破不同学科的专业壁垒,将思政元素引入不同学科理论内容传授过程中。二是将国家需要和教学目标相结合,让学生增强个体归属意识,与时俱进,将国家发展图景与自身成长结合在一起,为中华民族伟大复兴的实现不断付出自己的努力。三是将历史智慧与现代智慧相结合。要以思想政治教育的实践课程为主,让学生体会到中华民族沉淀出的文化和智慧。课程思政建设应着眼全球文明视野,扎根中国社会发展实际。四是职业情感与个性特点相结合,注重培养学生的职业认同感、行业归属感,在实践教学中改革创新教学形式,因材施教,尽可能全面覆盖学生创新能力培养。五是将师德师风建造和学生行为规范相结合,在细微处关爱学生、体贴学生,通过理想信念、治学态度、品行修养等方面的言传身教,潜移默化地将课程思政元素融入课堂实践教学,帮助学生建立正确的人生观、社会观、价值观;六是将知识授课和实践课程相结合,坚持理论指导下的教学实践,发挥实践课程的关键作用。有效利用社会平台,让学生能够参与社会调研、实践创新、发明创造等活动(见图 3-4-26)。

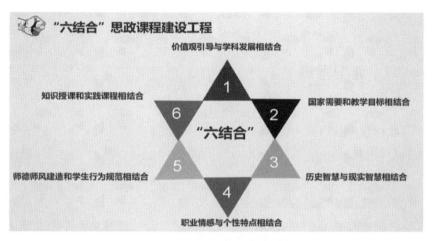

图 3-4-26　"六结合"思政课程建设工程

"三融入"思政课程促进工程内容包括:一是在课程教学中融入社会主义先进文化元素,将思政元素有机融入各门专业课程教学中,引导学生树立远大抱负,涵育学生的家国情怀,利用校园环境、学生活动、文化氛围等载体,让学生用心去感悟,自主地健康成长。二是在教学环境中融入中华优秀传统文化元素,倡导沉浸式学习方式,将传统文化元素根植于校园文化,例如南孔文化、杨继洲针灸文化、时珍中药文化等等,注重学生情感体验和热情参与,把举办传统文化活动作为营造和谐校园文化氛围的重要抓手。三是在实践教学活动中融入中国红色文化元素,高校院校从立德树人的社会主义教育培养目标出发,要充分发挥基层党组织和社团组织的作用,开展一系列丰富多彩的教学实践活动,开展一些红色文化讲座、参观党性基地等活动(见图 3-4-27)。

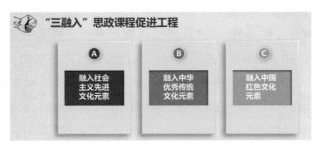

图 3-4-27 "三融入"思政课程促进工程

六、典型案例

案例一

教材名称：《计算机辅助设计 Solidworks（慕课版）》（浙江省"十三五"新形态教材）

教材适用层次与专业：本科职业教育、机械工程类专业

教材建设成功的感言：天道酬勤

教材建设成功的经验：本教材能够建设成功，完全得益于全体教材编写组的辛勤努力，总结编写过程，主要成功经验如下。

1. 实现了课程的线上和线下结合

传统的线下教材已经无法很好地适应现代职业教育的需要，无论是高职教育，还是本科职业教育，同样面临此类问题，互联网＋教育现代化给教材改革提出明确的要求，本教材改革以传统教材为载体，拥有超过 100 课时的教学视频同步讲解、300 余道习题和自测题、课程源文件、自测试卷、扩展案例等资源，还拥有可随书附赠的 PPT 课件，通过网络平台有机结合，资源内容可以涵盖一切数字对象。

2. 实现了移动互联

互联网已经深入我们生活的每一个角落、每一个位点，教师与学生的联系也是广泛地通过互联网。在此背景下，新形态教材建设改革实现了"教师与教师、教师与学生"的互联，实现了"线下资源与线上资源"的互联，实现了"课堂教学与课后教学"的互联。

3.实现了用户创造价值

新形态教材建设改革加快实现了用户创造价值,教师可以随时更新线上资源,随时添加线上资源,讨论、评测、学习分析,保持与最近的专业动态和软件更迭同步。

4.自主选择学习模块

教材建设适当考虑设置自主选择学习模块可有效解决学有余力同学的知识要求,我们的教材课程教学资源分设基础建模设计模块、高级建模设计模块、综合建模设计模块,可供不同层次学生选择学习,有效激发学生学习主动性。

5.集成"立方书"平台和超星泛雅平台优势

打通了两大平台,并发挥两大平台的优势,有效地支持教师开设微课堂、"翻转课堂"教学模式改革与研究;面对学生,立方书移动终端可以让学生随时随地享受"移动"学习的过程,重复整合碎片时间,提高学习效率。

6.学生成功案例分享

教材编写组教师除了有多年的教学经验之外,还拥有着非常丰富的指导学生开展设计与学科竞赛的经验。先后指导学生获得了挑战杯、机械设计竞赛、全国三维数字化设计竞赛等各类比赛包括全国一等奖在内荣誉100多项,该教材选取了部分学生的优秀作品资源随书附送给读者学习。这些案例的分享既吸引了学生注意力,也开拓了学生眼界。

案例二

教材名称:《生命健康与法律》(浙江省"十三五"新形态教材)

教材适用层次与专业:高等职业教育医药卫生类、健康服务类各专业

教材建设成功的感言:不忘初心,与时俱进

教材建设成功的经验:

1.教材内容与时俱进,符合社会发展需要

"健康中国"已上升为国家战略,在大健康产业迅猛发展的背景下,与生命、健康相结合的法律法规的发展和健全也是顺应了时代发展的潮流,将法律的基础知识和大健康产业各个方面结合,也是培养"厚人文、明医理、强技能、高素质"岗位胜任力强的技术技能型健康服务人才的需要。

2. 枯燥法条融入新形态元素

教材结合《"健康中国"2030 规划纲要》对卫生法制建设的要求展开，基本框架围绕"生命健康法律基本理论，医疗安全与法律，食品、药品安全与法律，公共卫生与法律，人身保险与法律，医学发展与法律"等若干板块内容展开。近年来，高校教育信息化工作深入推进，"生命健康与法律"课程的教学利用"互联网＋"的特点也更为明显。教材利用信息技术创新教材形态，可以充分发挥新形态教材在课堂教学改革和创新方面的作用，不断提高课程教学质量。

3. 线上线下教学相结合

基于新形态的各种元素，本教材利用互联网信息技术开展线上与线下教学结合。法律教学过程中，案例分析是很重要的内容，本教材通过互联网技术建立资源较为丰富的、符合当下健康服务发展趋势的各类与生命健康有关的案例库，通过线上案例库的资源，在线下学习过程中开展生动的案例分析：设立课程的资源库，通过教材上提供的二维码，即可实现课堂教学重点内容再现，只需手机"扫一扫"，即可进入微视频、微案例、微课件、微讨论、微习题等板块，从而开展课堂延伸阅读、拓展练习和课程评价。

4. 教材编写与用人单位调查相结合

教材编写注重开展卫生行业和健康行业社会调查，对高端技能型、应用型卫生和健康服务、生命健康与法律人才培养的现状及其需要进行调查分析，找准不同用人单位的不同岗位对生命健康法律知识和素养的需求，并征求相关专家意见，明确生命健康与法律课程体系的改革思路，优化生命健康与法律的课程结构。

5. 人文素养提升课程思政建设并进

除了基本的法律内容的教学以外，法治精神的培养成为生命健康与法律课程思政的重要内容，让学生明白投身大健康产业要具备的基本职业素养和价值观，深化职业理想和职业道德教育，加强法律意识的养成，崇尚依法治国、依法从业，促进了课程知识目标和能力目标的实施，最终达到立德树人的人才培养的目标。

案例三

教材名称:《解剖与组织胚胎实训教程》(浙江省"十三五"新形态教材)

教材适用层次与专业:高等职业教育,医药卫生类专业

教材建设成功的感言:有志者事竟成

教材建设成功的经验:本教材能够建设成功,完全得益于全体教材编写组的长期坚持与努力,主要的成功经验如下。

1.多校合作,凝聚合力

按照国家"十四五"规划教材建设的新要求,教材建设注重团队合作与协作,注重团队结构。本教材编写联合了浙江省内多家本、专科院校,包括杭州医学院、丽水学院2家本科院校,以及金华职业技术学院、绍兴职业技术学院、台州职业技术学院和衢州职业技术学院等4家高职院校。编写团队都是各校本专业的专任教师,其中教授2人,做到了老中青结合,结构优化。

2.内容全面,学考结合

解剖学及组织胚胎学是一门医学基础课程,是基础的基础,属于形态学的范畴。教材在编排时包含四个篇幅内容:实训项目、学习指导、参考答案及实训报告。第一篇为实训项目,每个项目后设计了"考核评分",包括考核项目及每个项目的评分规则,旨在每次实训后老师对学生掌握情况能照章考核,学生之间也可相互考核。第二篇为学习指导,以练习为主,目的是巩固学生的理论知识点。第三篇是参考答案,学生可查询参考答案自行判断理论知识点的掌握情况。

3.线上线下,不分时空

本教材改革以传统教材为载体,在每个实训项目中都"植入"二维码,学生通过"扫码",不论在课堂,还是在学生公寓、图书馆等场合,都可以观看实训视频,视频都是编写团队教师组织拍摄的,每个视频内容碎片化,学习非常便捷。教材编写过程中对"植入"二维码的内容高度重视,这也是教材质量的关键因素,保证新形态内容的核心价值、关键价值和新形态视频的质量。

4.图文并茂,直观感知

本教材第四篇是实训报告,分两部分,第一部分为组织学实训报告,学生通过观察显微镜下组织结构,真实绘画出自己观察到的细胞、组织结构。第二部分是解剖学实训报告,将人体不同系统的人体结构以绘图的形式展现,学生根据图上的结构做出正确人体结构的判断,进一步巩固、夯实实训效果。这一点也是教材编写组狠下功夫的方面,因为教材主要使用对象是高职专科学生,力求精简文字,增加图文,并且设置让学生有动手实践的空间。

案例四

技能大赛名称:2022 年浙江省高职院校教学能力比赛

作品获奖名称:中药灸法

获奖作品等级:A 类赛事,一等奖

获奖作品团队:

图 A　在企业授课教学图　　　　图 B　现场颁奖图

获奖成功感言:天道酬勤、精诚合作

团队成功经验:

1.团队通力合作

构建好教学团队,4 名团队成员,3 名具备双师素质,1 名来自企业,团队成员虽然学识不同、性格迥异,但为了推动学院和专业的发展,各司其职、通力协作,坚定的目标和信念、专业的基础知识是成功必不可少的条件。我们从项目的提出让整个团队有了整体前进的目标,到团队的建

设及分工配合,每个人各司其职,将自己所能毫无保留地发挥出来,从在一间小办公室里的相互磨合,到提供齐全的硬件设施,组织场地与学生、与行业专家相互交流,均体现出高度的合作的意识与行动。

2.坚持精益求精

珍惜每一次训练与准备时间,不计较个人休息时间,坚持做好每一次训练。在录制视频的时候经历了两次困难,特别是两次在企业的拍摄,酷热的炮制车间,学生和教师都湿透了衣服,但还是坚持将视频拍摄到最满意的程度,这个过程其实很煎熬,越是想录出好的作品,可能越心力交瘁,后面反思,其实还是要提前做好充足准备才行。从校赛,到省赛选拔赛,再到省赛决赛,每次都是新的开始,每次都是推翻重来,无数次的修改,无数次的通宵达旦,无数次的加班,都是每天最深刻的事。

3.坚持教赛结合

我们团队坚持在教学中选择作品,在教学中优化作品,坚持为教学服务,对照国赛标准,不断优化参赛作品,达到以赛促教、以赛促改、以赛促建的目标,促进了团队教师教学水平的提升,推动了专业、课程内涵建设质量。

第五节　高职院校"复合型"人才培养策略与路径分析

高职"双高"建设中,学校建设的十大任务及专业群建设的九大任务,都与学生有密切联系,如党的建设、学校治理、人才培养模式创新等。在"双高"建设绩效评价中直接涉及学生的指标有三个,包括在校生、毕业生、学生家长,间接指标可以说分布在所有绩效评价指标中,因此学生角色与功能的发挥同"双高"建设质量水平密切相关,充分组织好学生各种教育活动、发挥好学生功能、提升学生综合素质,意义重大,也是许多高职院校关注及重视的课题。

一、双高建设背景下自我管理能力提升研究

新修订的《中华人民共和国职业教育法》(以下简称新《职业教育法》)出台,这标志着职业教育认可度提升,职业教育发展迎来新的春天。"双高"建设可以引领职业教育现代化的发展,促进高职教育深化产教融合。构建高素质技能人才是"双高"的育人理念,大学生自我管理能力[①]是大学生核心素养的一个重要组成部分,培养大学生自我管理能力有助于充分调动大学生的主观能动性和提升整合自我资源的能力,在实现"双高"建设中培养人才目标的同时更好地满足了社会对人才的要求。

大学生自我管理具有自治性、时代性、可塑性三大特点,在形成上受到个人因素、家庭因素和学校因素等影响,为了实现组织预期目标,保证个人全面发展的管理实践活动。从内容来看,表现为以下六个方面(见图 3-5-1)。关于大学生自我管理能力的研究主要集中在国内,对大学生自我管理能力内涵、形式、策略和测量方法均有研究,刘保印[②]等人最早阐述大学生自我管理的概念,将大学生自我管理定义为"学生个人对自己的思想和行为所进行的自我组织、自我监督、自我批评和自我控制"。徐敏[③]指出可以通过建立和完善大学生自我管理组织,引导大学生开展自我管理活动来提高大学生自我管理能力。秦己媛[④]则运用积极心理

[①] 大学生自我管理指大学生为了实现高等教育的培养目标以及为满足社会日益发展对个人素质的要求,充分调动自身的主观能动性,卓有成效地利用和整合自我资源(价值观、实践、心理、身体、行为和信息等),运用科学管理方法而开展的自我认识、自我计划、自我组织、自我控制和自我监督的一系列自我学习、自我教育、自我发展,从而趋向于自我完善的活动。

[②] 刘保印、岳益:《大学生自我意识及自我管理》,《河南财经学院学报》1990年第 3 期。

[③] 徐敏:《大学生自我管理的重要意义及对策》,《教育与职业》2014 年第 4 期,第 177—179 页。

[④] 秦己媛:《积极心理学视域下大学生自我管理能力提升策略研究》,哈尔滨师范大学 2019 年硕士学位论文。

学的积极情绪体验理论、积极人格特质理论和积极组织系统理论等,分别提出学校、教师、大学生个人提升大学生的自我管理能力的策略。薛慧丽[1]等人通过实证分析,对自我管理能力提升的决定性影响因素进行测量,分别是学习态度、人际关系、成功欲望、管理兴趣。

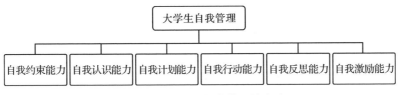

图 3-5-1　大学生自我管理的内容

　　经过文献研究、实践提升、问卷反馈,结合地方高职院校的实际及"双高"建设新要求,本课题组提出通过将个人促进与教师指导有机结合,在"双高"建设背景下能促进专业教师与学生角色功能的充分发挥,构建"课程思政、社会服务、科研竞赛、实习实训"四位一体的大学生自我管理能力培养体系(见图 3-5-2),旨在帮助大学生更好地适应大学生活,适应快速发展的社会,树立终身学习的目标、提升自我修养、完善实践操作能力和养成良好的性格习惯,全面提升自身综合素质水平。

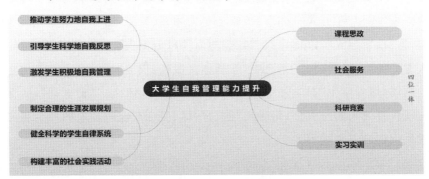

图 3-5-2　"四位一体"培养体系

---

　　① 薛慧丽、郭孔生、邵孟良:《高职信息类专业学生自我管理能力实证研究》,《职教论坛》2017 年第 17 期,第 49—55 页。

二、适应社会要求的综合素养提升策略研究

青年大学生是整个社会力量中最积极、最有生气的力量,国家的希望掌握在青年学生的手中。青年强则国家强,青年大学生肩负着中华民族伟大复兴中国梦的实现的使命,所以大学生的成长成才对国家的建设和发展有着至关重要的作用。大学阶段是人生的重要阶段,是学生人生观、世界观、价值观的形成阶段,是学知识长本领的人生关键期。在如此关键的人生成长黄金期,不仅要关注学生的学业成绩,更要关注学生的"德、智、体、美、劳",这样才能培养出能够适应社会、热爱社会、服务社会、推动社会、奉献社会的人才。许多专家对学生综合素质培养策略进行了研究与实践,杨雯提出应该立足于学生自身的发展,协调教师、企业与学生的关系,发挥企业在人才培养中的作用,从课程教学、专业发展、师生实践、文化建设、产教融合等方面入手,提升人才培养质量,实现育人目标[1]。综合素质评价作为教育评价体系中学生评价的重要方式,是破除"唯分数"以促进学生德智体美劳全面发展的根本举措[2]。

综合素质的内容涉及"德、智、体、美、劳"等多个领域及多个方面,需要有一个养成及不断变化的过程。通过多年的实践,我们认为在"双高"背景下,要构建"五位一体"三级联动育人体系(见图3-5-3),从大一到大三,将"以智启人""以德育人""以美塑人""以劳促人""以体铸人"充分融入学生的生活、学习、工作之中,开展丰富多彩、积极向上、富含意义的主题活动,培养学生"勤学习""勤做人""勤生活""勤做事""勤运动",从而实现教育效果的最大化,培养出"德、智、体、美、劳"全面发展的社会主义现代化建设者和接班人。

---

① 杨雯:《工匠精神视域下高职院校学生综合素养培养路径研究》,《理科爱好者》2022年第3期,第7—10页。

② 李木洲、刘子瑞:《综合素质评价牵引高质量育人体系建设:历史脉络、现实意蕴与实践策略》,《河北师范大学学报(教育科学版)》2022年第24卷第3期,第32—38页。

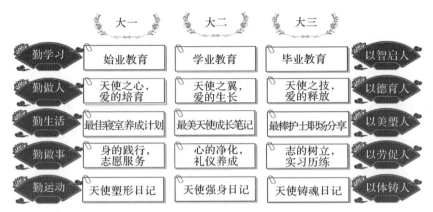

图 3-5-3　"五位一体"三级联动育人体系

（一）以智启人，做好学生发展的促进者

孔子说过"智者不惑"。教会学生学会认知、学会学习，是大学教育的基本责任。学生不仅要学到知识，而且要学会思考，学会询问，学会发现，学会评价，学会创造，在坚实、宽广的公共知识平台上，矗立起知识和能力的主轴。以智启人要着力营造独立思考、自由探索、勇于创新的良好环境，充分激发学生的好奇心，提高其批判性思考的能力。在教会学生认知的同时，还要高度重视大学生创新精神与实践能力培养。郑刚指出学校智育的基本任务是引导学生掌握系统、全面的现代化科学基础知识和技能，发展学生的智力，特别是创造性思维能力和勇于探索的精神，培养学生多方面的兴趣和才能。以智启人的教育目的包括五个方面（见图 3-5-4）。

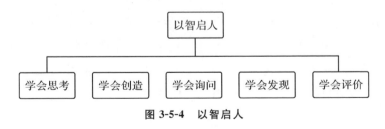

图 3-5-4　以智启人

（二）以德育人，做好学生发展的引领者

"仁"是人的存在本质。仁者必须有爱的意识与情怀，即"仁者，爱人"。理想人格首先应具有一定的道德修养。在中国传统文化中，仁爱意识一直是人格塑造的核心。教育的责任正在于教会学生理解爱、感受爱、关注爱、学会爱、传递爱。著名教育家梅贻琦曾说,教育的出发点是爱。道德的根基,是一个人的修身之本、立业之基,是"人之为人"的起点。心中有爱才能仁和宽厚、乐善好施、扶贫帮困、见义勇为,才会有强烈的事业心,才能为实现自身的中国梦奠定基石。石宜鑫[1]指出高等教育并非单纯的教学,更要教会学生做人,让其认识到"德"的重要性,真正做到"教书"与"育人"的高度统一。大学生的三观形成正处于拔节孕穗期,所以更要认识到德育工作创新的重要性,不断更新和深入挖掘德育内容。以德育人的教育目的包括以下五个方面(见图 3-5-5)。

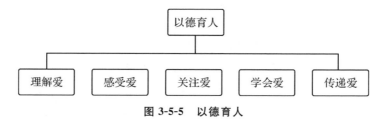

图 3-5-5 以德育人

(三)以美塑人,做好学生发展的启迪者

德国古典美学家席勒在《美育书简》中第一次创造了"美育"这个词语。美育是人从受必然力量支配的"自然人"走向可以充分发挥自己意志力量的"理性人"的桥梁。美育即审美教育,旨在培养美、提升美、欣赏美、感受美、创造美的能力。美育对培养学生健康的审美观念和审美能力,陶冶道德情操、促进全面发展,具有重要的作用。美育的核心是实现对生命的终极关怀,在美的教育中,使受教育者充分感受和正确理解艺术美、自然美和生活美的真谛,激发美感,陶冶心灵,塑造自由、和谐的理想人格。吴卫红[2]提出美育包括培养学生各种审美能力,如欣赏、表现、创造能力,是学校有目的、有计划、有组织的一种教育过程,它能够促进学生身心

① 石宜鑫:《新时代高校德育工作创新路径研究》,《科教导刊》2022 年第 15 期,第 88—90 页。

② 吴卫红:《美育促进大学生身心全面发展研究》,《现代职业教育》2021 年第 3 期,第 170—171 页。

素质协调发展。以美塑人的教育目的包括以下五个方面（见图 3-5-6）。

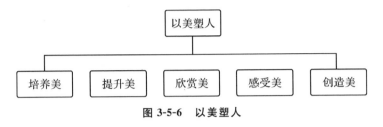

图 3-5-6　以美塑人

（四）以劳促人，做好学生发展的守望者

习总书记曾经说过要在学生中弘扬劳动精神，教育引导学生崇尚劳动、尊重劳动，懂得劳动最光荣、劳动最崇高、劳动最伟大、劳动最美丽的道理，长大后能够辛勤劳动，诚实劳动、创造性劳动。劳动教育的核心旨在提升学生的学习意识、劳动意识、服务意识、责任意识、奉献意识。劳动作为联系人与社会的关键环节，无论是对人的发展，还是社会的进步，都具有至关重要的意义。坚持以劳育人不仅是马克思主义实践本质对新时代的基本要求，同时也高度契合立德树人教育的内容实质。现阶段，以劳育人必须要坚持将劳动与国家和民族的命运结合起来，创新劳动教育形态，促进青少年劳动价值观发展。马琦①指出劳动是人类的本质活动，"劳动光荣、创造伟大"是对人类文明进步规律的重要诠释。学校只有多维度、全方位开展劳动教育，才能将"劳动最光荣、劳动最崇高、劳动最伟大、劳动最美丽"的意识根植于学生的心灵、熔铸进学生的血液，才能用劳动托起中国梦！以劳促人的教育目的包括以下五个方面（见图 3-5-7）。

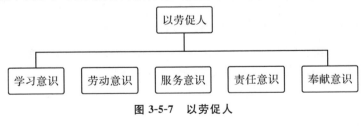

图 3-5-7　以劳促人

---

① 马琦:《立劳育之"根"　铸教育之"魂"》,《陕西教育（教学版）》2021 年第 12期,第 54 页。

(五)以体铸人,做好学生发展的陪伴者

俄国著名文学家列夫·托尔斯泰说过:"生命就是运动,人的生命就是运动。"当代大学生只有具备刚健强壮的身体、顽强的意志和主动进取的精神,才能不被困难和挫折击倒,才能更好地发挥自己的潜能,实现自己的价值,成为生活的强者。以理想人格为旨归的大学体育,应在技术磨炼、技能拓展、身体锻炼、心理健康、健康保健上拓展,挖掘体育教学和体育竞技的精神元素,通过潜移默化的方式,多侧面、多层次、全方位培养广大学子的社会意识,提升其能力素养素质和竞技水平,并且使其学会如何追求卓越,如何遵守规则,如何对待胜利,如何接受失败,如何尊重对手,如何面对压力。傅轩[1]指出体育能促进人格的健全,是锻炼意志品质的好方法。以体育人帮助学生在体育锻炼中享受乐趣、增强体质、健全人格、锤炼意志,有助于培养德智体美劳全面发展的社会主义建设者和接班人。以体铸人的教育目的包括以下五个方面(见图 3-5-8)。

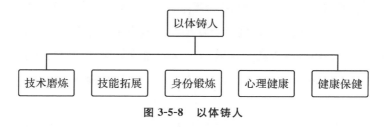

图 3-5-8　以体铸人

三、良好班风建设推动学生发展研究

高职学生正处于身心发育未定型的阶段,部分学生对自我还没有清晰的定位,自我意识强烈,集体荣誉感较差。班集体是学校教学管理的最小单元,是学生在校期间生活和学习的主要圈子,创建良好的班风[2]

---

①　傅轩、吕凌:《认识"以体育人"的重要价值》,《人民教育》2022 年第 Z2 期,第 76—78 页。

②　班风是指班级整体的思想倾向和精神风貌,是在一定时期内形成的,对后期班集体发展、学生管理都至关重要的群体意识。

是形成优良学风的基础,是学生正确价值观形成及培养的保障。一个具有优秀班风的班集体,对于每一个成员都是受益匪浅的,甚至在潜移默化中影响到人的一生,它能够帮助人树立人生观、世界观、价值观,增强团队合作和与人相处的能力,而且加强高校班集体建设,能塑造当代大学生良好的品格,提高学生的思想政治素质和综合技能,促进学生身心健康发展,激发学生奋发进取的精神,从而引导他们在德、智、体、美、劳方面全面发展①。

　　作为大学生教育管理的重要环节,有效的班级管理可以积极推动班风建设工作的开展。优秀的班风可以逐步实现班级体内学生情绪、言论及行为的一致性,并通过思想、言行及习惯等渠道,将班级的精神风貌有效地表现出来。项目组认为优秀的班风建设具有"五引领""五培育""五赋能"三大作用,"五引领"即"制度引领""情感引领""榜样引领""文化引领""思想引领";"五培养"即"培养求真开拓、钟灵毓秀的底蕴""培养立德行善、志愿奉献的精神""培养重情感恩、敢闯敢拼的个性""培养医德高尚、医技精湛的品格""培养爱岗敬业、精益求精的操守";"五赋能"即赋能"以智启人"教育、赋能"以德育人"教育、赋能"以美塑人"教育、赋能"以劳促人"教育、赋能"以体铸人"教育(见图3-5-9)。

图 3-5-9　优秀班风的班集体的"五引领""五培育""五赋能"

　　班风建设的四大主要功能:一是向心力功能。班风建设的主要目标就是营造良好的团结向上的班级氛围,最终作用于每一个学生个体,促

_____

　　① 李健:《大学优秀班集体的特征和构建研究》,中国石油大学 2010 年硕士学位论文。

使他们提高自我,更好发展。二是指引功能。团结向上的班风建设,也能够形成有效的导向力量和指引能力,作为高职学生,其学习目标、生活目标、职业目标都相对模糊,人生价值观尚未形成,积极向上的班风文化对学生树立清晰的人生目标有着积极作用。三是熏陶功能,积极向上的班风文化对班级学生的行为和思想都有着良好的熏陶作用,能够很好地规范学生的日常行为。四是约束功能,班风文化可以和班级的规章制度有机结合,约束班级学生的行为,树立正确的大学生活观。

(一)构建"有温度、有力量"的班级核心价值观

"双高"建设背景下,班主任必须重视班级核心价值观建设,班训、班标、班规等概念的提炼和升华被称为班级核心价值观三大内容,班级核心价值观体现的是班级发展中最具战略性的问题:价值观的建立。班级核心价值观应在中国社会主义"富强、民主、文明、和谐,自由、平等、公正、法治,爱国、敬业、诚信、友善"24 字核心价值观框架内,例如爱国主义体现了人民群众对祖国的深厚感情,反映了个人对祖国的依存关系,面向高职生的爱国主义教育要强调学好专业、掌握好技能,为将来献身于社会主义现代化事业建设做出贡献。诚信教育要与高职生密切结合,如诚信考试反映当代大学生的学习态度与学业观,只有诚信才能真正掌握好为祖国建设的本领。高职院校要根据班级学生的共同愿景,立足于学生专业现实目标,奋发进取,顽强拼搏,立足于培养使学生终身受益的品德,使学生树立远大理想,注重个人修养。建立班级核心价值观,并对班级核心价值观进行深入解读和引导,在日常的班级管理和学生教育的过程中贯彻和渗透班级核心价值观。衢州职业技术学院医学院 19 护理1 班构建并实践运用的"三星三心"班级核心价值观(见图 3-5-10),促进了班风、班训的建设,值得高职班主任在班级管理中进行借鉴。

(二)构建"有计划,有追求"的班级目标

学生是办学的主体,立德树立人是高职的办学目标,"双高"建设背景下,班主任更要注重具体目标的计划与管理,目标是我们努力过程中想要达成或实现的预期目的,目标定位是我们对成长结果的理性认识,

三"星"是标准，三"心"是愿景

① 以不忘初心为坚守，一心一意保持理想信念

② 以励志远志为方向，一心一意追逐青春梦想

③ 以南丁格尔为誓言，一心一意投入护理事业

图 3-5-10　19 护理 1 班班级核心价值观框架

是解构和重构成长的综合过程。① 对于职业院校来说，班级目标在对班级良好风气的形成及正确价值观的建立等方面起着积极的作用，班级目标离不开学生，在思考制订目标的时候，班主任必须结合学生的个性构建班级的成长。

本课题组提出"五聚焦"精准定位高水平、高质量的班级目标，着眼于以提升育人质量为核心，以"学情目标""生活目标""服务目标""实习目标""职业目标"五个维度为出发点，立足于"双高"专业建设，从寝室文化、班级队伍、学习动态、体育建设多级联动，层层发力，构建有活力、有能量的学习型班级（见图 3-5-11）。

"五聚焦"—精准定位高水平、高质量的班级目标

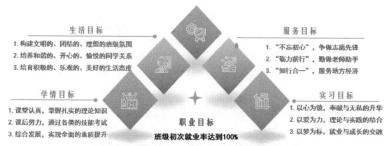

图 3-5-11　"五聚焦"精准定位高水平、高质量的班级目标

---

① 方海东：《目标定位，让班级成长有方向》，《新班主任》2020 年第 2 期，第 54—55 页。

(三)构建"有特点,有成效"的班风建设方案

班风建设是高校建设的一项基本任务,也是"双高"建设的必然要求。班风与学风联系密切,学风与校风互相影响,良好的学风与班风是校风建设的基础工程。建设大学优秀班风的班集体对全面贯彻党的教育方针,把大学生思想政治教育的各项任务落到实处具有十分重要的意义。它是推进高校政治思想政治教育工作创新与发展,促进高校政治改革发展、维护高校政治稳定的重要组织保证和长效机制。"双高"建设背景下,抓好班风是班主任一项最基本、最重要的工作,是班主任角色功能发挥及管理水平的重要体现。项目组经过研究构建了"五育并重"班风建设体系(见图3-5-12),并在衢州职业技术学院学生班级管理中进行了实践与探索,取得满意效果。

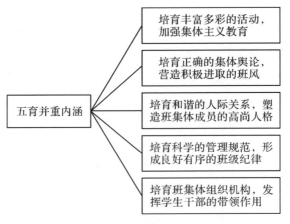

图3-5-12 "五育并重"班风建设体系

四、如何培养学生进行自我管理

自我管理是指对自我的关系管理,就是指个体对自己本身,对自己的目标、思想、心理和行为等等表现进行的管理,自己把自己组织起来,自己管理自己,自己约束自己,自己激励自己,自己管理自己的事务,最终实现自我奋斗目标的一个过程。高职院校要践行以人为本的教育理

念,提升人才培养的水平,提高高等职业教育质量,必须增强高职院校的管理能力,而高职院校的有效管理又有赖于高职生个人自我管理能力的发展。随着时代的变迁,高职院校需立足办学条件,确定培养目标,聚焦当前社会背景来践行教育理念。先进教育理念践行的实际效果突出体现在学生表现,高职生自我管理能力的发展和提高也正是高职院校有效践行教育理念的象征。因此,培养学生自我管理能力也是高职院校践行以人为本、以学生发展为中心的教育信念的基本途径。项目组认为自我管理能力的提升主要在知识技能、社会生活、行为心理三个方面(见图 3-5-13)。

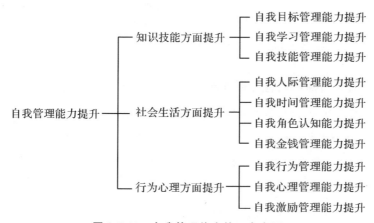

图 3-5-13　自我管理能力的三个方面

　　鉴于大学生与中学生的个性特点及学校的管理区别,我们更要重视高职学生的自我管理,更加要重视大学生自我管理能力的提升。做好此项工作,班主任角色尤其重要,班主任必须学会进行生源分析,如高职学生属于大学生,但与本科学生在自我管理自觉性与能力上有一些区别,另外普高生生源、中高职衔接生源、单招单考生源、社会扩招生源、订单班等不同生源的特点也是不完全相同的,肯定有一些差异点,每个学生的性格特又有一些不同,因此班主任要在以上三个方面框架内采取差异化的方法引导学生进行个性化能力培养。

　　大学生尤其是高职生毕业后为了适应劳动力市场多层次、多方面的要求,提高自身的综合能力成为必要。自我管理能力作为综合能力重要因素,增强自我管理、自我教育和自我服务的能力成为当代大学生个人自我提升和终身发展的诉求之一。项目组认为优秀的大学生自我管理应该行为上自控、学习上自律、知识上自修、技能上自学、感情上自省、品德上自修、心态上自控等。在大学生自我管理能力提升方面,项目组认为应该重视以下五大要素建设(见图3-5-14)。

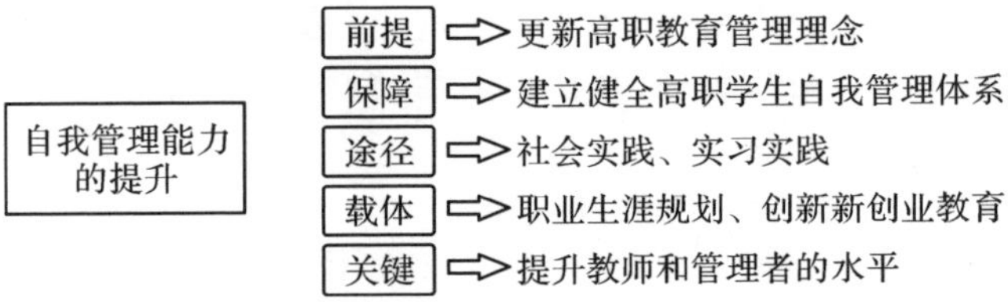

图 3-5-14　学生自我管理能力提升的五大相关要素

(一)更新高职教育管理理念,是加强自我管理的前提

随着我国教育改革的不断深入,我国高等教育已经由过去的"精英教育"转变为"大众教育"。在这种转变下,学生的整体素质相应地发生变化。因此,高职学校必须更新教育管理理念,分阶段引导高职大学生逐渐提升自我管理能力。大一阶段注重提升学生的自立、自理能力,构建大学人际交往圈,制定三年的学习计划;大二阶段注重加强学生学习意识,并树立学生的职业观念,培养高职学生所应具备的职业操守和社会道德;大三阶段主要学以致用,通过社会的考验,纠正学生的错误思想,让学生学会自我管理、自我约束、自我保护,提高学生综合素质,提高竞争能力。

(二)建立健全高职学生自我管理体系是加强自我管理的保障

高职院校要培养学生的自我管理能力,使学生具备良好的自我管理能力,首先就需要在学生的日常生活和学习活动上下功夫。营造民主、团结、积极、上进的日常生活和学习活动,让学生自我管理理念深入学生心中,自觉加强自我管理。首先要组织健全的班集体学生干部管理制度,促进班级成员之间的合作关系,增加凝聚力;其次要鼓励班集体学生积极参加各类学生组织及社团活动培养学生良好的品德,提升学生的领导组织能力,提高学生的分析综合能力。

(三)社会实践和实习实践是加强自我管理的途径

社会实践和实习实践是大学生对理论知识的转化和拓展,可以增强运用知识解决实际问题的能力。大学生以课堂学习为主要接受方式,这对大学生来说非常重要,但这些理论知识并不代表大学生的实际技能,实际往往难以直接运用于现实生活之中。

(四)职业生涯规划和创新创业教育是加强自我管理的载体

对于高职大学生的职业生涯规划和创新创业教育,是在结合自己的兴趣、爱好、专业特长及知识结构的基础上,对人生发展所做出的方向性方案。这建立在正确的自我认知上,并了解自己的专业特长,学生有了正确的未来规划,就有了发展的动力及奋斗的目标,就会自觉地加强自我管理。辅导员及专业教师在此过程中要主动发挥指导与引导作用,推进学生个性化发展。

(五)提升教师和管理者水平是自我管理的关键

高质量的教育才能培养出高质量的人才,所以适时构建、提升基于学生特点的高质量教师管理队伍及水平是提升学生自我管理能力的关键。许多高职院校已经把教师及辅导员队伍建设提升到十分高度,有的高职院校将专业教师与辅导员队伍进行统筹管理,基于一定的条件或情景下,专业教师与辅导员角色可以互相转换,这大大激发了专业教师或辅导员更加认真地履行岗位职责的积极性,也体现了各个体的个性化发展。

五、实施"3456"学业提升助力计划

基于"双高计划",我们研究提出"3456"学业提升助力计划,即三全育人工作格局、"四气"强基工程、"五微"精细化管理、"六法"辨证论治,旨在促使高职学生能够在学习中思考、在生活中成长、在顺境中乘风、在

逆境中破浪、在追梦中勤奋、在历练中体悟。

(一)三全育人工作格局

"三全育人"即全员育人、全程育人、全方位育人。全员育人指的是学校中所有部门、所有教职工都负有育人的职责,全过程育人强调育人要贯穿学生学习成长的全过程,全方位育人强调育人要体现在学生全面发展的各个方面。三全育人既是对当下育人项目、载体、资源的整合,更是对长远育人格局、体系、标准的重新建构。高职院校要建立三全育人的工作格局,助推大学生学业发展,为办好中国特色社会主义大学、培养德智体美劳全面发展的社会主义建设者和接班人贡献力量。

(二)"四气"强基工程

"四气"强基工程即围绕队伍固"元气"、围绕清廉树"正气"、围绕发展聚"才气"、围绕服务接"地气"。高职院校要优化"党委领导、教师治学、学工制学、民主监督"的治理体系,展现"产教融合、校企合作、工学结合、知行合一"的治理特色。高校教师要以习近平总书记提出的"三严三实"为修身之本、为政之道、成事之要,巩固与培育"元气";以"南孔清风"为洁身之本、处事之尺、为人之基,弘扬与传播"正气";以"实现中华民族伟大复兴"为立身之本、教书之路、强国之梦,发展与培养"才气";以"俯身贴地、服务地方经济"为强身之本、发展之策、经济之势,栽培和孵化"地气"。

(三)"五微"精细化管理

"五微"精细化管理,即用好"微数据"、做好"微计划"、管好"微监督"、讲好"微故事"、杜绝"微腐败"。"双高计划"建设目标可以概括为"中国特色,世界水平",要扎根中国办好职业教育,把准应用型人才培养方向,保持职业教育本色。高职院校以数据为支撑支持,以合理的"计划"为发展方向,深化校企合作、产教融合、军民融合、工学结合,积极探索多元办学和多主体办学,形成独特的办学特色;同时以民主监督为做事的风向标,以"故事"为宣传教育,主动接受企业和社会参与,转换企业生产资源为思政教育资源,转变产业办学优势为思政教育优势,融教学科研力量为思政教育力量;让权力在阳光下运行,将腐败杜绝在根源,构建内外协同、上下联动、分类推进、人人参与的工作环境。

(四)"六法"辨证论治

实施三纵三横平台培养六有大学生。三纵指的是新生入学教育、专业培养教育、就业指导教育三个阶段的纵向节点,三横指的是"线上十线下、课内十课外、专题十专业"三个结合的横向维度。高职院校要在整体布局规划大学生的大学学习生涯的基础上,精准定位育人目标,全面整合学校资源,将思政人工作贯穿到学生培养全过程,打造三纵三横的学业育人平台。在入学教育环节,要引导大学生树立正确的人生观、价值观,明确学习和成长目标;在专业教育培养阶段,要有效推动课程思政与思政课程的同向同行;在毕业就业阶段,要加强对毕业生就业创业的工作指导,引导他们养成勇于挑战、自信自强的性格品质。努力将学生培养成为"有理想、有追求,有担当、有作为,有品质、有修养"的"六有"大学生。

六、高职学生成功案例

学生如何在大学发挥好自己的角色功能,受到专家们的高度关注。本课题组收集了高职学生一些成功案例,成功的类型是多方面的,我们选择部分代表性的案例进行剖析。

案例一

祝某某(学号:3111432231),衢职院护理专业毕业生,在校期间,担任校团委学生办公室主任一职,现任柯城区人民医院团委书记,"浙江青春领袖"万少华团队[①]成员。

----

① 万少华团队:2009年3月,时任衢州市柯城区人民医院医务科科长的万少华医师率先组建了一支"细菌战烂脚病"医疗救助小组,开展免费医疗救助。2016年5月26日,中宣部在中央电视台向全社会发布"时代楷模"万少华同志先进事迹,现场授予万少华同志"时代楷模"荣誉称号,号召全社会向他学习。

特色经典词：四年磨砺造就"最美 90 后"：白衣天使祝某某的成长故事。

特色成功经验分享：

1. 抚慰伤痛，传播关爱

2014 年，祝某某刚踏上工作岗位，就主动加入"万少华团队"，和这个默默坚持 9 年的团队一起义务下乡上门为饱受日军细菌战蹂躏的烂脚老人医治换药。她说"我到现在还记得第一次见到烂脚老人的那个炎热的午后"。祝某某和小伙伴几经周折走进一间矮旧的房子时，几乎要被迎面传来的浓重腐臭味"逼"了出去。在一个黑乎乎的角落里，有个瘦小干巴的老奶奶，蜷缩在一张竹椅子上。我们扶着老人走到门口敞亮处，小心翼翼地为老人换药。多年来，祝某某利用节假日，坚持跟随"万少华团队"的医生上门为"烂脚病"老人医治换药。不少老人在他们的细心照顾下，减轻了病痛，得到了温暖，病情有了明显好转。正是因为这份坚持，祝某某迅速成长为一名优秀的医务工作者。

2. 奉献青春，敢于作为

2018 年，祝某某当选为柯城区人民医院的团委副书记。除了组织医院大大小小的活动外，她还创立了志愿者之家，组织成员们前往敬老院、福利院、幼儿园等地方进行志愿服务。"我是一名护士，也是一名共青团员。"祝某某说，"我只是希望通过我的实际行动帮到那些需要我们帮助的人。现在也有越来越多的人申请加入我们志愿者之家这个大家庭来了。"

3. 励志图强，不忘初心

先后获得 2015 年度"医院成长进步奖""市级优秀团员"、2016 年度衢州市"优秀宣讲员"、2018 年浙江"最美 90 后"等荣誉称号，并当选为共青团浙江省委第十四次团代会代表、共青团十八大代表等。祝某某说："护士虽然是个平凡的岗位，但在临床工作中却占据着非常重要的位置。'三分治疗，七分护理'，这不仅是对护理工作的肯定，更激励着我们对自己有更高的目标与要求。"祝某某和同事经常利用休息时间参加各种培训、志愿活动，不断完善、提升自己，更好地服务患者。

案例二

徐某某(学号:3191111D04),衢职院护理专业毕业生,首批高职扩招班学生。她的家乡在海宁市周王庙镇,当地蚕桑产业起步较早,2017年,徐某某的父亲成立"海宁农丰果桑专业合作社",产品专供周边省市养蚕散户和云贵川等偏远地区农户。那时正值高中的她耳濡目染中对桑蚕产业产生了浓厚兴趣。

特色经典词:桑之沃若,有梦始成:医学院社招班徐某某的桑叶科创路

特色成功经验分享:

1.叛逆青春,初事农桑

2018年,徐某某高中毕业,就读一所民办院校。然而,一学期过去,她强烈感觉到,所学专业和自己期望与兴趣相去甚远,考虑再三,她决定退学。回家后的徐某某无所事事地消磨了一周,父亲跟她说:"既然已经做了选择,就只能面对和接受。"为什么不利用这段时间,好好跟父亲学学家里的生意呢? 她的内心涌现出了强烈的想法。她决定不再消沉,要做些事情让父亲骄傲。之后的日子,她不仅跟着父亲下桑叶地,学习桑叶和桑葚的育苗栽培技术,还跟着父亲去外地拜访客户。

2.转型升级,捉襟见肘

2017年年底,专业合作社成立不到一年,市场已趋饱和,竞争日益激烈。尽管当年净盈利近10万元,但从次年开始,合作社的销售量便再无重大突破,若能进一步开发桑叶的有效活性成分,开发桑叶用途新领域,不失为绿色经济赋能增效新商机! 然而,另辟蹊径"变废为宝"需要有相关的专业知识,徐某某的理论知识水平有限,身边又没有相关的指导老师,刚刚燃起的创业雄心只能无奈搁置下来。

3.问道学涯,梦想再续

正在此时,高职扩招政策正式下文,徐某某认为这会是一个突破口,并积极抓住机遇,通过高职扩招考试,2019年成为了衢州职业技术学院护理专业的一名学生。在校期间,她利用空余时间旁听中药学专业课程,主动求教中药学的老师,并把自己的创业想法告诉老师,与老师们合

作研发。2021 年,她创立了衢州市桑辉科技有限公司,公司截至目前已经创立 8 个月,月订单营业额超 60 万元,同时取得所负责项目"桑辉科技——全球首创物联式精油提取解决方案提供商"在"建行杯"第七届浙江省国际"互联网+"大学生创新创业大赛获得银奖的优异成绩。

4.以梦为马,不负韶华

一路走来的徐某某经历过求学与创业的风雨,也初见了新的人生曙光。她感谢这一番起承转折的别样岁月,历练和成长教会她奋斗和坚持。她更感谢一路守望她的父亲和热心指导她的老师,让她明白脚踏实地与执着梦想的深刻联系。

案例三

姚某某(学号:3141111235),2017 届毕业生,现就职宁波第九医院。武汉疫情暴发后,第四批援鄂进行医疗支援,团队接管华中科技大学武汉同济医院光谷院区两个病区。

特色经典词:医心医意,医路向前:记录抗疫英雄姚某某的逆行之路。

特色成功经验分享:

1.心系灾情,冲锋在前

疫情发生没过多久,姚某某主要报名加入宁波市第四批援鄂医疗队。姚某某是家里的独生女,她并没有第一时间和父母说支援武汉,就怕他们担心。"想留在父母身边,但武汉更需要我",她在心里对自己说。2019 年 2 月 8 日,元宵当天,姚某某有了一个全新的身份——宁波市第四批援鄂医疗队队员,毅然飞往前线,成为最美的宁波天使。

2.临危不惧,患难与共

刚到武汉,姚某某就被严峻的灾情震惊了,原本应熙熙攘攘的城市,如今却萧条得让人心疼。医院内,物资匮乏、床位紧张,连已有临床经验的她都有些手忙脚乱。投入到繁忙的工作中后,姚某某深切地体会到了前线医务人员的艰辛:口罩勒得鼻梁和脸颊生疼、密不透风的防护服下汗水湿透衣裤、长时间不喝水上不了厕所、吃饭像打仗……平时几秒就能完成的操作现在可能需要几分钟,甚至几十分钟。但是想到并肩作战的同事们,想到被病痛折磨的患者们,想到在家等着自己回去团圆的家人们,姚某某的内心又升腾起无限的勇气和信心。

3. 无私奉献,关怀备至

自封闭工作以来,姚某某始终密切关注着每一位患者的心理健康,主动交谈、悉心照料,竭尽全力缓解他们对病情的担忧和无人探望的孤独感,为每个患者答疑解难,成为患者们的心灵驿站。最近几天,姚某某明显感觉许多患者变得更积极乐观。"前两天给一位大叔送药,他突然说了句:'你们都来了十几天了,想家吧? 等疫情过去,再来武汉我给你们当导游。'"姚某某鼻子一酸,却还是露出微笑,"当然想家,但这里更需要我!"

4. 不辱使命,胜利归来

春暖花开的 4 月份,姚某某终于结束任务,与阔别已久的家人同事团聚重逢。回想起这次援鄂经历,她仍然印象深刻:"第一次体会到了站着都能睡着的感觉,但是心里总有支持着自己的动力,知道自己在做一件很有意义的事情。非常疲劳,但是心里又格外得充实。很庆幸当初的决定,我永远都不会忘记这次经历。"

案例四

作品《海洋小精灵——海洋垃圾自动收集器》获第十届全国大学生机械创新设计大赛慧鱼组竞赛一等奖。获奖作品团队:慕佳瑶、魏莲、卢金涛、曹豪杰、戴光明(指导教师尹凌鹏、李雨健)。

获奖成功感言:合抱之木,生于毫末;九层之台,起于累土。

技能大赛成功经验:本次比赛主题为"自然·和谐",内容为设计与制作模仿自然界动物的运动形态、功能特点的机械产品(简称仿生机械)和用于修复自然生态的机械装置,包括防风固沙、植被修复和净化海洋污染物的机械装置(简称生态修复机械)。

1. 建立社团,多种培养方式相结合

不断探索新的培养竞赛队伍的模式,开发新的竞赛模式的教学。先后建立慧鱼社团、机器人社团和机械创新社团。利用社团各类活动,形成计划,让学生自我安排,能够自由出入实训室。实现学生间的"传帮带"。

2.选拔人才，发扬团队协作大精神

通过社团活动和训练相结合，选拔出优秀的学生，由专任老师指导，为学科比赛贮备了精英选手。在选择团队成员的时候，我们特别注重几个方面：一是将有志于机械创新设计的同学聚集起来；二是着重发挥每个学生的优点，同时保证每个成员之间关系融洽，善于沟通。三是比赛团队注重分工，各司其职。每个人必须将自己负责的模块做好，分工协作，朝着一个方向使劲，才能起到 $1+1+1+1+1>5$ 的效果。

3.因材施教，注重培养精益求精精神

坚持采取"以赛促学，以赛促教，学教结合"的方式开展。另外我们的体会是，给予他们足够的自由度，尽量只在学生发现问题、碰到技术难题及我们指导老师发现学生出现较严重的错误时给出适合的指引和纠正。再者，注意指引学生们通过交流来合作解决问题，这样能够很好地发掘出优异学生的潜力，培育他们发现、解决问题的能力和创新能力。作品的成功需要团队有责任心和坚持，那样才能走得更远。

4.多方支持，合力形成一股绳子精神

学校正确的政策导向及学校领导的关怀、二级学院领导的支持与帮助、指导教师的科学悉心指导、团队成员的通力协作，树立一个目标、一个志向、一起行动，四股力量最后合力形成一股坚硬的绳子，是我们宝贵的经验。

图 A 竞赛真实模型　　　　　图 B 指导教师与团队成员

案例五

作品《"守护先锋"家庭卫士机器人》获浙江省第四届大学生智能机器人创意竞赛一等奖。获奖作品团队：叶婵娇、吴李民、汪龙龙（指导教师邵思程、王胜）。

获奖成功感言：创意竞赛中迈出的第一步，哪怕是一小步，也是成功的一大步。

技能大赛成功经验：

1. 在实践中学习，在学习中改变

从初赛至决赛总共历时两个多月，我们坚持在实践中学习，在学习中改进。老师也花了非常多的精力来指导我们，我们很珍惜，在学习的过程中总结出很多非常宝贵的实战经验，不断创新思维，不断改变自己，珍惜亦师亦友的感情，在学习实践中培育敬业情感与行动力。

2. 在团队中学习，在小组中交流

比赛成员要善于沟通，比赛项目要事先分工明确，每个人必须将自己负责的模块做好，分工协作，都朝着一个方向努力、使劲，才能使1+1+1>3。在平时项目改进中，保持高效、积极的交流与沟通的习惯，实现优势互补。遇到问题，自己又一时无法解决，一定要勇于提出问题，同队友、老师一起分析问题、解决问题，解决后需要将结果反馈给大家，形成一个闭环，一起交流进步。在一个团队，有了一个精神上的带动者和行动上的执行者，我们会克服自己的缺点，充分发挥出自己的优势。

3. 在理论中实践，在实践中理论

关于理论，可以请教老师或者同学，当然也可以发挥网络资源的优势，上网查找资料，了解别人相关产品是如何安装布局的，看得多了，就有一定的心得，在模仿实践中不断创新。在演讲和答辩过程中，最主要考验的是临场发挥能力和心理素质。刚开始演讲的时候是有点紧张的，过不了多久就会进入比赛状态，紧张感就消失不见，随之而来的是全力以赴的感觉。大家付出了很多的努力，一分耕耘，一分收获。最终，我们队获得了一等奖。感谢我的导师，感谢我的队友。

图 A　训练与点评　　　　　　　图 B　获奖团队合影

案例六

大赛名称：中国国际"互联网＋"大学生创新创业大赛

作品名称：白鹤东南"非"——最懂非洲的研产销一体日化行业新星

作品等级：国赛银奖

获奖人：周京毅、陈建娜、滕青青、邱实、戴莹、徐晨霞

指导教师：陶莉莉、姚钰、姜紫薇

获奖相关工作照片：

图 A　项目讨论　　　　　　　　图 B　获奖合影

获奖成功感言：从脚踏实地中来奋斗，从努力勤勉中拼搏。

成功经验分享：

1. 精读规则，选择赛道

多关注热点、注意事项，因势利导、顺势而为，为项目选择合适的赛道。

2.培育挖掘,重点打造

培养在校生创新创业意识,维护挖掘毕业生资源,建立双创比赛项目资源库,重视项目资源可持续性,提升双创赛项生命力。优先遴选产学研成果转化项目、国内行业研发技术领先、科技创新项目,针对具备"黑科技"、强流水、强融资、强资源、高社会影响力与社会价值、IP 流量大或非遗传承人等特色的项目进行重点打造。

3.阶段分析,策略调整

注意分析比赛不同阶段的评审特点,灵活调整策略。做好竞争对手调研,趋利避害优化讲稿,突出特色,创造评委兴奋点、记忆点,打动人心。

4.思虑周全,应对自如

答辩准备时,要思虑周全,做到"一个问题花式问""一个答案花式答"。要在高压的答辩现场应对自如,事先需要做好完全准备。

案例七

大赛名称:2022 年第五届中国高校智能机器人创意大赛

作品名称:"清理大师"智能家庭清洁机器人

获奖等级:国家一等奖(B 类)

获奖团队:汪龙龙、符紫柔、吴李民

指导老师:周明安、朱郑乔若

获奖相关工作照片:

图 A　设计图及答辩准备　　　　图 B　设计的产品

成功感言：用技能创意助力智能家居。

技能大赛成功经验：

1. 多专业交叉融合

团队由智能制造装备技术、汽车技术服务营销两个专业学生组成。项目的挖掘、可行性分析及市场分析均由汽销专业学生负责，产品的设计、调试、功能实现由智造专业学生负责。他们根据平时积累的理论实践知识，充分运用到智能家庭清洁机器人的设计过程中。最后在展现环节，发挥汽销专业产品介绍的优势和智造专业产品设计的创新，最终获得优异的成绩。

2. 创新是第一生产力

在产品设计过程中，学生们遇到过很多难点，有时候设想是好的，但是没有好的实现方式，例如机器人全方位位移的实现。学生搜索了很多文献资料和市面上现有的机器人设计，发现机器人的行走路径大多以"之"字形为主，不能满足设计需求。通过翻阅机械结构设计手册及与指导教师的多次交流，最后选用了麦克纳姆轮结构，实现了可全方位移动的全向轮。在实践中发现问题，通过学习创新解决问题，以带动学生成长。

3. 默契配合，团队为先

在团队产品展示环节，三位学生各有特长：一位熟悉产品结构、一位有上台汇报经验，一位有女生特有的亲和力。在选择团队汇报人选的时候，举棋难定。当时根据制作完成的汇报材料和汇报文字，每个人都录制了一版汇报视频，由内部投票和指导老师双重选择后，最终确定了汇报的人选。团队每一位成员都在为更好的作品呈现贡献自己的力量。

案例八

班级专业层次：高职护理专业（衢职院某护理班）

班级特色结晶：建设蓬勃向上、温暖互爱的大家庭。同学们勤力争优、各具风采。学习上，大家刻苦奋发，锐意进取；生活上，大家团结互助，彼此关爱。无论是在思想政治学习、班级文化建设上，还是社会实践和志愿服务上，班主任始终以学生为中心，因材施教、因境施教，构建"思想—学习—纪律—素养—实践"五位一体的班级模式。荣获 2021 年教育部"网上重走长征路"暨"四史"学习教育知识竞赛（浙江站）比赛优胜班级。

图 A　班级愿景、班训、班风与口号

班级管理感言：因材施教、因境施教、五位一体。

特色经验分享：

1.思想方面：以团建丰富思政教育形式，深化理想信念教育内涵

注重思政跟进时代：班团支部高度重视思想教育和理论学习，深入落实"三会两制一课制度"（即特色班会、干部例会、寝室讨论会，评奖评优公开制、志愿服务轮流制、党史教育课），积极参与"青马工程""青年大学习"，通过线上团课、线下团会和小组研讨等形式，紧跟时政理论学习步伐，坚定理想信念和使命担当，牢固思政站位，不断提升政治理论素养。

特色支部展示《青春向党，医路向阳》（20护理10班团支部）

图 B　班级主题团日活动

主题班会价值引领：主题班会注意激发全员参与讨论，升华价值引领。常见主题有理想信念教育、班级情感教育、心理健康教育、崇俭反奢教育、诚信考试教育、学风建设教育等主题的班会开展成果，加强各层面宣传报道，多次获得学校相关主题教育班会优秀组织奖。借助班主任工作室，牵头组织观摩班会，向领导和师生展示良好的班风班貌，进一步激发学生自信心，提升班会价值，推动班风建设。

2.学习方面：以学风建设促进学生自律，激发班级自治制度创新

引领规划制度促进：强化职业规划建设，特别是学习规划，自新生开学报到第一堂班会课起开抓，早介入，在班主任的引领下，坚定刻苦学习、扎实技能的决心，立下未来三年的学习规划和发展目标。为引导学生进一步形成自律与慎独的学习自觉，以及争先与帮扶的学习氛围，推出"期末课代表助学制度""晚自习自律学习督察制度""假期学业帮扶制度"。

强化个性技能发展：在浓郁的班级学习氛围熏陶下，积极鼓励学生参与校级、省级各类学生竞赛，斩获校级各类英语竞赛、数学竞赛、各类护理技能竞赛优胜奖多项，市级辩论赛"5G杯"二等奖1项，省"互联网＋"创新创业大赛银奖1项，省职规大赛金奖、省"挑战杯"大学生创业计划金奖、省家政大赛金奖各1项，国家级健美操锦标赛三等奖1项。

3.纪律方面：以制度强化学生责任意识，构建班级荣辱共同体

高度重视班级主体意识和责任意识培养。疫情防控期间建立"防疫数据协报制度"，实现"基层同学—寝室长—轮值班委—班主任"四级汇总与核查提醒，每日钉钉打卡100％，防疫数据零失误。寝室是学生三大活动场所之一，我们紧抓寝室管理不放，同时让每一位学生参与进来，如"寝室自评测评制度"实现班级寝室卫生、安全内部先行测评和问题整改，有效提升各寝室文明优秀获评率。

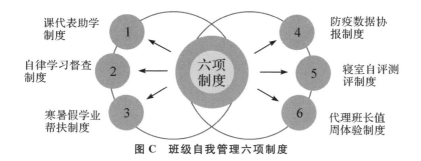

图C 班级自我管理六项制度

4.素养方面:以温暖点燃学生心中大爱,塑造十班青年美好人格

在营造"团结友爱,奋发向上"的班风时,秉持激励教育理念,营造积极向上氛围。无论是认真负责、勤勉工作的班委,还是乐于奉献、无私助人的寝室长,抑或是学习拔尖、乐于帮扶的基层同学,只要是自觉奋斗又热爱集体的,都会收获由班主任亲笔签发的"勤勉骨干奖""爱心天使奖""给力学霸奖""出彩新秀奖"奖状和奖品。每一张独一无二的班级订制奖状,都是对同学们自觉进步和点滴贡献的鼓励与铭记。

勤勉骨干奖
奖励日常工作中,认真履职,做好上传下达、数据报送的班委同学

出彩新秀奖
奖励积极参与团日活动、班级活动、品学兼优的无职务同学

热心天使奖
奖励主动对转专业新同学施以援手和生活关照的热心同学

给力学霸奖
奖励专业课成绩优异,乐于帮扶,积极辅导后进同学的学习尖子

图D 班主任签发四种奖励

5.实践方面:以鼓励助推先进发光发热,彰显"时代新人"风采

积极鼓励同学走向社区和乡村,用护理专业技能服务人民,奉献社会。全员秉持"尚德弘毅,知行合一"的校训,积极参与社会实践与志愿服务。衢州市中医医院、资源规划局展示馆,桐乡市图书馆,丽水市养老院,都留下了同学们志愿服务的身影。更有同学积极参加地方社区街道、村委会的春运服务、基层送暖、治安巡防、防疫督导等活动。杨某某同学(学号3201111A36)牵头成立医学院的"安宁疗护"志愿服务队,携

手衢州市人民医院宁养专家,深入社区乡村,开展面向高龄衰竭老人、晚期癌症人群的安宁疗护志愿服务;三位同学参加学校"00"宣讲团,自觉继承红色基因,向学校同学、社区居民宣讲党史故事,更主动担当侵华细菌战衢州展览馆红色讲解员,用青年学生的公益担当,呼吁公众铭记历史、砥砺前行。

案例九

优秀学生干部专业层次:高职专科

优秀学生干部成功感言:奋斗是青春最亮丽的底色。

优秀学生干部成功心得:刘某某(学号:3191411113),男,计算机应用技术1班团支书,现任衢州市学生联合会驻会主席,曾任衢州职业技术学院橙色公益社团社长。

成功心得:

1.脚踏实地、勤奋好学

强化专业学习和政治理论学习,以连续三年智育和综测成绩双第一的优异成绩获国家奖学金,并获各级奖项百余项,其中省级以上荣誉17项,获校级"卡尔·马克思杯"一等奖。他作为一名体育生,一进校就加入了校田径队,苦练本领,跑进了浙江省大学生运动会,获得了乙组男子800米省第六、男子团体4×400米省第五的好成绩,学校也给予"优秀运动员"荣誉称号,他每一次超越自己时,总是不断总结与思考。

2.认真负责、服务师生

在大学生发展中心、院学生会工作,担任大学生发展中心群英阁楼层长、院组织部干事、信息工程学院学生会执行主席,在工作上总是十分认真敬业,获得年度院学生会优秀干事称号。作为校"00"新时代理论宣讲员、"九仟采风团"学生团长,宣讲和采风事迹两度登上《中国共青团》杂志,并被《新华网》《学习强国》等各级媒体多次报道,获得2020年度"中国大学生自强之星"。

图 A　表彰大会上发言

图 B　志愿服宣讲员

3.有益活动、积极参加

积极参加各种有益活动,在实践中做到体现当代青年大学生的模样。积极向上、热心助人,志愿活动长达 500 多学时,如参与"建党百年"志愿活动、创文志愿活动、防疫志愿活动、暑期社会实践志愿活动、衢州市马拉松志愿活动等,获得"军训标兵"荣誉称号。在 2020 年初疫情期间,在河南老家自愿协助村里开展抗疫服务,得到了村里的好评。在衢州市特殊教育学校担任特教学校助教时,看到了特教学子的坚持及深深的对学习的热爱,对其感触特别大,志愿帮助学子学习新的知识,与他们成为好朋友。

案例十

优秀学生干部专业层次:高职专科

优秀学生干部成功感言:以梦为马,不负韶华,用奋斗的身姿和勤劳的汗水擦亮属于新时代的青春底色,点"亮"属于自己的最青春。沐"恩"新时代,点"亮"最青春。

优秀学生干部成功心得:陈某某(学号:3191515232),男,衢州职业技术学院机电工程学院 19 机械制造与自动化 2 班学生,任衢州职业技术学院校团委学生副书记。

成功心得:

1.军营历练,坚毅熔铸青春亮色

部队的经历铸就他身为军人的坚毅和奋进。从军营回到校园,他坚定理想信念,带着军旅沉淀下来的那份成熟与坚韧,竞选并当上班长后深知肩负责任,主动积极开展工作,注意发挥班集体作用,取得校优秀学生干部、校优秀团干、校自强之星等多项荣誉。

图A　组织公益活动　　　　　　　　　图B　竞赛获奖

2.研思践行,奋斗绘就青春底色

他出生于一个机械轰鸣的家庭,耳濡目染,让他从小对机械行业产生浓厚兴趣。在校时,渴望通过智能机械技术的应用,创新打造一种实用的行走辅助机械,帮助行动不便的老年人。在老师的指导下,通过不断"学习查阅资料、充电蓄能",无数次组织团队讨论完善方案,熬过了无数个夜晚。他带领团队终于设计完成了一款防摔可变姿态越障漫步轮车,斩获全国第九届大学生机械创新设计大赛二等奖及浙江省大学生机械设计竞赛一等奖。

3.担当有为,勤学淬炼青春本色

在学校里,他担任过校团委副书记、校团委学生办公室副主任兼组织部部长、班长团支书、新生助理班主任。他扛起责任,笃定而行,出色地完成任务。努力处理好工学矛盾,做到学用结合。为了学好英语,打破学院没有学生通过六级的事实,他勤奋刻苦,每天6点钟准时起床,洗漱完就背一个小时单词,充分利用碎片化时间从听说读写各方面提升,最后如愿以偿地通过英语六级。连续两年排名专业第一,获得国家奖学金、浙江省政府奖学金及校一等奖学金,立项浙江省2021年新苗人才计划项目。

第六节　基于"双高"教育的教育型合作企业打造策略与路径分析

　　"双高计划"是主动适应当前中国经济转型升级的国家战略决策,是切实增强职业教育吸引力的需要,也是顺应我国职业教育高质量发展的新要求。同时,新职业教育法明确指出,职业教育必须坚持产教融合①、校企合作。目前,国家鼓励励发展多层次、多形式、多方向的职业教育,推进职业教育多元化,随着全球科技竞争与中美经贸摩擦走向白热化,以"双高计划"为引领的产教融合、校企合作被赋予了新的建设内涵和历史使命,教育型合作企业打造任务显得更为迫切。

　　"双高计划"提出集中力量建设一批"引领改革、支撑发展、中国特色、世界水平"的高职学校和专业群,在建设原则和任务中数次提及校企"命运共同体",同时,中国特色高水平高职学校和专业群、"1＋X"证书制度、高职扩招专项工作、现代学徒制、教师教学创新团队等配套措施在一定程度也快速推动了校企"命运共同体"及教育型企业打造。

　　在此背景下,作为合作企业,要具备开放的办学意识,能够积极适应学校"双高"建设的要求及迅速回应社会的变化和需求,在实习实训的过程中,不断深化企业的价值准则、职业规范、职业行为、岗位职责的教育。使学生更早感受、适应甚至领悟企业文化内涵,在提升企业品牌文化的同时,潜移默化地提高自身职业素养和能力。经过课题组的研究,我们认为在"双高计划"背景下,企业应承担起成为素质拓展的倡议者、能力

---

　　①　产教融合是指职业学校根据所设专业积极开办专业产业,把产业与教学密切结合,相互支持、相互促进,把学校办成集人才培养、科学研究、科技服务为一体的产业性经营实体,形成学校与企业浑然一体的办学模式。校企合作是指学校与企业建立的一种合作模式,是一种注重培养质量,注重在校学习与企业实践,注重学校与企业资源、信息共享的"双赢"模式。

提升的培训者、社会意识的建设者、情感认同的熏陶者的责任。

一、企业参与高职教育现状

"双高计划"的实施为新时代高职教育的发展提出了要求,指明了方向。产教融合、校企合作是职业教育的基本办学模式,是办好职业教育的关键所在,也是"双高计划"的基本原则。新时期,高职院校要以"双高计划"建设为契机,始终坚持教学育人与社会服务"两手抓,两手都要硬"的方针,力争赢得行业企业普遍好评和高度认可。我们课题组注意到有关校企合作的案例研究,王纯莲[①]对合作企业对学院技术技能服务的满意度进行了调研,认为虽然在技术技能服务的满意度、项目数、到款额、经济效益等方面得到企业相当程度的认可,但在技术创新能力与科技成果转化率、校企共建共享产教融合资源、科技服务内容和形式、服务效果方面还存在一些困难和问题,需要通过持续加强自身服务能力、机制、平台、项目、资源、合作伙伴等方面的建设,助推学校服务高质量发展。缪建军等[②]通过研究指出:高技能人才的成长需要一个优良环境,虽然学校和企业都很重视人才培养,但是校企双方对人才培养的标准和要求存在差异。要做到校企双方培养人才的同质化,就要做到"五个融合"即培养目标与企业需求相融合、教师教学与专家讲座相融合、师资定位与专业要求相融合、基地实习与分散顶岗相融合、培养方式与实践相融合。王核心等[③]以宝鸡职业技术学院与宝鸡机床集团有限公司合作的"宝鸡机床班"为例进行研究,认为双方通过创建运行机制及管理制度,共同构

---

① 王纯莲:《高职院校技术技能服务的企业认可度探析——以漳州职业技术学院为例》,《岳阳职业技术学院学报》2022年第37卷第2期,第11—15页。

② 缪建军、缪林枫:《校企合作背景下培养"双高型"技能人才的路径探究——以江苏省如皋市江海高级技工学校为例》,《职业》2022年第9期,第51—53页。

③ 王核心、史琳芸、张静等:《"双高计划"引领下职业院校"订单式"人才培养模式创新与实践——以宝鸡职业技术学院为例》,《装备制造技术》2022年第6期,第190—192页。

建"双主体、四融合、四阶段"递进式全程产教融合人才培养模式,通过搭建宝鸡职业技术学院产教融合创新创业平台、校企构建递进式全程产教融合人才培养模式、校企共创校企合作命运共同体等三条途径,构建适应校内校外联合教学的模块化课程体系、校企共建校内校外协同育人的"双导师"专业教学团队,实现了"专业＋基地"的运转方式,将"三全育人、五育并举"贯穿人才培养全过程,拓宽了育人渠道,提升了育人水平,为职业院校校企合作产教融合,促进"双高计划"院校建设和内涵发展,提高百万扩招后高职院校的教育教学质量探索出一条可借鉴的教学改革途径。于济群等研究认为可以通过建设形式多样的教学资源、改革教材与教法、打造教师教学创新团队、创建智能制造实践教学基地、产教融合、校企搭建技术技能平台、持续服务社会和完善运行保障机制,最终建成具有"育训结合"的产教融合型智能制造实训基地,实现职培、科研双轮驱动。[①]

二、"双高"建设背景下教育型合作企业建设对策

根据"双高"建设及高职教育深化校企合作要求,我们课题组根据长期的实践探索,认为可以大力推行校企多元"五化融合"合作模式及"四个维度"加强产教融合发展模式。

(一)校企多元"五化融合"合作模式

1.标准化的教育体系

在整个校企合作项目的运行过程中,要做到计划、执行、检查、实施程序严谨,台账工作严密。人才培养方案制订、教学管理、实验实训建设、顶岗实习及学生就业要贯穿人才培养的全过程,每个环节要有标准化的手册。

---

① 于济群、刘宁:《"双高计划"视域下高职院校专业群建设研究——以长春职业技术学院为例》,《湖北工业职业技术学院学报》2022年第35卷第3期,第5—9页。

2.项目化的教学实施

在实习实训中要以"立德树人"为根本,合作内容项目化、单元化、模块化,项目管理过程与项目成效反馈并重,不断优化人才培养结构,与时俱进。

3.过程化的考核评价

过程性的考核评价以促进学生的转变与发展为目的,坚持以教师为主导,以学生为主体,在教学全过程、全方位开展过程化考核评价。强化企业与学校、家长与学校协同作用,建立并畅通双向反馈与沟通渠道。

4.多样化的成长激励

在整个育人过程中始终坚持"爱的教育""激励和唤醒"理念,关注学生全面发展。新生入校后,班主任引导每位学生设定生涯愿景和在校目标,在后续学习中,让每位学生对照入校时的愿景,提醒自己砥砺前行,树立正确人生观、价值观。

5.职场化的情景模拟

为营造真实的职场化情境,需要调研企业不断适应市场需求变化的职业岗位职责,明确职业技能对应的专业课程,依据相应课程并针对性开发教材及教学资源,周期性更新确保专业技术技能的时效性。

(二)"四个维度"加强产教融合发展模式

1.以专业融合行业为先导

优化以专业群为载体的人才培养载体,重新梳理专业与行业之间的逻辑关系,积极构建数字化、平台化、综合化的产教融合的发展生态,有效整合和配置师资、设备、资金等教育资源,校企共同搭建常态化的职业培训平台,共同开展定制化的职业培训,共同建立技术技能人才完整发展体系。

2.以理念融合文化为引领

围绕"双高计划"提出的服务国家战略、融入区域发展、促进产业升级的中心理念,在校园文化的构建上要坚持以工匠精神完善价值取向,让精益求精、追求卓越的精神成为新时代技能人才的重要品质,将其纳入技能人才培养目标体系,塑造校园文化新基调,让学生在学习、领悟专业知识、专业技能和专业精神等方面呼应、引领产业新需求,构建校园文化新体系。

3.以机制融合制度为保障

"双高计划"提出要创新高等职业教育与产业融合发展的运行模式,从机制上分析,产教融合要以校企双主体共有共建共管为核心,以"工学交替、育训结合、德技并修"为原则,共建基于专业群的产教融合平台。从制度上分析,为了更好地推进产教融合,应强化校企合作的过程管控和绩效评价,以校企合作质量标准、绩效考核等为支撑,提升校企合作的成效。

4.以资源融合人才为落脚点

高职院校要围绕"双高"建设的目标任务是打造技术技能人才培养高地,在行业资源上,建立产业人才数据平台,为产教融合提供信息资源、数据资源、研究资源等多方面的支持。在校企资源上,拓展产业人才培养方案,在专业建设、实习实训、技术创新、就业创业等方面主动寻找产教融合校企合作的切入点。在国际产教资源上,高职院校要从服务"两个循环"出发,聚焦"一带一路",加强职业教育领域的国际交流与合作,积极探索校企合作走出去模式,推动校企合作国际化发展。

三、高职企业订单班研究

(一)高职订单班发展趋势

随着国家对职业教育重视度的不断加强,大力提倡职业院校深化产教融合校企合作,培养更多高素质技术技能人才,实现企业、高校、学生共利,深受高校关注与重视。2022年9月,本课题组曾对3所高职学院进行了抽样调查,其中国家示范性高职院校1所、普通高职院校2所。调查发现,订单班涉及专业数及企业数2021年明显多于2020年(见图3-6-1),表明高职院校更加重视校企合作培养人才,符合国家对高等职业教育提出的新时代要求。

图 3-6-1　订单班涉及的专业数与企业数 2020—2021 年变化图

调查同时也发现,订单涉及的学生人数 2021 年也明显多于 2020 年(见图 3-6-2),再次说明校企合作订单班得到高职院校的重视及学生的欢迎,还有可能与企业提前介入职业生涯有关,学生与企业都普遍认为订单班毕业生"职业生涯初期更容易上手"[1],能很好地适应岗位需要。但是我们课题组的上述调查没有反映具体的专业信息,更没有涉及具体的合作模式及毕业生岗位满意度、稳定性情况调查,有待下一步深入研究。

图 3-6-2　订单班涉及的学生人数 2020—2021 年变化图

(二)高职订单班合作模式

高职"订单班"作为校企深度合作的一项内容,体现出学生学习目标更加明确、实践教学资源更加丰富等优势,但高职"订单班"仍然面临一些问题,如订单班学生心理问题多样化、部分学习兴趣低落化[2];有的"订单式"人才培养模式运行机制不够健全[3];订单班持续性或者长期合作性不足问题,订单时续时断或者忽视综合素质培养[4]。所以高职院校

①　邓远美、温健:《校企合作"订单班"毕业生就业状况调查》,《广西中医药大学学报》2019 年第 22 卷第 2 期,第 129—133 页。

②　陈勤:《高职"订单班"学生管理中思想政治教育的困境和对策研究》,《延边教育学院学报》2019 年第 33 卷第 3 期,第 31—33 页。

③　赵宝鹏、陈华卫、王力等:《高职轨道交通类专业"订单式"人才培养模式的发展困境与对策研究》,《现代职业教育》2021 年第 27 期,第 234—236 页。

④　陈慧:《产教融合背景下高职院校订单班人才培养模式探索》,《教育与职业》2021 年第 1 期,第 45—48 页。

既要不断加强与企业的深度合作、扩大订单班规模,也要特别重视订单班组建模式的创新及人才培养计划的科学规范制定,组班后更要强化订单班管理,提高人才培养质量及综合素质,达成企业、高校、学生均满意的目标。在我国,企业订单班主要有以下几种模式(见图3-6-3),模式A是一种比较传统的合作模式,对提高就业促进较小,但我们认为可以继续运用,因为通过与企业的这种合作,可以为模式转化打下基础。模式B合作机制比较成熟,高校主动性强,可以继续推行,但企业投入相对不足。模式C是一种创新度较强的模式,特别是企业文化的融入、企业参与教学质量控制(如参与制订人才培养计划、参与部分核心课程传授等)、企业对学生评价使用措施的跟进(如企业奖学金、优质生事业单位编制优先等),容易激励订单学生强化学习,有利于人才培养综合素质提高。但是无论是采用哪种模式,为了校企合作可持续及学生的职业生涯发展,我们认为以下几个关键点必须高度重视:一是专业与企业岗位的吻合度,这是高职院校特别要重视的,也是专业建设最基本的前提;二是强化学生学习时的职业理念教育,培育其正确的职业观,企业的融合度也起积极推动作用;三是关注学生毕业后的职业生涯发展及影响因素,与企业共同研究改进,减少影响因素,提高职业稳定性;四是高校与企业要进行全方位深度合作。

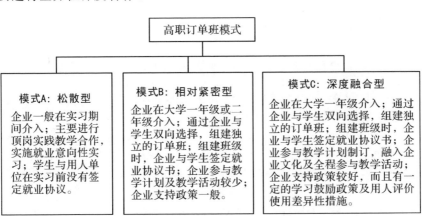

图3-6-3　企业订单班的几种模式

(三)高职订单班合作案例研究

高职订单班具体合作签约形式也是多样的,本课题组检索了万方数据库、中国知网数据库、教育部及部分高职院校官方网站,列举了部分案例(见表 3-6-1),各高职院校可以借鉴参考。

表 3-6-1　高职订单班合作部分案例研究

职业院校	订单名称及合作单位
深圳职业技术学院	集成电路先进制造精英班[a1],合作单位:深圳市微纳集成电路及应用系统研究院。现代学徒制"儿护班"[a2],合作单位:深圳市儿童医院。
衢州职业技术学院	护理专业订单班[a2],合作单位:衢州市人民医院。现代学徒制开化订单班[a3],合作单位:开化县卫生和计划生育局。"SKF"订单班[a2],合作单位:常山皮尔轴承有限公司。"红五环班"[a4],合作单位:红五环集团股份有限公司。
金华职业技术学院	"环宇订单班"[a4],合作单位:环宇企业集团。唐风社交电商订单班[a2],合作单位:浙江唐风温泉度假村股份有限公司。
江苏信息职业技术学院	德尔奥迪班[a4],合作单位:无锡德尔投资集团有限公司。老挝国家级中国游客导游认证班[a5],合作单位:老挝信息文化与旅游部。
福建职业技术学院	福州地铁订单生[a4],合作单位:福州地铁集团有限公司运营分公司。人文系速录订单班[a2],合作单位:福州市中级人民法院。
上海出版印刷高等专科学校	数字出版订单班[a4],合作单位:上海睿泰企业管理集团有限公司。
北京工业职业技术学院	蒂森电梯订单班[a4],合作单位:蒂森克虏伯电梯(中国)集团。
宁波职业技术学院	晨江订单培养班[a4],合作单位:宁波晨江电力集团有限公司。现代学徒制订单班[a6],合作单位:宁波电子行业协会。
温州职业技术学院	邮政订单班[a2],合作单位:中国邮政浙江分公司。百舸计划订单班[a7],合作单位:中建材信息技术股份有限公司、上海伟仕佳杰科技有限公司、深圳市金华威数码科技有限公司、浙江豪联科技有限公司、温州市志诚信息系统工程有限公司等多家华为合作伙伴。
浙江工商职业技术学院	百合订单班[a2],合作单位:百合盛华建筑科技有限公司。建乐订单班[a2],合作单位:宁波建工建乐工程有限公司。

注:a1(校研合作)是指高校与企业研究院合作;a2(校企合作)是指高校与企事

业单位合作;a3(校政合作)是指高校与政府部门合作;a4(校团合作)是指高校与集团总公司合作;a5(境外合作)是指高校与境外企业合作;a6(校行合作)是指高校与行业合作;a7(多企合作)是指高校同时与若干家专业子公司合作。

四、校企共创成功案例研究

案例名称:浙江省产教融合工程项目——"衢州职业技术学院四省边际中心城市大健康公共实训中心"

建设合作背景:2020年,以衢州职业技术学院为主体申报的"四省边际中心城市大健康公共实训中心"获批2019—2020年度浙江省产教融合工程项目。同年12月,我校医护康养高水平专业群入选浙江省高水平专业群建设,根据护理(医护康养)高水平专业群建设方案,将本项目作为高水平专业群实践育人平台和技术技能创新平台纳入学校2021年度重大工程。

特色经典词:学校发挥地方职业院校龙头地位优势,以产教融合工程项目改造为契机,多措并举,深入推进校企合作。

成功经验分享:

1.校企合作平台再上新台阶

衢州职业技术学院作为理事长单位,联合各中职学校、规上企业共同成立了衢州市职业教育集团。集团致力于共融共享推动衢州职教抱团高质量发展、互利共生打造政校企命运共同体、培优创特打响衢州职业教育品牌。以大健康公共实训中心建设为契机统筹本地区中职护理专业发展,推进实训基地共建共享。与世界针灸学会联合会及中国针灸学会签订战略合作框架协议,成立世界针灸学会联合会浙闽赣皖针灸技能培训中心,推进针灸推拿专业建设,中医(针灸)人才的高质量培养,杨继洲针圣文化精髓传承发扬,持续提升传统中医药文化的国际影响力。与衢江区人民政府签订区校共建枢纽港协议,开启校地合作、共促发展,共同培养高素质技术人才,开启服务地方经济技术发展的新篇章。

2.强化中心设施设备建设及辐射作用

在各县（市、区）建立"杨继洲针灸师徒制人才培养基地"、新建康养类教学医院、中药学企业实习基地、中医类基层实习基地。强化中心设备建设，基于以实为主、虚实结合理念，完成实训室软硬件的迭代升级，采购中医脉象舌诊图像分析系统等中医（针灸推拿）实训设备，老年护理模块新增可视化智慧互动实训平台设备一批。完成机能虚拟仿真实训平台、虚拟医院、教学资源库、录播室等项目建设，极大地提升了学生的体验性，增加了学习的主动性。

3. 实现校企合作双赢

借助浙江省首批现代学徒制试点院校及中心建设，先后开办了现代学徒制班级15个，提高学生地方留用率。2021年申报针灸推拿（国控）专业获教育部批准招生。与衢州市及下辖各县市区主动对接，针灸推拿等中医类专业每年定向培养一批学生。联合地方政府、行业、企业等，搭平台、建标准、强师资、优资源，开展产教融合"四维协同"和产学研训"四位一体"的专业服务产业发展的实践与探索，入选教育部"提质培优增值赋能"典型案例，获省领导批示肯定，并获2021年浙江省教学成果奖二等奖。

高职教育"双高"建设成果及团队研究

第一节 "双高"建设基础性成果研究

一、成果类型

"双高"建设绩效考核中对成果有明确的要求,但作为高职院校,必须将近期成果计划与远期成果计划结合起来,重视基础性成果的积累,为高质量成果打下基础,按照通常的做法,可将"双高"建设基础性成果类型分为教学型、科技型和社会服务型三大类。教学型成果包括在实现人才培养目标过程中,具有独创性、新颖和实用性的授课方式、教材建设、教学改革研究等,主要包括以下几种(见图 4-1-1),其中教学改革研究是最为关键的。

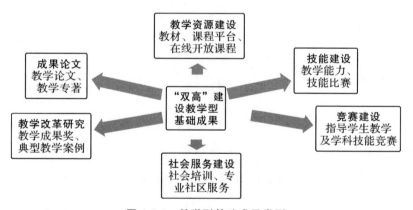

图 4-1-1 教学型基础成果类型

科技型成果主要是针对某一科学技术开展课题研究,通过实验等手段取得具有一定学术意义或实用意义的结果,在高职院校要合理处理好专业与学科的关系,应该围绕专业进行某专业领域(学科或课程)研究,积累科技型成果,主要包括以下几种(见图 4-1-2),其中科学研究项目、成果转化最为关键。

社会服务型成果是高职院校一类具有特色的成果,与本科院校有一些区别。相对科技型成果来说,社会服务型成果显得更为重要,也是重点的基础性成果,主要包括以下几种(图 4-1-3),其中技术服务到款额最为关键。

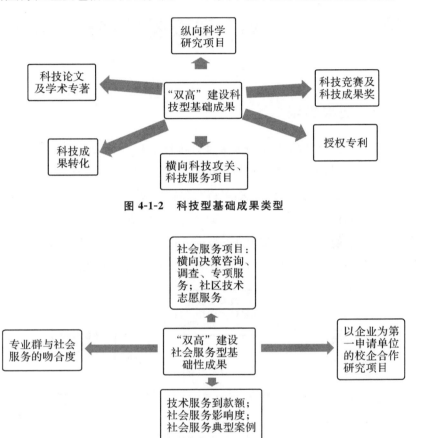

图 4-1-2 科技型基础成果类型

图 4-1-3 社会服务型基础成果类型

二、成果分类

(一)论文

论文是学术论文的简称,在 1987 年国家颁布的标准 GB 7713—87《科学技术报告、学位论文和学术论文的编写格式》中,将学术论文定义为"某一学术课题在实验性、理论性或观测性上具有新的科学研究成果或创新见解和知识的科学记录,或是某种已知原理应用于实际中取得新进展的科学总结,用以提供学术会议上宣读、交流或讨论,或在学术刊物上发表,或作其他用途的书面文件"。长期以来,论文都是最基础的科研成果之一,高职院校与本科高校一样,论文的数量与质量反映了高校的研究成果状况,也体现出专业教师对科研投入后的实际产出,高职院校的排名指标中论文也是一项内容,对人才的评价中同样也会将论文作为一项内容。根据不同的标准或者不同的维度,论文可以分为多种类型(见图 4-1-4)。

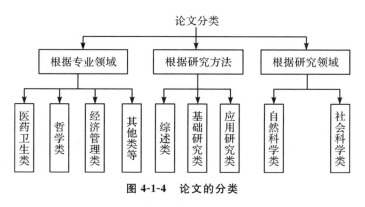

图 4-1-4　论文的分类

论文根据其所发表的期刊情况,可以分为不同的层次。SCI (Scientific Citation Index)论文,是指科学引文索引所收录的学术期刊论文。SCI 刊物根据影响因子(IF)①大小,可以分为一区、二区、三区等。EI(The Engineering Index)论文,是指工程索引所收录的学术期刊论文。SCI 和 EI 的论文权威性好,文章质量和要求相对较高,在国内外的认可度也很高,但必须注意到,随着我国经济与社会的发展,如《职业技术教育》《中国职业技术教育》《职教论坛》《教育与职业》,以及中国科协主办的"中华"系列杂志(如《中华传染病杂志》《中华护理杂志》等)等期刊的质量也在不断提高,因此我们不能简单片面盲目地追求 SCI。

我国也在 1989 年建立了中国科学引文数据库(Chinese Science Citation Database,简称 CSCD),收录我国数学、物理、化学、天文学、地

---

　　① 影响因子(IF):在一定时期(通常是前两年)内,某一刊物发表的论文,被已经进入 SCI 刊物的论文所引用的总次数,除以该刊物这一时期内的论文总数。

学、生物学、农林科学、医药卫生、工程技术和环境科学等领域出版的中英文科技核心期刊和优秀期刊千余种,被誉为"中国的 SCI"。国内的各大高校也会根据自身的发展和定位,制定详细的核心期刊论文目录,常见的有北京大学、浙江大学和南京大学等(见表 4-1-1)。

表 4-1-1　国内部分高校核心期刊论文情况

学校	期刊情况
北京大学《中文核心期刊要目总览》(简称北大核心)	每 4—5 年出台新版本,目前最新的为 2020 年版本;分为哲学·社会学·政治·法律学、经济、文化·教育·历史、自然科学、医药·卫生、农业科学、工业技术。未收录的则为普通期刊。
浙江大学《浙江大学国内学术期刊名录》	每 5—6 年出台新版本,目前最新的为 2016 年修订版本;分为社科权威级期刊、国内一级学术期刊、国内核心期刊。未收录的则为普通期刊。
南京大学(CSSCI 来源期刊目录,简称南大核心)	含 583 种期刊,台湾期刊 30 种,报纸理论版 2 种。未收录的则为普通期刊。

应用性强的高质量论文对专业建设起到成果积累作用,应该给予肯定,也是高职专业教师、研究人员的努力方向。随着论文相关指标与个人求职、晋升、获得资助和荣誉等挂钩,论文发表已成为一种压力,由此也出现了一些抄袭、买卖、代写等论文方面的学术不端现象,引起了教育行政部门等有关部门的重视,目前强调要重视论文质量、强调论文学术诚信,使用过程中避免唯论文评价。我们认为高职院校要从强调论文数量转向论文质量,避免单纯按照北京大学、浙江大学核心期刊等目录版本来评价论文,另外就是避免人才评价或使用的唯论文思维,这需要多部门协作联动。2018 年科技部、教育部、人力资源和社会保障部、中科院、工程院等部门联合发布开展清理"唯论文、唯帽子、唯职称、唯学历、唯奖项"专项行动,表明政府开始加强对论文使用的管理。作为高职院校,我们认为可以在参照相关大学期刊目录的基础上,结合高职院校的实际,结合专业与行业实际,研究出台符合职业教育特点的指导性目录,以此与本科院校进行区别是必要的。各高职院校可以根据国家或省级指导目录,

再结合自己学校的专业实际,研究出台学校认可的核心期刊目录。

(二)教材

随着职业教育作为类型教育的定位不断深化,职业教育的教材建设也得到了突飞猛进的发展,据相关数据显示,相关公共基础课、专业基础课、核心课和拓展课等教材数量达到 7 万多种。教材的类型仍以纸质教材为主,但随着近几年信息技术的发展,各种纸质和数字资源相结合的新形态教材不断涌现,部分教材类型见图 4-1-5。

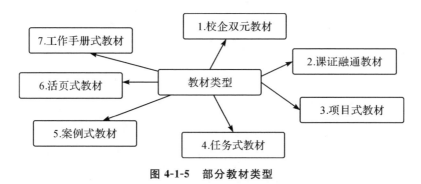

图 4-1-5　部分教材类型

在职业教育高质量建设及"双高"建设背景下,高校及专业教师开始强化对教材的建设规划,这与教材建设与课程改革密切相关有必然联系,"双高"建设背景下各高校对人才培养模式的改革中必然涉及课程及教材改革,如针对不同生源类型特点的课程教材编写出版成为重要课题。教材作为"双高"建设最基本的基础成果之一,高职院校要注意积累,特别要注意教材编写过程中教师的角色(见图 4-1-6),从参与编写到引领教材主编,其角色不一样,对学校及专业建设的贡献度是不同的,高校都应该大力引导与支持。

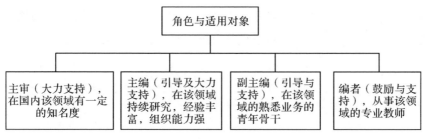

图 4-1-6　教材编写角色及适合对象

职业教育教材的层次一般分为国家级、省部级和校级等①（见表 4-1-2），但是要注意申报对象的适宜性，高职院校一定要注意教材建设工作的积累，从支持自编讲义到省级规划教材再到国家规划教材申报需要有一个过程，如果不注意教材初级建设，那么会影响到教材建设水平整体的不断提升。

表 4-1-2　职业教育不同层次的教材及解释

级别	教材内涵解释	申报适宜对象
A 国家级	A1 国家规划教材 A2 国家优秀教材	持续从事该课程教材建设的主编，专业特色教材、学校课程重大改革教材，省内处领先水平，国内同行有一定知名度，发行量大。适用于正高级专业教师及优秀的副高职称人员申报。
B 省部级	B1 省级规划教材 B2 省级新形态教材 B3 部委规划教材等	长期从事该课程教材建设的主编，属于专业特色教材、学校课程改革教材或者行业特色教材，省内处于领先地位，发行量较大。适用于副高及以上人员申报。
C 校级	C1 校企合作开发教材 C2 校级自编教材 C3 讲义	校企深度合作特色教材的主编，属于专业人才培养改革教材、专业课程改革探索教材。适用于副高及以下人员申报。

（三）专著

专著是对某一学科或主题进行专门研究论述的著作，是对一个学科领域进行较为系统、全面、深入的研究，从而形成的系列成果，专著字数一般超过 5 万字，且通常不包括教科书、工具书及科普读物②。专著的级别主要根据其所属的出版社来区别，标准不一，有的根据国家级、省部级和其他等级来区分，如人民教育出版社、高等教育出版社、人民卫生出版社等就属于国家权威出版社。部分高校则根据自身实际情况和专业领域制定出版社的等级。对于从事职业教育的专业教师来说，专著的撰写既可以围绕专业教学、专业改革进行研究成果展示，也可以在专业领域围绕某

---

① 曾天山、马建华、刘义国：《以国家规划教材提升职业教育教材质量》，《课程·教材·教法》2021 年第 41 卷第 5 期，第 26—31 页。

② 叶继元：《学术图书、学术著作、学术专著概念辨析》，《中国图书馆学报》2016 年第 1 期，第 21—29 页。

一学科开展科技方向学术研究呈现,一般来说,前者可能更适合高职教师,如针对高职教育理念理论研究①、教育模式及教学方法的实践观察研究②、高职教材建设的研究、高职师资队伍研究等,都有一定的实用价值。

(四)纵向科技项目

纵向科技项目是指上级科技主管部门或机构批准立项的各类计划(规划)和基金项目等,具有一定的指导性,立项难度大,是衡量一个高职院校科研水平的重要指标,高校要注意培育与积累。根据立项部门的不同,一般分为国家级项目、省部级项目、市厅级项目等。"双高"背景下高职院校要重视厅级及以上项目的总量增加,更要在强化高层次项目上有所突破,高层次科技项目申报条件见表4-1-3。

表4-1-3　部分高层次纵向科技项目及申报条件

立项部门	项目名称	申报条件
国家自然科学基金委员会	国家自然科学基金	(1)具有承担基础研究课题或者其他从事基础研究的经历。(2)具有高级专业技术职务(职称)或者具有博士学位,或者有2名与其研究领域相同、具有高级专业技术职务(职称)的科学技术人员推荐。从事基础研究的科学技术人员具备前款规定的条件、无工作单位或者所在单位不是依托单位的,经与在基金管理机构注册的依托单位协商,并取得该依托单位的同意后,可以依照本条例规定申请国家自然科学基金资助。依托单位应当将其视为本单位科学技术人员,依照本条例规定实施有效管理。
全国哲学社会科学工作办公室	国家社会科学基金项目	(1)体现鲜明的时代特征、问题导向和创新意识。(2)基础研究要密切跟踪国内外学术发展和学科建设的前沿和动态,着力推进学科体系、学术体系、话语体系建设和创新,力求具有原创性、开拓性和较高的学术思想价值。(3)应用研究要立足党和国家事业发展需要,聚焦经济社会发展中的全局性、战略性和前瞻性的重大理论与实践问题,力求具有现实性、针对性和较强的决策参考价值。(4)申请人具有副高级(含)以上专业技术职称(职务),或者具有博士学位。不具有副高级(含)以上专业技术职称(职务)或者博士学位的,可以申请青年项目。青年项目申请人的年龄不得超过35周岁。

①　饶和平:《走进高职》,上海交通大学出版社2019年版。

②　张海明、孙柏璋、任延延:《德国"双元制"职业教育模式的福建本土化改造与提升研究》,福建教育出版社2018年版。

续　表

立项部门	项目名称	申报条件
教育部	教育部哲学社会科学研究重大课题攻关项目	(1)首席专家必须是法人(高等学校)担保的高等学校具有正高级专业技术职称的有关人员,能够担负起课题研究实际组织和指导责任。同时,高校思想政治理论课教师研究专项重大课题攻关项目首席专家必须是专职思想政治理论课教师,实际从事思想政治理论课教学、研究工作并真正承担和负责组织项目实施。(2)首席专家只能为1名。(3)首席专家不能作为子课题负责人或课题组成员参与本次投标的其他课题,子课题负责人本次只能参与1个课题投标,课题组成员最多参与2个课题投标。
全国教育科学规划领导小组办公室	全国教育科学规划课题	遵守中华人民共和国宪法和法律;具有独立开展研究和组织开展研究的能力,能够承担实质性研究工作;国家重大和重点课题申请人须具有正高级专业技术职称(职务),能够担负起课题研究实际组织者和指导者的责任;一般课题申请人须具有副高级(含)以上专业技术职称(职务)或博士学位。不具有副高级(含)以上专业技术职称(职务)或者博士学位的,可以申请国家青年课题、教育部重点和教育部青年课题。国家青年及教育部青年课题申请人的年龄均不超过35周岁。课题组成员须征得本人同意并签字确认,否则视为违规申报。申请人可以根据研究的实际需要,吸收境外研究人员作为课题组成员参与申请。在站博士后人员可申请,其中全脱产博士后须从所在博士后工作站申请,在职博士后可以从所在工作单位或博士后工作站申请。
省级自然科学基金委员会	省级自然科学基金①	(1)聚焦重点领域。围绕三大科创高地和碳达峰碳中和等重点领域。(2)突出目标导向。基金重大项目(创新群体)、联合基金项目应对照申报指南中明确的研究内容或资助方向、绩效目标和学科代码等进行申报。(3)积极培育青年科研人员。基金重点项目的申请人中应有一定比例为40周岁以下的科研人员;探索青年项目的女性科研人员申请年龄放宽到不超过40周岁;有博士后流动站或工作站的依托单位应审核推荐一定比例符合条件的博士后申请探索项目;探索公益项目的40周岁以下申请人比例不少于50%。

① 以浙江省2023年度基础公益研究计划项目申报为例。

续　表

立项部门	项目名称	申报条件
省级哲学社会科学发展规划领导小组	省级哲学社会科学规划课题①	(1)拥护中国共产党领导,遵守中华人民共和国宪法,选题设计符合党的基本路线和方针政策要求。(2)申请人必须真正承担课题研究任务,不能从事实质性研究者不得申报。(3)课题负责人原则上只限一人。申报重大课题者一般应具有副高级以上专业技术职称(或相当于副高级以上专业技术职称)。(4)课题负责人同年度只能申报一个课题,且不能作为课题组成员参加其他省社科规划课题的申请;课题组成员最多只能同时参加两个课题的申请。未完成所承担省部级以上(含)社科基金项目的负责人(除接省社科规划办直接委托研究或因研究需要特殊约定的课题之外),不得申报新的课题。(5)申报课题的成果形式为专著、论文、研究报告等。应用对策类课题完成期限为一年,年度课题成果形式为单一研究报告的,完成期限为一年半,其他成果形式的年度课题完成期限为2—3年。

(五)横向科技项目

横向科技项目是指通过商谈或投标的方式,接受政府有关部门或企事业单位的委托,以研究或解决具体的问题和完成任务为目的,通过签订合同承担委托单位设定的技术开发、技术转让、技术服务、技术咨询及决策服务等方面的项目。② 根据高职院校的办学定位,高职院校可以在横向科技项目进行突破,与本科大学更加重视高层次纵向研发项目有所区别与侧重,我国在高职院校科研实力排名上,横向技术服务到款额是核心指标之一,也是"双高"建设的重大核心指标。横向科技项目的经费来源主要是社会资金。高校应充分发挥人才优势,俯身贴地,与当地企事业单位开展各种合作研究,推动地方经济社会发展。推动横向技术服务项目及到款额提升的基本路径涉及多方面,务必形成共识,构建综合性策略(见图 4-1-7)。

---

① 以浙江省哲学社会科学规划课题管理办法为例。

② 张婷婷:《浅谈高校横向项目经费管理》,《中国经贸导刊》2015 年第 7 期,第 58—59 页。

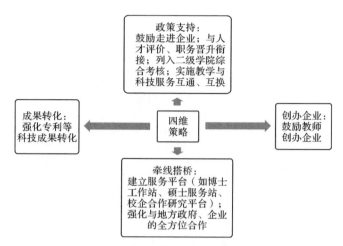

图 4-1-7　横向科技服务提升四维策略

横向项目合同签订、项目工作开展和经费使用过程中需要严格按照相关的要求，加强监管和指导，确保项目的完成质量，确保研究的规范性，横向项目相关注意事项见图 4-1-8。

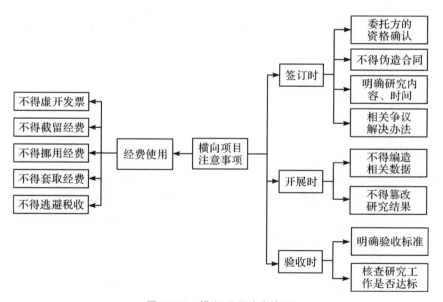

图 4-1-8　横向项目注意事项

(六)专利

专利一词来源于拉丁语 Litterae patentes,意为公开的信件或公共文献,是中世纪的君主用来颁布某种特权的证明。对"专利"这一概念,目前尚无统一的定义,其中较为人们接受并被我国专利教科书所普遍采用的一种说法是,专利是专利权的简称。它是由专利机构依据发明申请所颁发的一种文件。这种文件叙述发明的内容,并且产生一种法律状态,即该获得专利的发明在一般情况下只有得到专利所有人的许可才能利用(包括制造、使用、销售和进口等),专利的保护有时间和地域的限制①。

根据我国专利法②将专利分为三种,即发明、实用新型和外观设计专利,三种专利的特点见表 4-1-4。专利也是高职院校一项基础成果,"双高"建设背景下对专利的质量要求不断提高,国内排行榜主要统计发明专利,另外特别注意专利成果的转化工作,这是衡量高职院校科技能力的重要指标。高职院校也要加强学生专利工作,结合专业做好学生专利的指导,有些省份在对高职院校的业绩考核中设定了每百名学生授权专利数,表明学生专利授权可以一定程度上反映学生的科技创新能力。高职院校的整体专利水平还处于比较低的阶段,学校之间、不同类型之间和不同省域之间,其发展水平也很不平衡,但已有一小部分高职院校表现突出③。如 2020 年温州职业技术学院授权发明专利高达 216 件,衢州职业技术学院授权专利达 35 件,进入国内高职院校 50 强。

---

① 国家知识产权局官网,https://www.cnipa.gov.cn。
② 2008 年 12 月 27 日第十一届全国人民代表大会常务委员会第六次会议《关于修改〈中华人民共和国专利法〉的决定》第三次修正。
③ 汤建民、虞铭辉:《2020 年度全国高职院校科研与社会服务状况的数据分析》,《江苏高职教育》2021 年第 21 卷第 4 期,第 45—52 页。

表 4-1-4　三种专利的特点

专利类型	定义	难易程度	申请材料
发明专利	对产品、方法或者其改进所提出的新的技术方案	相对较难	请求书、说明书及其摘要、权利要求书等文件
实用新型专利	对产品的形状、构造或者其结合所提出的适于实用的新的技术方案	次之	请求书、说明书及其摘要、权利要求书等文件
外观设计专利	对产品的形状、图案或其结合,以及色彩与形状、图案的结合所做出的富有美感并适于工业应用的新设计	相对较容易	请求书、该外观设计的图片或者照片、对该外观设计的简要说明等

(七)职业院校技能大赛

职业院校技能大赛是我国职业教育的一项重大制度设计和创新,在服务"三教"改革、推动职业教育高质量发展方面发挥了重要作用。由若干名学生和相应的指导教师组成参赛队伍,每年举办一次,根据专业大类不同,分为若干个专业赛项。通过职业院校技能大赛不断提升高职院校学生的技术技能水平、实践操作能力,为推动职业教育高质量发展发挥建设性作用。现阶段我国职业院校技能大赛有世界级大赛、国家级比赛和各省组织的省级比赛。各专业的参赛队伍通过省级比赛,进行遴选,名次前列的选手可推荐参加全国职业院校技能大赛。一般各省组织的职业院校技能大赛在每年的 4—5 月份进行,全国的大赛在省赛之后。"双高"建设背景下,高职院更加重视职业院校技能大赛,这是大势所趋,但部分高职院校也存在一些不足,比如过分强调技能竞赛成绩,忽视了职业教育的本质;过分强调个体,忽视了受教群体;过分强调大赛的重要性,忽视了可行性和持续性;过分强调专业相通,忽视了行业标准的差异性等①，因此必须注意赛教结合、赛学结合，这是最为关键的思维，也是避免片面强调技能比赛的理念。高职院校务必结合自己的专业实际有选择性地参加职业院校技能大赛，同时也要重视参加行业举办的技能大赛，很多行业学会组织的技能比赛可能更加贴近实际，更加专一化，当然目前很多全国职业院校大赛的评价标准、评价专家都十分重视行业专家的参与。全国职业院校技能大赛（高职组）赛项简介见表4-1-5。

表 4-1-5　全国职业院校技能大赛（高职组，部分）赛项简介表

专业大类	赛项名称	赛项简介
农林牧渔	农产品质量安全检测	本赛项设置蔬菜中有机磷类农药残留量的检测和茶叶中重金属含量的检测两个项目，主要考核选手利用现代化大型分析仪器进行农药残留和重金属污染的检测能力。
装备制造	机电一体化项目	本赛项设置机电一体化设备单元的机械安装（电气安装、编程调试）、机电一体化设备的故障检修、机电一体化设备系统的编程调试、运行优化与升级改造、职业素养与安全意识等竞赛内容，主要考核选手在 PLC 控制、工业机器人应用、变频控制、伺服控制、工业传感器、电机驱动、气压传动、组态控制、工业现场总线等方面的知识和技能。
电子与信息	光伏电子工程的设计与实施	本赛项设置光伏电子工程的能源分析与系统设计、工程部署与安装、系统调试与运行、工程验收、光伏电子设备及电站监控功能的开发与调试等竞赛任务，主要考核选手在光伏电站系统原理与组成、设计要求与规范、安装工艺、光伏电子产品的开发与应用、可编程控制与数据采集技术、检测工具与方法、能源综合利用等方面的知识、技能和职业素养。
医药卫生	护理技能	本赛项设置理论竞赛和技能竞赛两部分，技能竞赛设呼吸心跳骤停患者救护和脑卒中气管切开患者气道护理两赛道，主要考核选手的知识应用能力、评判性思维能力、临床思维和决策能力、紧急救护和团队协作能力、职业防护意识、患者安全意识、护患沟通及人文关怀能力。

① 高友凤：《刍议职业院校技能大赛实施过程中的问题、成因及对策》，《现代农机》2022 年第 1 期，第 90—92 页。

续　表

专业大类	赛项名称	赛项简介
医药卫生	中药传统技能	本赛项设置中药性状鉴别(中药识别、真伪鉴别)、中药显微鉴别、中药调剂(含审方理论考试)、中药炮制、中药药剂、中药制剂分析等竞赛项目,主要考核选手的中药性状和粉末显微鉴别能力、中药处方审查及调剂操作能力、中药炮制操作能力、中药药剂操作能力、中药制剂分析的前处理操作能力等技艺技能与理论知识,以及精益求精、一丝不苟、追求卓越的工匠精神。
财经商贸	会计技能	本赛项设置会计素养与智能工具应用、财务会计与大数据财务分析、大数据管理会计技能三个竞赛环节,主要考核选手的财务处理、大数据采集与大数据分析、业务流程梳理、业务需求分析和机器人开发设计、数据思维管理及智能工具应用等技能,以及利用优化模型,帮助企业做出更优决策的综合能力。
文化艺术	艺术专业技能(声乐表演)	本赛项设置声乐演唱(分为规定声乐作品演唱、自选声乐作品演唱)、合唱排练指挥、新谱视唱及艺术素养测试等竞赛内容,主要考核选手的声乐表演专业技能和综合素养。
教育与体育	英语口语	本赛项设置中国故事、情景交流、职场描述和职场辩论等竞赛环节,主要考核选手运用英语传播中国文化和进行职场交际的综合技能及职业素养。
公共管理与服务	养老服务技能	本赛项设置社区居家场景、养老机构场景,分为生活照护、基础照护、康复服务、持续改进照护计划四个模块,主要考核选手的智能、体能、技术技能、人文关怀、沟通力、创新力、应变力、组织表达能力等职业能力及素养。
公共管理与服务	健康与社会照护	本赛项设置医院、机构、社区及居家等场景模块,主要考核选手在工作组织与管理、沟通和人际交往、解决问题与创新、评估需求和规划照护服务、管理和提供实际照护、评价照护结果等方面的职业能力及素养。

第二节 "双高"建设标志性成果研究

"双高"建设绩效评价中,标志性成果是极其重要的观察点,这些标志性成果涉及教育教学的各个方面,如高层次高质量成果论文、高层次高水平研究项目、高质量的专利成果及其成果转化额、高层次的科研与教学成果奖、高层次教材建设项目及各种教学改革案例、高水平的教学技能成果等,其中与标志性成果相关的"项目标志性成果"(如教学成果奖、科技成果奖等)还要注意观察其可持续影响的时间,因此每一类标志性成果与项目标志性成果有着必然的联系。

一、核心论文

核心论文是指发表在核心期刊上的论文。核心期刊具有学术水平高、认可度高、权威性高等特点。国内普遍采用的有北京大学的《中文核心期刊要目总览》,简称北大核心;浙江大学的《浙江大学国内学术期刊名录》,简称浙大核心;南京大学的 CSSCI 来源期刊目录,简称南大核心。部分部委等行政单位也会结合职称晋升、期刊质量制定相应的核心期刊目录,如卫生系统的核心期刊等等。核心期刊对引导提升办刊质量起到积极作用,为了强化质量管理,核心期刊数量有限,在核心期刊上发表论文也是高职院校"双高"建设的标志性成果之一。专业教师除了注意专业学科类核心期刊外,加强对职业教育类核心期刊的关注是必要的,教育类核心期刊论文的发表也在一定程度上反映高职院校及专业教学改革深度,反映专业教师投入的力度与研发水平,我们对部分职业教育期刊进行了研究与介绍(见表 4-2-1)。在对论文"破五唯"理念下,我们要更重视文章本身的质量与水平,体现论文的实用价值。

表 4-2-1 部分职业教育期刊简介

期刊名称及刊期	期刊简介
职教论坛 （月刊）	由江西科技师范大学主办的教育研究学术刊物。主要栏目有理论经纬、专题研究、课程与教学、教师与学生等。
职业技术教育 （旬刊）	由吉林工程技术师范学院主办的职业教育研究学术刊物。主要栏目有改革前瞻、教育法学、体制创新、教育评价等。
教育与职业 （半月刊）	由中共中央统战部主管，中华职业教育社主办。主要栏目有研究与探索、教育管理、教师与学生、比较教育等。
中国特殊教育 （月刊）	由中央教育科学研究所主办。主要栏目有全纳教育研究、孤独症儿童研究、特殊教育师资研究。
中国职业技术教育 （旬刊）	由中华人民共和国教育部主管，教育部职业技术教育中心研究所、中国职业技术教育学会和高等教育出版社共同主办的综合性中文期刊。主要栏目有教师发展、研究探索、农村职教、现代学徒制等。
民族教育研究 （双月刊）	由中央民族大学主办的民族教育刊物。主要栏目有乡村教育高质量发展研究、铸牢中华民族共同体意识研究、教育人类学研究、高等教育研究等。
成人教育 （月刊）	由黑龙江省教育学院主办的成人教育刊物。主要栏目有理论研究、实践探索、职业教育、他山之石等。
中国高等医学教育 （月刊）	由教育部委托浙江大学和全国高等医学教育学会主办的教育研究学术刊物。主要栏目有教育理论、教育管理、教学管理、教学方法、课程建设、教育评价、继续医学教育、医学与社会、医学与法律等。
高等教育研究 （月刊）	由华中科技大学和中国高等教育学会高等教育学专业委员会主办。主要栏目有教育基本理论、教育体制与结构、青年学者论坛等。
中国高教研究 （月刊）	由中国高等教育学会主办。主要栏目有高等教育国际化研究、高等教育数字化转型研究、高考改革研究、大学生学习与发展研究等。
高等工程教育研究 （双月刊）	由华中科技大学、中国工程院教育委员会、中国高教学会工程教育专业委员会、全国重点大学理工科教改协作组主办。主要栏目有新工科研究与实践、工程教育专业认证发展、工程教育前沿等。

续　表

期刊名称及刊期	期刊简介
高校教育管理 （双月刊）	由江苏大学主办。主要栏目有高等教育治理现代化、民办与职业教育管理、高等工程教育实践与创新等。
中国高等教育 （半月刊）	由中国教育报刊社主办。主要栏目有理论视野、党建思政、高教探索、高职教育等。
现代大学教育 （双月刊）	由湖南省高教学会、中南大学主办。主要栏目有理论探索、学术争鸣、德育寻径等。
江苏高教 （月刊）	由江苏教育报刊总社主办。主要栏目有理论探讨、大学治理、人才培养、教学研究等。
重庆高教研究 （双月刊）	由重庆市高等教育学会、重庆文理学院主办。主要栏目有高等教育强国建设专题、西部高教论坛、人才培养等。
中国大学教学 （月刊）	由高等教育出版社有限公司主办。主要栏目有论教谈学、专业与课程建设、实验与实践教学等。
高教探索 （月刊）	由广东省高等教育学会主办。主要栏目有高教管理、学科与专业、课程与教学、粤港澳大湾区研究等。
大学教育科学 （双月刊）	由湖南大学、中国机械工业教育协会主办。主要栏目有教育前沿、教育基本理论、教师与学生等。
黑龙江高教研究 （月刊）	由黑龙江省高教学会、哈尔滨师范大学主办。主要栏目有博士论坛、高等教育理论、大学治理、国外高等教育等。
思想政治教育研究 （双月刊）	由哈尔滨理工大学主办。主要栏目有习近平新时代中国特色社会主义思想研究、思想政治教育方法论研究、马克思主义理论研究等。
高教发展与评估 （双月刊）	由武汉理工大学、中国交通教育研究会、高教研究分会主办。主要栏目有评估视点、发展论坛、质量与效益、历史与展望等。
学校党建与 思想教育（半月刊）	由湖北长江报刊传媒集团主办。主要栏目有书记校长论坛、理论前沿、中青年学者论坛、学科建设、高校党建、德育新思维、德育园地、理论课教学、学工视窗等。

二、发明专利

根据《中华人民共和国专利法》,发明专利是指对产品、方法或者其改进所提出的新的技术方案。作为创新的重要象征,发明专利是推动高职院校"双高"建设及创新发展的强大驱动力,同时也是"双高"建设的重要标志性成果之一。各"双高"建设单位在发明专利竞争上也愈发激烈,部分国家"双高"建设单位有效发明专利数[1]见表 4-2-2。

表 4-2-2 部分国家"双高"建设单位有效发明专利数

院校名称	专利数	有效发明专利	有效发明专利占比
江苏农林职业技术学院	1491	570	38.23%
深圳职业技术学院	2910	463	15.91%
北京电子科技职业学院	385	56	14.55%
金华职业技术学院	2079	298	14.33%
黄河水利职业技术学院	498	62	12.45%
山东商业职业技术学院	485	57	11.75%
无锡职业技术学院	2561	259	10.11%
天津市职业大学	1922	142	7.39%
浙江机电职业技术学院	3048	180	5.91%
陕西工业职业技术学院	563	15	2.66%

发明专利从撰写、申报到授权需经历严格的审查,尤其是在新颖性、创造性和实用性方面(见图 4-2-1),因此整个过程所需时间相对较长,一般为 2 年左右。发明专利申请时需提交请求书、说明书及其摘要和权利要求书等文件(见表 4-2-3)。

———————————

① 秀明:《基于"双高计划"背景下高职院校专利视角的科技创新能力提升对策研究》,《产业与科技论坛》2021 年第 20 卷第 2 期,第 102—105 页。

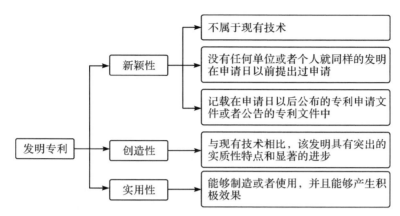

图 4-2-1　发明专利新颖性、创造性和实用性相关定义

表 4-2-3　发明专利申请提交的材料

材料	相关要求
请求书	发明专利名称;发明人的姓名;申请人姓名或者名称;地址;其他事项。
说明书	做出清楚、完整的说明,以所属技术领域的技术人员能够实现为准;必要时,应当有附图。
摘要	简要说明发明或者实用新型的技术要点。
权利要求书	清楚、简要地限定要求专利保护的范围。

三、省部级及以上成果奖

高职院校在"双高"建设过程中,极为重要的指标之一就是成果奖,它是对高职院校一段时间所取得成果,以及成果所产生的社会效益和经济效益的一个高度肯定。成果奖是一个相对广泛的概念,其根据成果的类型可以分为科技型、教学型等;根据组织评审的部门分类,也有国家级、省部级、市厅级等不同级别区分。省部级及以上成果奖始终是高职院校不断向往的目标,近年来"双高计划"建设高职院校呈现良好的发展势头。[1] 国家教学成果奖显示获奖数量与区域经济发展正相关、注重实践教学改革、多方合作、基于"互联网＋"教学等特征。[2]

鉴于高职省级教学成果奖是国家级成果奖培育的重要基础,普通高职院校可以从省级教学成果奖入手,如衢州职业技术学院借助"双高"建设时机,抢抓职业教育大发展战略机遇,全面落实衢州市职业教育专业、师资、招生、实训、就业"五统筹"改革,不断优化类型定位,着力打造高质量服务发展高地、现代职业教育发展高地和产教融合创新高地,以培养更多高素质技术技能人才、能工巧匠、大国工匠为己任,为区域高质量发展建设四省边际共同富裕示范区提供有力技术和人才支撑,2022 年 3项教学成果获省教学成果奖一、二等奖。在重视积累的基础上,我们认为必须重视以下几个环节建设(见图 4-2-2)。

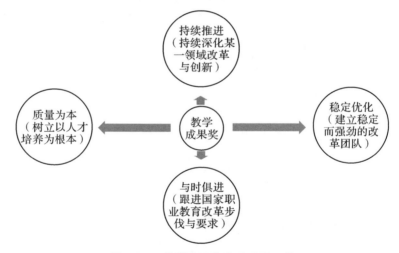

图 4-2-2 教学成果奖建设重要环节

相对教学成果奖,科技类成果奖对高职院校来说,竞争可能更加激

---

① 刘晓宁:《新时代高等职业教育教学改革现状、特征与思考——基于 16 省(市)2021 年省级教学成果奖的分析》,《中国职业技术教育》2022 年第 14 期,第76—85 页。

② 王坤、王胜男:《2018 年职业教育国家级教学成果奖特征研究》,《职业技术教育》2018 年第 27 期,第 23—27 页。

烈,因为科技类成果奖没有设置高职院校系列,但是只要努力加强科技团队建设,高职院校仍然有机会获得。

(一)国家教学成果奖

国家教学成果奖每 4 年评选一次,是为奖励取得教学成果的集体和个人,鼓励教育工作者从事教育教学研究,提高教学水平和教育质量而设立的奖励,分为基础教育、职业教育、高等教育(本科、研究生)3 个大类。职业教育包括中等职业教育和高等职业教育。成果需是反映教育教学规律,具有独创性、新颖性、实用性,对提高教学水平和教育质量、实现培养目标产生明显效果的教育教学方案。具备下列条件的,可以申请国家级教学成果奖:国内首创的;经过 2 年以上教育教学实践检验的;在全国产生一定影响的。国家教学成果奖评选遵循四大原则(见图 4-2-3),高等职业院校须紧紧围绕此四大原则组织开展教学改革,保证改革的方向与国家政策引导方向的一致性,要注意组织专班人员深度研究领会原则的内涵与具体要求,以提升教学成果奖获奖成功率。

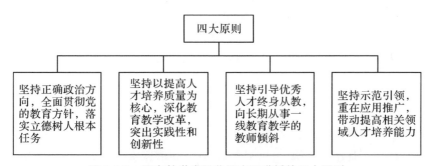

图 4-2-3　国家教学成果奖评审须遵循的四大原则

(二)国家科学技术奖

国家科学技术奖每年评审一次,奖励科技创新水平的专业人员,分五大类。(1)国家最高科学技术奖:授予在当代科学技术前沿取得重大突破或者在科学技术发展中有卓越建树,在科学技术创新、科学技术成果转化和高技术产业化中创造巨大经济效益或者社会效益的科学技术工作者。(2)国家自然科学奖:奖励在数学、物理、化学等基础研究和信息、材料、工程技术等领域的应用基础研究中,阐明自然现象、特征和规律,做出重大科学发现的中国公民。(3)国家技术发明奖:授予运用科学技术知识做出产品、工艺、材料及其系统等重大技术发明的中国公民。(4)国家科学技术进步奖:授予在技术研究、技术开发、技术创新、推广应用先进科学技术成果、促进高新技术产业化,以及完成重大科学技术工程、计划等过程中做出创造性贡献的中国公民和组织。(5)国际科学技术合作奖:授予对中国科学事业做出重要贡献的个人或组织。

(三)其他奖项

1.教育部高等学校科学研究优秀成果奖

每年评选一次,实行提名制,奖励在开展科技创新、成果转化并在创新人才培养中做出突出贡献的高等学校教师、科技工作者和相关单位。设立以下4个奖项:(1)自然科学奖:授予在基础研究和应用基础研究中做出重要科学发现的个人和单位。(2)技术发明奖:授予在运用科学技术知识做出产品、工艺、材料及其系统等重要技术发明的个人和单位。(3)科学技术进步奖:在推广应用先进科学技术成果、完成重要科学技术工程计划项目等方面做出创造性贡献,或在推进国防现代化建设、保障国家安全方面做出重大科学技术贡献的个人和单位。(4)青年科学奖:已经取得突出原创性学术成果、具有赶超或保持国际先进水平能力的青年学者。

2.省级科学技术奖①

本处以浙江省为例,省级科学技术奖每年评选一次,奖励在浙江省科学技术创新和成果推广应用中做出突出贡献的单位和个人。奖项分五类:(1)浙江科技大奖:授予在浙江科学技术发展中有卓越建树或者在当代科学技术前沿特别是在基础研究、应用基础研究方面取得重大突破,为国内外同行所公认的,在科学技术创新、科学技术成果转化和高新技术产业化中,创造巨大经济社会效益和生态环境效益的团队和个人。

---

① 以浙江省科学技术奖励为例,《浙江省科学技术奖励办法(2021年修正)》(2021年2月10日浙江省人民政府令第388号修订)。

(2)自然科学奖:授予在基础研究或者应用基础研究中有重大科学发现的单位和个人。(3)技术发明奖:授予在运用科学技术知识研究开发产品、工艺、材料及其系统等方面有重大技术发明的单位和个人。(4)科学技术进步奖:授予完成并应用推广创新性科学技术成果,为推动科学技术进步和经济社会发展做出贡献的单位和个人。(5)国际科学技术合作奖:授予与本省单位或者个人合作研究、开发,取得重大科学技术成果的;或向本省传授先进科学技术、培养人才,成效特别显著的;或为本省对外科学技术交流与合作做出重要贡献的外国人或者外国组织。

3.省级教学成果奖①

本次以浙江省为例,省级教学成果奖每 4 年评选一次,奖励取得教学成果的集体和个人,鼓励广大教育工作者积极开展教育教学研究,分设基础教育、职业教育和高等教育三大类。教学成果,是指反映教育教学规律,具有独创性、新颖性、实用性,对提高教学水平和教育质量、实现培养目标产生明显效果的教学方案和教学改革、研究成果。与国家教学成果奖评选一样,浙江省教学成果评选在评审条件中提出三点要求:省内首创;经过 2 年以上教学实践检验;在全省处于领先水平并有一定影响。

高职院校应完善相应的体制机制,促进个人和团队积极开展成果奖的研究和申报。在"双高"建设和发展过程中,应坚守职业教育的本质基因,聚焦职业教育的发展定位,在人才培养、教学改革、课程建设、实训基地升级和信息化建设等方面,深层次深化教育教学改革与创新,形成教学方法改革、办学模式改革、教育教学手段改革、教学资源改革等一系列的改革成果②,达到强基固本的效果。同时也要时刻关注职业教育的发展趋势、社会热点,结合国家和社会赋予职业教育的新职能,融入地方产业发展,加强政府、行业、企业和学校的互动,形成长效、可推广的社会服

---

① 以浙江省教学成果奖励为例,《浙江省教学成果奖励办法》(浙政办发〔2021〕54 号)。

② 方绪军、王屹:《2018 年职业教育国家级教学成果奖获奖特征分析与发展趋势》,《职教论坛》2019 年第 2 期,第 60—66 页。

务新模式,达到提质培优的效果。

四、科研成果转化

科研成果转化通俗地讲就是要把在实验室得到的科研成果转化成为企业生产的产品[①],转化为能提升社会经济发展的技术,是一个将成果从实验室推向社会,用理论指导实践的过程。高职院校可以转化的科研成果是多元的,如专利、研究论文、新技术、新设备、调研报告、科学方法、学术思想等,转化的形式也是各式各样的,可以服务政府、社会、市场、行业企业、学校、学生等。相关科研成果转化后,才能更大程度地发挥其价值,可以产生经济效应、社会效应,也可以助力人才培养质量的提升(见图 4-2-4)。

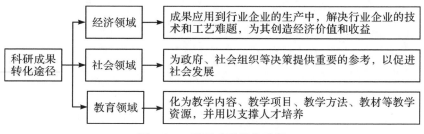

图 4-2-4 科研成果转化路径

现阶段高职院校在科研成果的转化上还存在一定的短板,如大部分高职院校未配备专门的管理人员进行技术上的具体指导等[②],教师个人也存在认识和能力不够的问题,如在项目研究上教师更多的是关注立项和结题,任务完成情况以及成果的数量多少,对于科研成果本身是否有

---

① 罗洪奔:《论湖南高校科研成果转化》,《湖南社会科学》2007 年第 1 期,第 14—15、31 页。

② 红艳:《"双高"背景下高职院校技术技能创新服务平台构建的现实困境和优化策略》,《中国职业技术教育》2020 年第 24 期,第 41—46 页。

市场需求以及转化问题仍然是十分薄弱的环节。[①]

针对以上不足，本研究团队认为需从以下几个方面着手，提升高职院校的科研成果转化能力。一是健全科研成果评价体系，要引导教师注重开展和经济社会发展相结合的科学研究，强化对相关研究成果在转化后的效益评价，如产业化应用的效果、经济社会效益如何，以及对生产实践中关键技术问题的贡献度等。二是完善职称评聘办法，适当提高科研成果转化在教师个人晋升方面的权重，允许教师在成果转化和课时工作量之间适当抵充。三是提升教师个人的双师型能力，使其加深对行业企业的了解，通过多走访、强联系，和企业建立紧密合作，及时发现行业企业需求，同时要加大对社会热点和技术前沿的掌握，提升自身科研成果产出和成果转化的能力。

五、规划教材

教材建设是提升高职院校人才培养质量的关键环节，尤其是国家和各省认定的规划教材或评选出的优秀教材，该类教材"导向正、质量高、理念新、内容活、形式多样"[②]，在一定程度上代表一所学校职业教育教材建设的现状和水平，对教材建设起到重要的示范和导向作用。国家规划教材是由教育部组织认定的优质教材，2021年教育部办公厅印发了《"十四五"职业教育规划教材建设实施方案》，启动了"十四五"职业教育规划教材的建设工作。方案包括了总体要求、重点建设领域、规划教材编写要求、编写选用和退出机制等内容（见表4-2-4）。各个省份也结合实际，开展省级层面的"十四五"职业教育规划教材建设工作。

---

① 杨理连：《"双高计划"建设下高职院校技术技能创新服务能力研究》，《职业技术教育》2020年第41卷第11期，第6—9页。

② 郑雁：《职业教育国家规划教材：比较分析与发展思考》，《中国职业技术育》2022年第2期，第71—77页。

表 4-2-4 "十四五"职业教育规划教材建设实施方案部分内容

内容	相关要求
总体要求	(1)全面贯彻党的教育方针,落实立德树人根本任务,强化教材建设国家事权,凸显职业教育类型特色,坚持"统分结合、质量为先、分级规划、动态更新"原则;(2)分批建设 1 万种左右职业教育国家规划教材,打造培根铸魂、启智增慧、适应时代要求的精品教材,以规划教材为引领,高起点、高标准建设中国特色高质量职业教育教材体系。
重点建设五大领域	(1)统筹建设意识形态属性强的课程教材;(2)规范建设公共基础课程教材;(3)开发服务国家战略和民生需求紧缺领域专业教材;(4)支持建设新兴专业和薄弱专业教材;(5)加快建设新形态教材。
规划教材编写要求	(1)坚持正确的政治方向和价值导向;(2)遵循职业教育教学规律和人才成长规律;(3)加强编写人员队伍;(4)科学合理编排教材内容。
选用/退出机制	(1)规范资质管理;(2)严格试教试用制度;(3)严格教材选用管理;(4)健全教材更新和调整机制;(5)健全教材评价督查机制。

　　本研究团队认为在规划建设方面,需要加强和企业的联动,职业教育的发展不能脱离产业和企业,教材内容应首先来源于一线的实际工作环境,吸收行业企业专家加入编写团队,将新热点、新技术、新方法融入教材中。同时也要利用先进的信息技术和信息手段,创新教材的内容和形式,让教学内容动态直观、生动有趣,使学生有身临其境的感受。在专业师资队伍的打造上也需着重加强,新老搭档、专兼结合,兼顾宏观政策的把握与实际内容的编写,形成一支经验丰富、活力十足的编写团队。

六、教材改革与研究支撑"双高"建设

(一)教材建设的调查与研究

　　"双高计划"正在大力推进中,其关键是通过有效改革,提升办学内

涵质量,培养高素质技术技能人才。教材建设作为"三教"(教师、教材、教法)改革的载体是实现职业教育高质量发展的关键环节之一。我国十分重视高职教材建设,《国家职业教育改革实施方案》《全国大中小学教材建设规划(2019—2022年)》和教育部《职业院校教材管理办法》均提出强化职业教育教材管理、提升服务国家产业发展能力,确保高质量职业教育教材进课堂,推进职业教育高质量发展。《"十四五"职业教育规划教材建设实施方案》中明确指出以规划教材为引领,高起点、高标准建设中国特色高质量职业教育教材体系。近年来,我国高职教育在教材建设方面取得了较好成绩,但仍面临不少挑战和亟待解决的问题。笔者2022年对浙江省高职院校113本教材进行调查,发现教材在编前市场调查、编写质量内控措施等方面呈现良好发展态势,但仍存在与企业联合开发教材比例偏低、企业参与度偏低、部分教材主编及副主编人数过多等问题,多维度分析高职教育教材发现,主编人数国家示范院校多于省级示范院校($P<0.05$)、工科类及卫生类新形态教材比例明显高于人文教育类($P<0.05$)、卫生类教材出版费用较高(详见表4-2-5、4-2-6、4-2-7)。在"双高"建设中,务必加大教材建设投入的力度,针对存在的不足或问题,提出科学实际的应对措施,按照国家职业教育教材建设要求实施教材改革。

表 4-2-5　高职教材编写联合方式多维度比较结果

维度	N	本单位独立编写	省内外高校	省内外高校及企业	企业参与度($\geq 50\%$)	企业参与度($25\%-49\%$)	企业参与度($<25\%$)
国家示范	31	11(35.5)	7(22.6)	13(41.9)	2(6.5)	5(16.1)	24(77.4)
省级示范	39	14(35.9)	18(46.2)	7(43.6)	2(5.1)	5(12.8)	32(82.1)
普通高职	43	13(30.2)	15(34.9)	15(34.9)	5(11.6)	7(16.3)	31(72.1)
X^2		0.360	4.205	0.726	1.312	0.231	1.149
P		0.835	0.122	0.695	0.519	0.891	0.563
工科类	54	25(46.3)	11(20.4)	18(33.3)	7(13.0)	6(11.1)	41(75.9)

续　表

维度	N	本单位独立编写	省内外高校	省内外高校及企业	企业参与度（≥50%）	企业参与度（25%—49%）	企业参与度（<25%）
卫生类	18	2(11.1)	9(50.0)	7(38.9)	1(5.6)	3(16.7)	14(77.8)
人文类	41	11(26.8)	20(48.8)	10(24.4)	1(2.4)	8(19.5)	32(78.0)
X^2		8.821	10.222	1.499	3.691	1.331	0.067
P		0.012	0.006	0.473	0.158	0.514	0.967
正高级	18	8(44.4)	6(33.3)	4(22.2)	0(0.0)	2(11.1)	14(77.8)
副高级	55	15(27.3)	25(45.5)	15(27.3)	6(10.9)	11(20.0)	38(69.1)
中级	40	15(37.5)	9(22.5)	16(40.0)	3(7.5)	4(10.0)	33(82.5)
X^2		2.207	5.376	2.521	2.220	2.071	2.309
P		0.332	0.068	0.283	0.330	0.355	0.315
合计		38(33.6)	40(35.3)	35(31.0)	9(8.0)	17(15.0)	87(76.9)

表 4-2-6　高职教材编写人员结构及教材形态多维度比较

维度	N	编写总人数	主编人数	副主编人数	主编编写≥50%	主编编写25%—49%	新形态教材
国家示范	31	6.58±3.42	1.97±1.08	2.84±2.67	21(67.7)	8(25.8)	16(51.6)
省级示范	39	5.44±2.67	1.46±0.64	2.23±1.42	21(55.3)	12(30.8)	13(33.3)
普通高职	43	6.02±2.71	1.72±0.80	2.42±1.28	22(51.2)	18(41.9)	16(37.2)
F 或 X^2		1.346	3.172	1.003	2.105	2.298	2.606
P		0.265	0.046	0.421	0.349	0.317	0.272
工科类	54	5.78±3.02	1.78±0.77	2.59±2.12	34(63.0)	16(29.6)	25(46.3)
卫生类	18	7.83±2.01	1.56±0.70	2.72±1.18	4(22.2)	10(55.6)	10(55.6)
人文类	41	5.41±2.85	1.66±1.02	2.20±1.57	26(63.4)	12(29.3)	10(24.4)

续 表

维度	N	编写总人数	主编人数	副主编人数	主编编写≥50%	主编编写25%—49%	新形态教材
F 或 X²		4.833	0.525	0.770	10.327	4.614	6.878
P		0.010	0.593	0.466	0.006	0.100	0.032
正高级	18	6.06±2.44	2.00±1.24	2.56±1.50	7(38.9)	8(44.4)	11(61.1)
副高级	55	6.02±2.92	1.64±0.75	2.45±1.32	31(56.4)	19(34.5)	17(30.9)
中级	40	5.88±3.18	1.65±0.77	2.45±2.45	26(65.0)	11(27.5)	17(42.5)
F 或 X²		0.035	1.338	0.024	3.449	1.637	5.347
P		0.965	0.266	0.976	0.178	0.441	0.069
合计		5.97±2.92	1.70±0.85	2.47±1.81	64(56.6)	38(33.6)	45(39.8)

表 4-2-7 高职教材编写质量控制多维度比较

维度	N	编前市场调查	编写启动会	编写定稿会	主编独立审稿	主编、副主编联审稿	一级出版社出版	出版费用（万元）
国家示范	31	22(71.0)	21(67.7)	17(54.8)	7(22.6)	15(48.4)	22(71.0)	1.16±1.74
省级示范	39	33(84.6)	28(71.8)	24(61.5)	16(41.0)	13(33.3)	29(74.4)	0.79±1.05
普通高职	43	36(83.7)	30(69.8)	30(69.8)	15(34.9)	16(37.2)	30(69.8)	1.14±1.36
X² 或 F		2.502	0.136	1.762	2.682	1.733	0.223	1.346(F 值)
P		0.286	0.934	0.414	0.262	0.420	0.894	0.265
工科类	54	44(81.5)	39(72.2)	37(68.5)	18(33.3)	22(40.7)	35(64.8)	0.74±1.14
卫生类	18	14(77.8)	15(83.3)	14(77.8)	4(22.2)	7(38.9)	14(77.8)	1.78±1.52
人文类	41	33(80.5)	25(61.0)	19(46.3)	15(36.6)	15(36.6)	32(78.0)	1.06±1.50
X² 或 F		0.118	3.235	7.139	1.188	0.169	2.403	4.023(F 值)
P		0.943	0.198	0.028	0.552	0.919	0.301	0.021
正高级	18	13(72.2)	13(72.2)	10(55.6)	4(22.2)	8(44.4)	14(77.8)	1.03±1.56
副高级	55	45(81.8)	41(74.5)	37(67.3)	19(34.5)	22(40.0)	43(78.2)	1.00±1.43

维度	N	编前市场调查	编写启动会	编写定稿会	主编独立审稿	主编、副主编联审稿	一级出版社出版	出版费用（万元）
中级	40	33(82.5)	25(62.5)	24(60.0)	15(37.5)	14(35.0)	24(60.0)	1.06±1.26
X² 或 F		0.950	1.652	1.010	1.339	0.517	4.163	0.023(F 值)
P		0.222	0.438	0.604	0.512	0.772	0.125	0.978
合计		91(80.5)	79(69.9)	71(62.8)	38(33.6)	44(38.9)	81(71.6)	1.02±1.38

　　抽样调查发现,高职教材编写及出版遇到的主要问题有以下六个方面(见表 4-2-8)。因此,在编写内容方面,高职院校要鼓励专业教师走进企业,了解行业新变化、新要求。在编辑及团队方面,我们建议要重视教材编写资深专家及教育专家的带动作用,特别是要加强对首次主编教材的教师的工作指导及帮扶,实现有效传帮带。在经费方面,要通过多路径支持与解决,高职院校要特别重视对基于教学改革需要及课堂教学需要的实用型教材的支持,避免教材与课堂教学的分离现象。对于企业专家参与教材编写的,高职院校要尽可能创造条件给予大力支持,特别是必要的工作经费与其他相关条件。

表 4-2-8　高职教材编写及出版遇到的主要困难与问题

问题分类	合计条数	问题举例
企业方面	7	企业元素如何导入或体现、物色高水平企业专家难度大、编辑水平不足等。
团队方面	5	编写水平或能力参差不齐、团队协作不够、主编与成员编写的手法不一致等。
内容方面	18	教材知识总跟不上变化、实际案例少、理论内容把握较差、教材形式单一及适应性不强等。
编辑方面	30	内容重构表达技术、与企业真实任务相结合、实际案例收编与视频拍制、怎样将企业新技术及工匠精神融入、高质量素材获取知识点的逻辑顺序等。

续　表

问题分类	合计条数	问题举例
经费方面	25	出版费用高、学校支持力度不够、发行量的困局、教材人力资源投入大等。
硬件方面	7	课程资源、新形态制作的设备与技术支持不够、微课视频平台的稳定性弱等。

七、教师教学能力比赛

全国职业院校技能大赛教学能力比赛[①]（俗称教师教学能力比赛），经过多年探索、改革与实践，比赛机制和内容不断得以完善，从以前片面评价教师信息技术应用能力，到如今全面考察教师立德树人、课程建设、教学设计和可持续发展能力，对高职院校深化"三教"改革、推进信息化技术与教育教学改革深度融合[②]，提升人才培养质量起积极促进作用。通过比赛推进高水平、结构化教师教学创新团队建设，促进"能说会做善导"的"双师型"教师成长，不断提高教师的师德践行能力、专业教学能力、综合育人能力和自主发展能力。"双高"建设背景下，教师教学能力比赛成为一项标志性的成果，引起高职院校进一步重视。我们认为切透比赛内涵和要求至为关键，我国教师教学能力比赛的主要内涵要求[③]（见表4-2-9）。

表 4-2-9　2022 年全国职业院校技能大赛教学能力比赛要求

模块	内涵要求
教学内容	(1)根据国家教学标准要求，对接职业标准（规范）、职业技能等级标准等。(2)公共基础课程：体现思想性，学科知识与行业应用场景的融合等。(3)专业（技能）课程：对接新产业、新业态、新模式、新职业，体现专业升级和数字化转型、绿色化改造。

---

① 杨巧玉、朱良武、张信等:《教学能力比赛促进职业院校教学改革的实践与反思》,《电化教育研究》2022 年第 3 期,第 85—90 页。

② 龚凌云、陈泽宇:《高职技能大赛教学能力比赛的普适性研究》,《黑龙江高教研究》2022 年第 2 期,第 116—121 页。

③ 《2022 年全国职业院校技能大赛教学能力比赛方案》(赛执委函〔2022〕49 号)。

模块	内涵要求
教学设计	(1)依据国家教学标准、学校专业人才培养方案和课程标准。(2)思想政治课:增强思政课教学的吸引力、说服力、感染力。提高课程思政内涵融入课堂教学的水平。(3)专业(技能)课程:强化工学结合、理实一体、手脑并用,实施项目式、任务式、案例式、情景化教学等。
教学实施	(1)教学实施应注重实效性,突出教学重点难点,开展师生、生生的有效互动,推动深度学习。(2)实习实训应落实职业学校学生实习管理规定等,教师规范操作、有效示教,提高学生基于任务(项目)分析问题、解决问题的能力。
教学评价	(1)过程评价与结果评价相结合,探索增值评价、健全综合评价,关注育人成效。(2)运用大数据等现代信息技术开展教与学行为的精准分析,个性化评价学生的学习成果和学习成效。(3)思想政治课还应注重综合考核学生的思想政治素质和学科核心素养培养情况。
教学反思	(1)深度思考在教学设计、教学实施、教学评价过程中的经验与不足。(2)总结在更新教育理念、落实课程思政、优化教学内容、创新教学模式等方面的改革与创新。(3)做到设计理念、教学实施、育人成效的有机统一,成为传道授业解惑赋能的"大先生"。

八、国家规划教材建设案例

案例一

教材名称:《实用护理科研训练》

教材适用层次:高职高专护理类专业

教材建设成功感言:课程—教材改革紧密结合产业需求。

教材建设成功经验:"实用护理科研训练"是高职高专护理类专业课程,很多高职高专院校在专业开办之初并没有开设此课程,但随着中国经济建设的高速发展及健康中国行动的推进,人们对健康服务的需求发生极大的变化,对护理服务的质量要求明显提高,同时随着卫生事业发展的加快,医院本身对自己的内涵建设也在不断提高,医院等级的提高必然对护理科研提出新要求,而大部基层医院护理人员护理科研能力十分缺乏。随着高职教育规模的不断扩大,对高职教育内涵建设的不断重视,衢州职业技术学院护理专业紧紧抓住行业需求的新变化,及时推进课程改革,针对原来开设的护理专业"预防医学"课程存在部分内容与其他课程重复从而浪费学习时间、计算模块难度极大已经不能适应新的变化等问题,科研数据处理均已经广泛使用 SPSS 软件等现状,按照工学结合的高职教育理念,在对课程内容需求广泛调研的基础上,开设此门课程。浙江省高职高专院校护理类专业中,2012 年衢州职业技术学院帅最先开设了实用护理科研课程。教材建设中特别要注意课程改革与教材改革、课程标准研究、教学设计、教学资源建设、教学团队建设同步进行,必须十分重视教材内容的工学结合,必须持续推进课程教学改革、教材建设,精益求精,不断优化提质。教材建设的成功十大关键要素见图 4-2-5。

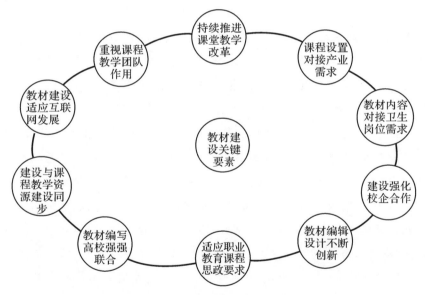

图 4-2-5　教材建设成功关键要素

案例二

教材名称:《急危重症护理学》

教材适用层次:高职高专护理类专业

教材建设成功感言:岗位任务和能力需求是职业教育课程开发的逻辑起点。

教材建设成功经验：首先是基于岗位群的工作任务职业能力需求选取教材内容。高职护理课程设置依据是护士在工作初期(0—3年)的典型工作任务，《急危重症护理学》对应医院急救中心、急诊科和ICU的护士岗位，教材编写团队深入开展岗位群的工作任务调研和职业能力分析，确定本教材的主要内容。同时对接高职护理专业国家教学标准、护士执业标准，剖析本教材在知识学习和能力培养过程中的地位。最后确定本课程内容包括急危重症护理研究范畴、院前急救、急诊救护、重症监护和灾难救护等模块。第二点是基于工作过程行动导向和学情特点组织教材内容。确定教材内容后就要组织序化内容，本教材基于现代职业教育理念和高职学生的学情分析，以过程逻辑为中心的行动体系来序化内容，以过程形式呈现非符号体系，让学生通过教材获取自我建构的隐性知识。在此基础上，为满足护士执业考试的大纲要求，辅以一些结构逻辑的概念、原理等符号体系。本教材以急危重症病人的救治流程为逻辑主线，序化为敬佑生命—认识急危重症护理、救在身边—院前急救、生死时速—急诊救护、仁心仁术—重症监护和大爱无疆—灾难救护五个项目。每个项目下面以串行结构设置任务来培养学生的综合职业能力，通过情境引入，综合完成任务的理论知识和实践技能，以及相对应的职业素养要求，在教材的内容组织和序化方面实现理实一体，彰显立德树人。其次是基于"互联网＋"时代的学教模式优化内容呈现。纸质教材提供内容的组织逻辑与使用情境，更为丰富且多元的教学资源(微课、动画、图片、习题等)通过二维码外链的形式呈现给学生，拓展了教材容量，同时活化了文字与静态图片的表达方式，允许学习者通过更丰富的感知刺激学习内容，达到育人目标。教材成功的关键要素有以下几点(见图4-2-6)。

图 4-2-6　教材建设成功关键要素

案例三

教材名称:《电子技术及应用》

教材适用层次:高职高专电类专业

教材建设成功感言:数字化教学资源是教材内容的支撑。

教材建设成功经验:电子技术及应用是电类专业的基础课程,内容涉及二极管、三极管、集成运算放大器、门电路、触发器、计数器等模拟、数字电子器件的应用。教材编写从实际电子电路的"电路分析、仿真设计、电路调试"的开发过程出发,对课程内容进行了"理虚实"一体化教学资源设计。教材大力推行以"课程思政"为目标的课堂教学改革,梳理课程所蕴含的思想政治元素和承载的思想政治教育功能,深度挖掘提炼课程知识体系中所蕴含的思想价值和精神内涵,融合课堂教学各环节,实现思想政治教育与知识体系教育的有效统一,使课程思政与思政课程同向同行,形成协同效应。教材一方面从课程所涉及的电子信息产业的发展和行业所需要的"数字工匠"精神,深入挖掘课程思政育人目标,激发学生专业报国的使命担当;另一方面,在课程实践环节,注重学思结合、知行统一,增强学生勇于探索的创新精神、善于解决问题的实践能力。其次,教材推进线上线下教学模式改革,开展"翻转课堂"混合式教学,通过课前预习、课中"做学做"、课后拓展与探究的教学方式,全面提升课堂教学质量和育人效果。2020 年本教材被评为"十三五"职业教育国家规划教材。教材成功的关键因素主要是根据课程特点配套完善的"理虚实"一体化教学资源,同时配套省级、国家教学资源库等网络教学平台,利用好完善的教学视频、丰富的虚拟仿真案例和互动教学平台。教材配套的教学资源体系如图 4-2-7 所示。

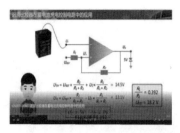

理（课程视频）

虚（AR仿真）

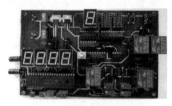

实（实训载体）

图 4-2-7　教材教学资源体系

第三节　高职教育"双高"建设团队研究

一、国家级教师教学团队研究

2019 年我国教育部印发了《全国职业院校教师教学创新团队建设方案》,明确提出打造一批高水平职业院校教师教学创新团队,示范引领高素质"双师型"教师队伍建设,深化职业院校教师、教材、教法"三教"改革。建设的三大基本原则是国家示范、分级创建(分国家级、省级、校级),校企合作、专兼结合(推动学校与行业企业合作共建),择优培育、严把质量。国家级教学团队立项需要符合六项条件(见图 4-3-1)。

职业教育教师教学创新团队建设是破解职业院校"双师型"教师队伍建设难题及提升教学质量的重要举措。2019 年 6 月首批国家级职业教育教师教学创新团队遴选推荐工作启动,至今已有 360 个国家级职业教育教师教学创新团队获准立项建设。如金华职业技术学院护理专业、

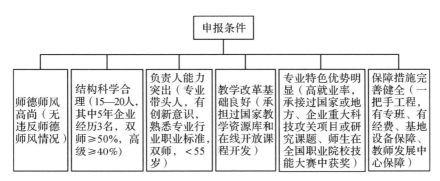

图 4-3-1　国家级教学团队立项六大条件

深圳信息职业技术学院集成电路技术、义乌工商职业技术学院商务数据分析与应用、浙江交通职业技术学院现代通信技术、黑龙江农业经济职业学院现代农业经济管理等。2020 年国家还专门设立国家级职业教育教师教学创新团队课题研究项目,如教育部首批国家级职业教育教师教学创新团队课题研究项目共资助 138 项,同时面向企业的全国职业教育教师企业实践基地"产教融合"专项课题研究项目资助 73 项。2021 年面向职业院校开设国家级职业教育教师教学创新团队课题研究项目专业领域课题及国家级职业教育教师教学创新团队课题研究项目公共领域课题,设主课题与子课题,强化多中心研究,大大推动了团队建设。

　　当前,国家级教学团队主要有国家级职业教育教师教学创新团队、高校黄大年式教师团队两种形式。为深入贯彻落实习近平总书记对黄大年同志先进事迹重要指示精神,引导广大教师持续向黄大年同志学习,2017 年 7 月教育部组织开展了"全国高校黄大年式教师团队"创建活动,2021 年 4 月组织了第二批团队申报,所有本科、高职高专同时申报。首批共 204 个立项,其中高职院校有 9 支团队立项(占 4.4%),如深圳职业技术学院的植物保护学科教师团队、山西机电职业技术学院的数控技术专业教师团队等。第二批全国高校黄大年式教师团队共 201 个,其中高职高专 30 个(占 14.9%),如金华职业技术学院的机械制造与自动化专业教师团队、常州信息职业技术学院的软件技术教师团队、天津医学高等专科学校的护理专业教学团队、长沙民政职业技术学院的智慧健康养老服务与管理专业团队等。高职院校的立项率从 4.4％上升至 14.9％,充分说明高等职业教育的教学团队力量明显增强。黄大年式团队创建指标体系包括五个一级指标(见表 4-3-1)。

表 4-3-1　黄大年团队创建指标

一级指标	解释
师德师风	心有大我,至诚报国。全面贯彻党的教育方针,教书育人、为人师表;以德立身、以德立学、以德立教,模范践行社会主义核心价值观。
教育教学	立德树人,教书育人。思想政治工作贯穿教育教学全过程,实现全程育人、全方位育人。
科研创新	敢为人先,开拓创新。承担国家或地方重点科研项目、重点工程和重大建设项目的研发任务,取得明显进展,具有持续创新能力和较好的发展前景。
社会服务	知行统一,甘于奉献。注重科研成果转化,突出社会效益。
团队建设	团结协作,持续发展。带头人具有较高学术造诣和创新性学术思想、较强组织协调能力和合作精神,在群体中发挥凝聚作用。专业结构和年龄结构合理,骨干成员不少于 8 人。研发目标、规划清晰,老中青传帮带机制健全,为教师专业发展搭建通畅平台。

教育部立项的教师教学创新团队具有引导作用,高职院校参照国家教学团队建设的五大任务(见图 4-3-2)进行自行建设提升,以推进学校教学质量提升是可行的,也是必要的。

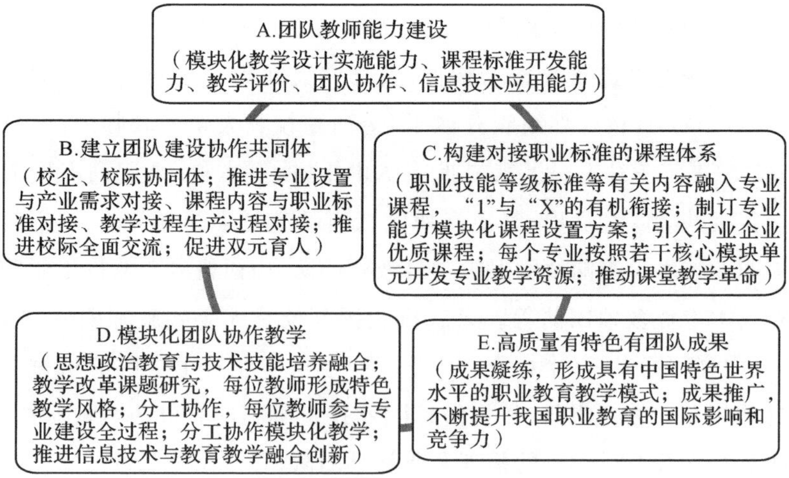

图 4-3-2　国家教师教学创新团队五大建设任务

二、省部级教师教学团队研究

依据《全国职业院校教师教学创新团队建设方案》总体目标,各省级教育行政部门及各高职院校迅速行动起来,分别组织开展了省级、校级团队整体规划和建设布局,引领教育教学模式改革创新、推进人才培养质量持续提升的教师教学创新团队。浙江省职业教育教师教学创新团队建设方案中提出经过 3 年左右的培育和建设,打造 100 个高水平、结构化的省级职业教育教师教学创新团队,实施原则中提出以国家级团队为龙头,省级团队为骨干,市和校级团队为主体,有效发挥教师教学创新团队的辐射带动和示范引领作用,推进职业教育教学模式和人才培养模式改革。浙江省于 2021 年启动首批团队申报遴选工作,首批立项 50 个团队,其中高职院校 38 个(76%)、中职学校 12 个(24%)。省教育厅设立省级职业教育教师教学创新团队建设研究课题,纳入省规划课题管理,有效地推动了省级教学团队建设。江苏省 2021 年公布第二批职业教育教师教学创新团队立项建设单位 76 个(其中 5 个为培育单位),其中高职 40 个(占 52.6%),说明对中等职业教育重视度进一步加强。

浙江省首批 50 个教学团队学科分布(见图 4-3-3),可见工科类优势明显,其他专业大类需要进一步加强建设、挖掘潜力,有机会争取第二批省级教学团队。同类专业团队立项 2 个及以上的共有电子商务等 6 个专业(见图 4-3-4),其他均为 1 个专业,进一步发展为省级教学团队专业的机遇较大。

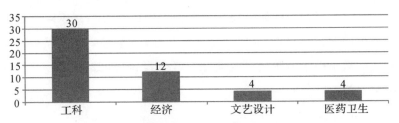

图 4-3-3 浙江省首批教学团队学科大类分布结构

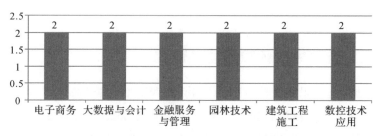

图 4-3-4　同一专业立项 2 个的 6 个专业团队

　　浙江省高校黄大年式教师团队选拔于 2021 年启动,2022 年 1 月公布首批高校黄大年式教师团队 14 个,其中高职院校 4 所(占 28.6%,见表 4-3-2)。吉林省 2021 年 7 月公布高校黄大年式教师团队 22 个,其中高职 2 个(占 0.9%),可见高职院校比例偏低,但是高职院校最关键的是要学习黄大年精神①,从而推动高职教育教师教学工作。

表 4-3-2　浙江省首批黄大年式教师团队名单

学校	团队名称
浙江交通职业技术学院	道桥工程教师团队
宁波职业技术学院	应用化工技术专业群教师团队
杭州职业技术学院	特种设备智造与智慧管控技术教师团队
浙江经贸职业技术学院	电子商务教师团队

三、如何加强教学创新团队建设

　　"双高"建设过程中如何加强教学创新团队建设是高职院校必须考虑的重大问题,我们必须依据教育部办公厅《关于进一步加强全国职业院校教师教学创新团队建设的通知》(教师厅函〔2022〕21 号)进行有效组织与实施。

---

　　① 黄大年精神主要内涵是心有大我、赤诚报国的家国情怀,恪尽职守、敬业奉献的职业操守,爱生如子、淡泊名利的人生态度,教书育人、敢为人先的敬业精神。

(一)建设原则

按照"政府统筹与分级创建相结合、学校自主建设与校际校企协同发展相结合、个人成长与团队发展相结合、团队建设与教学创新相结合"的原则组建,突出以下几点(见图 4-3-5)。

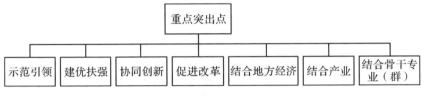

图 4-3-5 高职院校教学创新团队突出重点

(二)建设中应该重点关注的内容

根据以上原则建立的学校教学创新团队应该重点关注创新团队教师能力建设等事项(见图 4-3-6)。如在创新团队教师能力上要加强教师能力提升专项培训;积极探索特色培训模式和课程体系;强化师德师风及三全育人建设;大力投入教学改革与研究。强化教学标准、职业技能等级标准、课程体系重构、课程开发技术、模块化教学设计实施等内容;强化创新团队教师企业实践;努力提升技术技能创新能力。

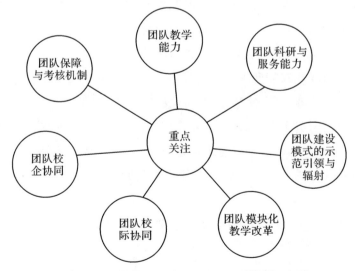

图 4-3-6 学校教学创新团队重点关注的建设内容

四、高职教育各种工作站研究

(一)企业教师工作站

建立企业教师工作站有助于提高教师职业教育能力,推进高职课程体系改革和高职院校的发展。一种模式是将站建在高校,企业教师为工作主体,作为行业专家或兼职教师形式进站,保障服务是高校。苏州工艺美术职业技术学院魏钦等研究认为,这种高职院校企业教师工作站建设存在对企业教师工作站的认识不够深入、教师培养目标不明确、企业缺乏动力和热情、校企支持和配套政策不到位等问题。[①] 另一种模式是将站建在企业,高校专业教师是主体,保障服务是企业,这种模式建立的依据是《国家职业教育改革实施方案》对高职院校"双师型"教师建设提出的新要求,是基于"校企共同体"和"教师专业发展"理念而建立的。[②] 第三种模式是双向专家工作站,此种模式建站可以在企业,也可以在高校,根据双方协商确定,建站主体可以是学校专业教师,也可以是企业专家。我们研究认为,第一种模式有助于推动专兼职教师的融合发展,促进企业教师走进课堂,将企业文化直接融入课堂教学,同时也有利于企业专家或教师较好地与专业教师进行深层次交流、合作,包括教学改革、教材建设、教学方法与策略研究、科学研究等,但主要的缺陷是对专业教师的技能培养或双师型培养作用较小。第二种模式有助于强化专业教师双师技能培养,可以使其直接或间接地参与企业生产或研发,强化对企业文化的深层次理解,跟进行业或岗位需求变化,从而使课堂教学更好地与产业对接、教学过程与工作过程对接,但主要缺陷是企业场地或条件有限或者说专业教师时间不能很好地得以保障,有些企业感到困

---

① 魏钦:《高职院校企业教师工作站建设和运行机制》,《教育与职业》2020 年第 3 期,第 81—84 页。

② 吴昀辰:《对高职院校"企业教师工作站"建设的思考》,《教育与职业》2020年第 21 期,第 76—79 页。

难。第三种模式在理论上可行,但人员组成上要精选实用。"双高"建设背景下,我们认为此三种模式都是可以根据需要建立的,但建站对象与任务有所侧重(见图 4-3-7)。

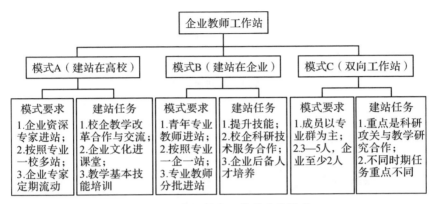

图 4-3-7 企业教师工作站建站模式

(二)高校教学名师工作站

教学名师既是学校教师的一项荣誉,也是教师教学综合能力与水平的体现,受到社会广泛关注与好评。教学名师分为国家级、省级、地市级、校级四个级别。为了表彰既具有较高的学术造诣,又能长期从事基础课教学工作,注重教学改革与实践,教学水平高,教学效果好的教授,进而推动教授上讲台,全面提高高等教育教学质量,2003 年由教育部首先设立国家级教学名师奖,对 100 名教师进行"国家级教学名师奖"表彰。2015 年教育部将教学名师选拔列入"万人计划",30 名高职高专院校教师入选。在"双高"建设背景下,我们认为高职院校要充分发挥名师的资源与作用,特别要注意名师的带动作用,在此理念下,建立教学名师工作站是必要的。在高职院校建立教学名师工作站的主要目标是发挥名师的引领作用、团队带动或推动作用,在具体目标上一定要尊重各名师本身的特色与优势,避免一刀切。原则上国家、省级、市级名师必须建站,但必须尊重名师本人的意愿;校级名师可以申请建站,经二级学院批准后实施。高职院校教学名师建站策略与运行模式见图 4-3-8。

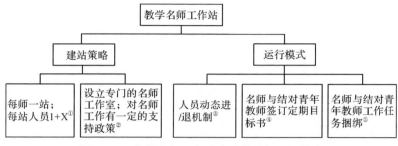

图 4-3-8   教学名师工作站建站策略与运行模式

五、科技平台研究

(一)国家技术创新中心

国家技术创新中心定位于实现从科学到技术的转化,促进重大基础研究成果产业化。创新中心以研发关键技术为核心使命,产学研协同推动科技成果转移转化与产业化,为区域和产业发展提供源头技术供给,为科技型中小企业孵化、培育和发展提供创新服务,为支撑产业向中高端迈进、实现高质量发展发挥战略引领作用。创新中心分为综合类和领

---

①   名师工作站人员"1"是指名师本人,"X"是指根据学校专业群建设需要而选进的青年教师若干名,一般以 2—3 名为宜。

②   政策包括学校宏观层面及二级学院微观层面的政策。宏观层面主要是提出标准化工作室配置要求、站主要工作目标(围绕"双高"建设及教学常规重大改革事项或重大教学环节事项)、合理的教学业绩与人才评价使用;微观层面主要是必要的工作经费支持(各二级学院根据实际情况可以给予名师领衔人一定的工作经费支持)、教学与科研任务实施团队的捆帮政策。

③   名师本人及结对青年教师都有权利向二级学院提出进站或退站申请,经批准后生效。特别要注意青年教师退站申请的严格把关。

④   目标责任书由名师与结对青年教师双方协商,必须根据名师本人的特色与优势,以及结对青年教师的需求,实行个性化方案,报二级学院备案。为服务"双高"建设,二级学院要给予一定的建议与引导。

⑤   名师与结对青年教师在科研、教学、社会服务三个核心指标上实行捆帮制,给予名师工作站一定比例的调整权(建议设定为 50% 以下)。

域类,综合类创新中心围绕落实国家重大区域发展战略和推动重点区域创新发展,开展跨区域、跨领域、跨学科协同创新与开放合作,成为国家技术创新体系的战略节点、高质量发展重大动力源,形成支撑创新型国家建设、提升国家创新能力和核心竞争力的重要增长极。领域类创新中心围绕落实国家科技创新重大战略任务部署,开展关键技术攻关,为行业内企业特别是科技型中小企业提供技术创新与成果转化服务,提升我国重点产业领域创新能力与核心竞争力。创新中心的建设遵循聚焦关键、分类指导、开放共享、协同创新的原则。创新中心应为独立法人实体,针对不同领域竞争态势和创新规律,探索不同类型的组建模式。科技部会同相关部门和地方政府根据国家重大区域发展战略部署以及关键领域技术创新需求,对创新中心建设进行统筹布局,坚持"少而精"原则,有序组织开展创新中心建设。创新中心实行理事会(董事会)决策制。理事会(董事会)由参与创新中心建设的法人单位和相关政府部门等方面的代表组成。创新中心实行中心主任(总经理)负责制,主任(总经理)应是创新中心的全职工作人员。组建领域类创新中心应具备以下基本条件:(1)建设布局与党中央、国务院重大战略、重大任务、重大工程部署紧密结合,聚焦事关国家长远发展、影响产业安全、参与全球竞争的关键技术领域,符合全球产业与技术创新发展趋势。(2)建设主体单位在该领域的科技创新优势突出、代表性强,改革创新积极性高。建设力量集聚整合该领域内全国科研优势突出的高校、科研院所、骨干企业等,形成分工明确、有紧密利益捆绑的协同合作关系,共同开展协同攻关与成果转化。(3)牵头地方在该领域具有突出的科教优势、产业基础、市场需求等,符合国家在重点区域规划的重点科技和产业领域布局。(4)技术目标围绕产业链梳理"卡脖子"技术和"长板"技术,凝练提出明确的技术创新目标和攻关任务,突出需要解决的行业重大关键技术问题,细化建设任务的短期、中期和长期目标。(5)人才团队集聚本领域知名的技术带头人,形成稳定的全职全时核心技术团队、专业化的技术支撑服务团队及成果转化应用团队,聘用具有丰富科研和管理经验的高层次复合型人才作为中心运营管理主要负责人。

(二)高等学校重点实验室

重点实验室是国家科技创新体系的重要组成部分,是国家组织高水平基础研究和应用基础研究、聚集和培养优秀科学家、开展学术交流的重要基地。重点实验室立项申请的基本条件:(1)研究方向和目标明确。(2)在所从事的研究领域内有国内外知名的学术带头人和团结协作、管理能力强的领导班子,有一支学术水平高、年龄与知识结构合理、敢于创新的优秀研究群体,有良好的科研传统和学术氛围。(3)具有一定面积的研究场所和一定规模的研究实验手段,有稳定的管理、技术人员队伍与比较健全的管理制度。(4)依托单位应保证实验室运行经费。(5)一般应为重点学科。(6)地方高等学校申请教育部重点实验室立项时,一般应当是已运行并对外开放2年以上的地方重点实验室。

(三)浙江省博士创新站

浙江省博士创新站是指以企事业单位和建站博士团队为主体,以创新需求为导向,以长效合作为特征,以产学研合作为纽带,促进建站单位和建站博士团队双向共同成长的科技创新服务载体。省级创新站从各市博士创新站中择优评定,由浙江省科学技术协会组织评审。申请认定省级创新站的建站单位原则上为企业,集聚博士资源助力中小企业发展中成果特别突出的非企业单位也可申报。申报应具备以下条件:(1)建站单位必须具备独立法人资格,在浙江省内注册,经营状况良好,能够为博士及其团队提供必要的工作条件,为相关科技人才提供实践平台,保障合作项目的资金投入。(2)建站博士应与建站单位无人事隶属关系,具有扎实的相关产业(行业)领域专业知识,较强的研发能力和组织协调能力,强烈的工作责任心。(3)省级创新站要遵照"五个一"的标准建设,即至少一位博士领衔,承担一个研发项目,组建一支研发服务团队,实践培养一批技术人才,服务一家企业。原则上每位博士领衔的省级博士创新站不超过1家,合作期限不少于3年,项目合作资金累计不少于20万元。(4)建站单位与合作博士须已开展一年以上有效合作。

(四)浙江省技术创新中心

浙江省技术创新中心(亦称为省产业技术研究院,以下简称创新中心)是技术创新中心体系的核心组成部分,定位于实现从科学到技术的转化,促进重大基础研究成果产业化,是国家技术创新中心的后备力量。创新中心既要靠近创新源头,充分依托高校、科研院所的优势学科和科研资源,加强科技成果辐射供给和源头支撑;又要靠近市场需求,紧密对接企业和产业,提供全方位、多元化的技术创新服务和系统化解决方案,切实解决企业和产业的实际技术难题。聚焦重点领域,主要围绕三大科创高地建设和抢占碳达峰碳中和技术制高点,聚焦炼化一体化与新材料、汽车及零部件、数字安防、智能制造等重点优势产业集群,集成电路、生物医药、现代纺织等标志性产业链,以及城市大脑、新能源等细分关键技术领域择优主动布局。主要依托创新能力突出的领军企业、高校和科研院所,整合产业链上下游有优势、有条件的创新资源共同建设。支持已建设国家和省工程技术研究中心、省重点企业研究院、新型研发机构等省级以上创新载体的单位,联合产业链上下游优质创新资源组建。创新中心实行创建制,建设期一般为 5 年。采取省级层面主动设计,设区市政府或省级主管部门推荐相结合的方式进行,"成熟一个、批复一个"。

(五)浙江省新型智库

浙江省新型智库是指以服务党和政府科学民主依法决策为使命,以国家特别是浙江经济社会发展战略问题和公共政策为主要研究对象,以在某一专业领域具有重要话语权且能够有效服务国家和浙江改革发展需要为目标的应用研究平台,包括新型重点专业智库、重点培育智库、智库培育单位(以下简称智库)。智库遴选、认定分两种方式:一是公开申报遴选,各申报机构根据申报遴选文件经依托单位推荐,联席会议秘书处组织专家评审,联席会议审定,符合条件的予以入选。二是不定期适时增补符合条件的省新型智库,符合智库建设重点研究方向且已达到省级智库建设标准的智库,按照"成熟一个、发展一个"的原则,经智库联席会议牵头单位认可,秘书处组织专家评审通过,联席会议审定,予以认定。在省委统一领导下,由省委宣传部牵头,成立浙江省新型智库工作联席会议(以下简称联席会议),负责全省智库建设工作的指导和管理,负责省新型智库认定工作,审议新型智库发展中的重大问题,部署推进相关工作等。联席会议由省委宣传部、省社会科学界联合会、省委政策研究室、省发展和改革委员会、省经济和信息化厅、省教育厅、省科学技术厅、省民政厅、省财政厅、省人力资源和社会保障厅、省政府研究室等部门组成。

(六)浙江省哲学社会科学实验室

浙江省哲学社会科学实验室是聚焦经济社会和哲学社会科学发展的前瞻性、综合性、复杂性问题,运用大数据、云计算、人工智能等新兴技术手段,采用实验研究方法开展哲学社会科学研究,促进社会科学与自然科学交叉渗透和融合创新,产出哲学社会科学研究成果的学术科研平台。它是回应新兴技术迅猛发展带来的挑战与契机、促进哲学社会科学研究范式革新、提升哲学社会科学研究科学化水平的学术抓手,是聚集和培养哲学社会科学优秀人才、推进交叉性前沿研究、开展高水平学术交流、产出原创性学术研究成果和对策建议的重要载体,是提升哲学社会科学创新能力、推动哲学社会科学事业高质量发展的重要支撑。哲学社会科学实验室是依托我省教学科研机构建设的研究实体,实行人、财、物相对独立的管理机制和"开放、流动、联合、竞争"的运行机制。省级哲学社会科学实验室是相对独立、运行规范的实体性研究机构。具备独立开展哲学社会科学实验研究的良好办公条件、科研实验条件和基础保障条件,用房合理、集中,原则上总面积不少于200平方米。具备充足且先进适用的实验仪器设备、完善的配套设施及相应的实验环境。有稳定的经费资助渠道,每年依托单位提供的固定支持经费不少于100万元(不含人才引进、场地提供等费用)。真正做到学科交叉,涵盖2个(含)以上一级学科,其中主要依托学科为哲学社会科学学科。

(七)教育部工程研究中心

教育部工程研究中心(以下简称工程中心)是高等学校科技创新体系的重要组成部分,是高等学校面向世界科技前沿、面向经济主战场、面向国家重大需求,组织工程技术研发、促进科技成果转化、推动学科建设发展、培养集聚创新人才、开展国际合作交流的重要基地。工程中心为依托高等学校建设的相对独立的科研实体,实行人、财、物相对独立的管理机制。实行定期评估,动态调整。工程中心立项申请的五个基本条件:

(1)符合建设领域(指南)及相关要求,发展目标与建设思路清晰,建设方案可行,研究方向明确,特色鲜明,在本领域本行业有重要影响。

(2)依托学科应为优势学科或学科群,建设起点高,拥有一批具有自主知识产权和良好市场前景的重大科技成果,具有坚实的工程技术开发与成果转化工作基础。

(3)具备技术研发、科技成果工程化的条件及经费保障。原则上工程中心仪器设备总价值不低于2000万元,建设期新增投资不低于1000万元,研发、验证和中试物理空间不低于5000平方米,且相对集中。

(4)拥有知名的学术/技术带头人和结构合理、富于创新、产业服务意识强、科技成果转化经验丰富的创新团队,具有一支稳定、高水平的研究、工程技术和管理人员队伍。

(5)拟申请的工程中心,一般应是已运行良好的行业、地方、校级重点技术研发平台,具有良好的产学研合作基础和技术储备。依托的高等学校应具有完善的技术转移与成果转化机制和管理制度。

教育部工程研究中心评估指标体系分四个一级指标、十个二级指标(见图4-3-9)。

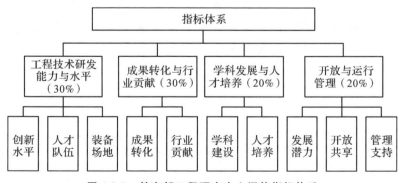

图4-3-9 教育部工程研究中心评估指标体系

(八)高水平新型研发机构

科技部 2019 年 9 月 12 日印发《关于促进新型研发机构发展的指导意见》，提出新型研发机构是聚焦科技创新需求，主要从事科学研究、技术创新和研发服务，投资主体多元化、管理制度现代化、运行机制市场化、用人机制灵活化的独立法人机构，可依法注册为科技类民办非企业单位（社会服务机构）、事业单位和企业，并明确新型研发机构一般应符合的五个条件（见表 4-3-3）。

表 4-3-3　新型研发机构设立的五个基本条件

序号	条件内容
1	具有独立法人资格，内控制度健全完善。
2	主要开展基础研究、应用基础研究，产业共性关键技术研发、科技成果转移转化及研发服务等。
3	拥有开展研发、试验、服务等所必需的条件和设施。
4	具有结构相对合理稳定、研发能力较强的人才团队。
5	具有相对稳定的收入来源，主要包括出资方投入，技术开发、技术转让、技术服务、技术咨询收入，政府购买服务收入及承接科研项目获得的经费等。

关于新型研发机构运行机制，科技部指导意见提出多元投资设立的新型研发机构，原则上应实行理事会、董事会（以下简称理事会）决策制和院长、所长、总经理（以下简称院所长）负责制，根据法律法规和出资方协议制定章程，依照章程管理运行，具体要求如表 4-3-4。

表 4-3-4　新型研发机构运行要求

序号	条件内容
1	章程应明确理事会的职责、组成、产生机制，理事长和理事的产生、任职资格，主要经费来源和业务范围，主营业务收益管理及政府支持的资源类收益分配机制等。

续　表

序号	条件内容
2	理事会成员原则上应包括出资方、产业界、行业领域专家及本机构代表等。理事会负责选定院所长,制定修改章程、审定发展规划、年度工作计划、财务预决算、薪酬分配等重大事项。
3	法定代表人一般由院所长担任。院所长全面负责科研业务和日常管理工作,推动内控管理和监督,执行理事会决议,对理事会负责。

我国科技部、财政部支持企业与高校院所共建一批新型研发机构,科技部、财政部联合印发《企业技术创新能力提升行动方案(2022—2023年)》,提出加强产学研用和大中小企业融通创新。支持企业与高校、科研院所共建一批新型研发机构。支持将高校、科研院所职务科技成果通过许可等方式授权企业使用。如南京新型研发机构建设的主要功能定位于科技成果转移转化、产业孵化、合同研发、公共技术服务和人才培养五方面[①]。各地新型研发机构有效建立,如 2022 年 6 月陕西省公布首批新型研发机构认定名单,包括陕西空天动力研究院有限公司等 22 家新型研发机构,高校、科研院所、大型企业建立了产学研合作关系;北京建立完善"五新"机制高标准建设新型研发机构的做法得到国家肯定。但我们认为创新能力和院校合作机制是共建新型研发机构创新成效的必要条件,"双高"建设背景下高职院校科技创新能力提升面临挑战与机遇共存的现实。

2020 年 7 月 17 日浙江省人民政府办公厅发布《关于加快建设高水平新型研发机构的若干意见》,其目的是加快建设高水平新型研发机构,提升创新体系整体效能,推动高水平创新型省份建设,打造新时代全面展示中国特色社会主义制度优越性重要窗口的标志性成果。新型研发机构实行政府引导、高校科研机构或企业等社会资本共同参与的多元化投入机制,探索理事会(董事会)决策、院所长(总经理)负责的现代化管

---

① 罗扬、于亮亮、徐欣:《新型研发机构的发展机制:以南京为例》,《科技管理研究》2022 年第 4 期,第 66—72 页。

理机制,构建需求导向、自主运行、独立核算、不定编制、不定级别的市场化运行方式,形成人员招聘自主化、薪酬激励市场化、收益分配企业化的引人用人机制,依法注册为科技类民办非企业单位(社会服务机构)、事业单位或企业等独立法人机构。新型研发机构标准条件见表4-3-5。

表 4-3-5 浙江省新型研发机构申报标准条件

机构层次	标准条件
省级新型研发机构	面向世界科技前沿,聚焦国家和我省重大发展战略需求,积极探索原始创新到产业化的新模式,开展前瞻性、引领性科学技术研究和关键共性技术攻关,具备承担国家和省级重大科研项目的能力。原则上年均科研经费投入不少于2000万;科研人员不少于80人,硕士、博士学位或高级职称比例不低于80%;场地面积不少于3000平方米,科研设备值不低于2000万元。
地方新型研发机构	市、县(市、区)聚焦地方新旧动能转换、块状经济转型升级和未来产业培育发展,建设一批具备仪器、装备、场地等必要条件,实质性开展研究开发、成果转化、衍生孵化和技术服务等工作的新型研发机构。具体标准条件由市、县(市、区)制定。

(九)其他与科技相关的平台研究

具有代表性的如"科创中国创新基地",该创新基地是中国科协推动产学研协同创新和科技成果转移转化的合作载体,是促进跨界、跨域、跨境集聚配置创新资源的服务平台。创新基地分为以下三种类型(见图4-3-10)。

图 4-3-10 科创中国创新基地主要类型

产学研协作类创新基地依托各地创新型企业、高校院所、新型研发机构、产业技术研究院等开展建设。申请应满足以下基本条件(见表4-3-6)。

表 4-3-6 产学研协作类创新基地基本条件

序号	基本要求
1	具有一批拥有自主知识产权、处于国内领先水平、有待工程化开发和良好市场前景的高水平科技成果,具备较强的关键核心技术攻关和产业共性技术研发、产业化中试及产品开发能力。
2	具有通过市场机制实现技术转移和扩散,促进科技成果产业化,形成良性循环的自我发展能力。
3	与中国科协所属全国学会或地方科协有紧密合作关系,与"科创中国"平台有效链接。
4	有 2 名以上相关产业领域知名技术专家牵头;拥有不少于 50 名专兼职工作人员,其中科技工作者占比不低于 80%,同时配备专门的技术转移人才队伍。
5	当地政府和依托单位给予必要的政策、场地、资金等资源保障;依托单位具有独立法人资格,注册成立时间一年以上;申请前一年内未发生重大安全事故、重大负面舆情等。

中国科学技术协会 2022 年 8 月公布首批"科创中国"创新基地认定结果,共评出 194 个,其中产学研协作类 132 个(其中 24 所高校作为依托单位)、创新创业孵化类 46 个(其中 3 所高校作为依托单位)、国际创新合作类 16 个(其中 6 所高校作为依托单位)。2022 年首批"科创中国"创新基地中涉及的高职高专学校仅 2 所(见表 4-3-7)。

表 4-3-7 2022 年首批"科创中国"创新基地中涉及的高职高专学校名单

其中高校作为依托单位/推荐单位名称/基地名称	基地类别
1.衢州职业技术学院/中国针灸学会/"科创中国"衢州职业技术学院创新基地	产学研协作类
2.上海出版印刷高等专科学校/中国印刷技术协会/"科创中国"智能与绿色印刷创新基地	产学研协作类

在"双高"建设背景下,高职高专完全可以在此方面加大发力,争取有更多的基地平台入选"科创中国"创新基地。

六、基于"双高"建设的高校研究平台及团队研究

高层次平台及团队项目的获得必须基于高职院校自身工作的不断创新及基础性工作的不断积累,这是走向更高层次与水平的必由之路。客观上来说,哪个高校建设方向正确、动作迅速、注重内涵的不断积累,那么这个学校就有可能脱颖而出。科研平台已成为评价高校综合实力、服务地方发展能力的重要指标,我国绝大部分高职院校注重平台及团队建设。当前主要有几下几种类型(见图4-3-11)。

图4-3-11 高职院校研究平台及团队类型

如金华职业技术学院设置了2个院士专家工作站、27个校级优秀教学团队、11个校级教师教学创新团队(培养对象)等,与浙江省教科院联合成立浙江省现代职业教育研究中心,依托地方政府成立智能信息感知与处理高新技术研发中心、人工智能应用科学技术研究开发中心、信息经济产业发展与服务研究所、环境监控物联网技术创新团队、信息安全创新实验室等。深圳职业技术学院利用专业优势,结合当地经济发展实际,成立了一批研究院所,如2017年,学校与美国康奈尔大学教授、诺贝尔奖获得者罗德·霍夫曼及其团队合作,组建霍夫曼先进材料研究院;成立的深圳职业技术学院经济与社会发展研究院是专门从事深圳和国内外经济与社会管理研究的机构,下设24个研究所(中心),如民营经济与城市竞争力研究中心、产业转型与经济发展研究所等。衢州职业技术学院发挥专业优势,服务地方经济发展,打造衢州四省边际职业教育

"桥头堡",成立了一批研究院所、一批科技创新团队、一批教学创新团队、一批博士工作站等,如浙西地区农业机械化创新团队、养生养老护理研究所、智能检测与控制科技创新团队、肿瘤早筛早诊科技创新团队、医护康养专业群护理类教学创新团队、思政课教学创新团队、乡村振兴服务团队等。江苏信息职业技术学院学校与中兴通讯等一批企业合作成立 11 个具有混合所有制特征的产业学院、20 个产教融合基地及产学研创合作中心等。但高职院校研究平台及团队建设仍然面临许多问题和不足,如科研平台虽然数量较多,但分布不均衡,缺乏优化整合;前沿性、创新性研究能力较差,高层次科技领军人才缺乏,成员参与度低;技术研发和服务难以很好地满足企业需求;科研成果转化效率低下,资源未得到有效利用;教学与科研不能融合发展,培养的学生企业适应能力不足等①,也存在建设经费投入少、管理机制不健全等现象。研究团队建设也面临许多问题,如高层次高水平团队引领人较为缺乏,激励举措和手段较为单一,科研评价指标体系不尽完善,科研环境不尽如人意等②。高水平高职院校的质量内涵包括高水平师资队伍、研发能力和特色专业,以及敏捷的市场反应机制、较高的国际影响力、先进的管理文化。③针对以上问题,许多高职院校加强了研究平台及团队建设的管理,重视了政策的优化,基于"双高"建设进行完善制度,实施规范化、标准化科学策略。如福建船政交通职业学院采用筑巢引凤模式,通过构建创新团队群和创新平台群提升科技综合实力,以职教园、科技园和产业孵化区为基地引进行业企业科技资源,大力推进创新平台开放共享以提高科技资源使用效益。衢州职业技术学院通过柔性引进高层次人才,引领带动团队建设,通过优化绩效考核制度实施教学工作量与科研工作量互通互换

---

① 臧亚南、吴红、肖飞等:《高职院校科研平台建设中存在的问题与思考》,《内蒙古科技与经济》2021 年第 10 期,第 23—24 页。

② 王立哲:《"双高"背景下高职院校科研管理工作创新发展研究》,《科技咨询》2021 年第 19 卷第 25 期,第 104—106 页。

③ 戴丽梅、柯达、李欣晏:《高水平高职院校高层次人才引进及培养的机制研究》,《九江职业技术学院学报》2021 年第 1 期,第 2—10 页。

措施,取得明显的效果。许多高职院校人才引进政策正在悄悄地发生巨大变化,主要表现为人才引进从单纯以高校毕业生为主,转向高校、企业双向;引进层次明显提高,对博士研究生的需求提升明显,以适应高职“双高”建设的新要求。本课题组研究认为高职院校研究平台及团队建设的关键要素包括以下几个方面(见图4-3-12)。

图 4-3-12　高职院校研究平台及团队建设关键要素

七、基于“双高”建设的高校教学与科研团队成果案例

(一)团队教学技能大赛案例

技能大赛名称:2022年浙江省第三十三届地掷球锦标赛

作品获奖名称:塑质球女子三人赛、塑质球男子三人赛、塑质球男子单人赛、大金属球女子单连、大金属球双人连续、小金属球单人赛

获奖作品等级:A类赛事,六个项目一等奖

获奖作品团队:衢州职业技术学院地掷球团队

获奖相关工作照片:

图 A　决赛现场　　　　　　　　　　图 B　夺冠瞬间

获奖成功感言：越努力，越幸运。

团队成功经验：

1. 言传身教良师意，潜移默化明月心

我们地掷球队的指导老师，自己也是一名参赛的运动员。她以身作则、严以律己的精神，激励队员们见贤思齐，努力训练。队员们每天训练都格外自觉，小金属球队员们在高温酷暑下坚持户外一天三练，面临生理和心理的双重挑战，有队员因达不到既定目标而失落，有的克服不了心理障碍而迷茫，但是从始至终没有一位队员退缩。

2. 调动学生主观能动性，充分发挥学生自主训练的能力

为了调动学生主观能动性，白天指导老师联系兄弟单位来我校打交流赛，晚上带着队员与成人高水平队员切磋。通过赛后总结，队员们结合自身不足进行自主加练。通过以赛促训的方式，队员们在累积比赛经验的同时，及时发现自身不足，明确后期训练目标，激发自主训练意识。

3. 努力拼搏，永不言弃

正式比赛中，当女队已经处于 0∶6 落后局势，场上队员们气势大减，指导老师立马叫了暂停，告诉队员们：不要去想最后的输赢，现在开始只为打好手中的每一颗球，去展示自己的技术，去展现衢职院队员的风采，为观众呈现一场精彩的比赛。在全队队员的加油助威下，队员们重新回到赛场，坚决执行教练员制定的大胆战术，成功扭转局势。塑质球男女三人赛双双夺冠，女队身上"不到最后一刻永不放弃的精神"也感染了我们整支队伍，队员们后续越战越勇，为学院赢得了优秀成绩。

(二)团队科技成果获奖案例

科技奖项名称：浙江机械工业科学技术奖

成果获奖名称：可在线带压更换阀杆密封组件的全焊接埋地球阀的研发

获奖成果等级：二等奖

获奖作品团队：衢州职业技术学院张新星、顾怡红、郑建军、李泽玉、张阳秀、宣中宝科技团队

获奖相关工作照片：

图 A 获奖学校荣誉　　　　　图 B 获奖个人证书

获奖成功感言：敢于挑战自我，只要我们有明确的目标与超强的行动力，没有克服不了的难题。

团队成功经验：

1.坚持"两勤""两专"精神

在教学科研工作中，要发扬"两勤""两专"精神，主动作为，借助专业优势，做好服务区域企业 3—5 年的规划，并认真不折不扣地实施。此次获奖的项目启动于 2017 年，经过产品研发、产品销售、新产品立项、鉴定验收等环节，历时 4 年，成果取得实属不易。

2.坚持创新导向原则

坚持问题实用导向原则，找到研发切入创新点。该项目自主研发了一种新型的全焊接埋地球阀，通过全焊透方式将阀门主件及阀杆加长杆焊接成一体，提高了密封性；创新设计了"十"字方向的 4 点圆周键连接结构，提高了操作稳定性；设计浮式安全桥测试球阀，在保证阀门性能测

试的精准下,消除了高压性能测试的安全隐患,将填料的安装位置移到加长操作杆上方,实现了填料可在线更换。

3.坚持服务地方企业

坚持按照学校俯身贴地、服务衢州地方经济的办学理念,与企业进行深层次交流对接,解决企业面对的技术难题或问题,急企业所急。具体成果研发过程中与企业密切合作,坚持服务地方企业,促进企业经济发展,树立相关技术处国内同类产品领先水平的研发目标。本项目已获得授权国家发明专利 8 件,实用新型专利 2 件,发表论文 1 篇。截至2020 年 12 月,项目产品为企业新增销售收入 7930 万元,新增利税 1442万元。

(三)专家工作站团队案例

工作站名称:浙江省中医院治未病中心主任、主任中医师汤军专家工作站

工作站成功感言:研教融合、以站促建、重在内涵

工作站建设经验分享:汤军,女,毕业于浙江中医药大学,浙江省中医院治未病中心主任,主任中医师,全国老中医药专家学术经验继承人、宋康全国名老中医药专家传承工作室主任、全国优秀中医临床研修人才。浙江省中医院治未病中心主任、主任中医师汤军专家工作站为衢州市专家工作站,根据衢州职业技术专业建设发展需要,经衢州市委人才工作领导小组办公室批准建立。多年来,工作站坚持"研教融合、以站促建、重在内涵"的工作目标,积极开展工作,对专业团队建设、专业平台建设、专业人才培养做出明显的推动作用。

主要成功经验:

1.研教融合

积极发挥汤军主任中医师专家的中医治未病、保健服务及临床带教专家优势,组织开展与专业密切相关的教学研究、科学研究相融合的专题研究工作,如汤军主任中国公民养生保健素养促进项目合作、"九体医学"——中国特色的个体化诊疗模式探讨项目、中医个性化诊探讨疗项目合作等。推动专业课程教学内容改革。针对不同类型人员开展专题

学术讲座,如治未病养生专题、漫画中医养生专题、养生养老护理专题、以健康服务为导向的护理科研选题路径与技巧专题、护理科研教学改革与教材建设、护理情景模拟教学等,通过研教融合,推动团队成员将科研方法融入专业教学,把"治未病"理念结合到教学、科研之中,把新的大健康观念传播到学生中。

图A 汤军专家作学术讲座(2019年)　　图B 专家组项目融合研讨(2018年)

2.以站促建

借助建站推动团队建设水平提升是关键,也是我们建站的初衷。2022年召开的党的二十大提出了"加快构建新发展格局,着力推动高质量发展","实施科教兴国战略,强化现代化建设人才支撑",在办好人民满意的教育中提出"统筹职业教育、高等教育、继续教育协同创新,推进职普融通、产教融合、科教融汇,优化职业教育类型定位"。汤军主任中医师专家工作站建立后,十分重视团队建设,一直注意吸收团队新成员,重视吸收高学历青年专业人员进站,选拔优秀青年加盟,实施以老带青,以资深专家促进青年专业人才培养。通过多种路径,合力推动团队水平提升,如创新人才培养,大力支持团队成员晋升技术职称,申报浙江省151人才、衢州市115人才项目、科技特派员服务项目、科研院所项目、各级创新团队项目等。注重高职院校的社会服务功能发挥,发挥专家工作站的专长特色,以问题为导向,对当地各家医院的医护人员及周围的居民进行中医体质的分类与健康养护等知识普及,传递了要"防病于未然"的健康观念。同时组织带领团队深入基层开展技术服务,如面向社区百姓的《治未病与体质辨识》讲座、社区健康养生讲座、基层单位健康咨询服务、医疗卫生单位科研技能讲座等。经过多年努力,工作站建设水平明显提升,在 2020 年周期考核中获得优秀评价,有力支撑高职"双高"建设。注意发挥专家实践技能指导作用,对专业实训基地建设进行指导,带领"双师素质"教师到院进行坐诊服务。

图 C　团队负责人余文富教授作健康讲座(2021 年)　　**图 D　团队成员饶和平教授在医院作科研讲座(2022 年)**

3.重在内涵

高职教育内涵质量提升是个永恒的课题,"双高"建设背景下,对内涵建设提出更高要求。专业工作站全体人员围绕工作站建设目标,结合自身优势大力投入科研研究、专业建设与教学改革,这是十分关键的因素之一,必须激发每个成员的动力,为内涵建设发力。几年来,浙江省中医院治未病中心主任、主任中医师汤军专家工作站成果丰富,主持及参与高水平研究项目 12 项,如国家重点基础研究发展计划("973"计划—分中心)"中医健康状态认知理论与体质辨识法研"课题、国家自然基金青年项目"基于高通量测序技术的绞股蓝调控肠道微生态防治 NAFLD 的机制研究"、浙江省公民中医养生保健素养促进与效果评价研究等。与工作站派出单位(浙江省中医院)合作,开展横向科研"中国公民养生保健素养促进项目""衢州农家乐休闲养生现状及中医治病在休闲养生旅游中应对的对策研究"等。发表高水平研究论文 21 篇,如 604 名基层医疗机构人员开展中医体质健康管理培训的效果评价研究(中国健康管理学杂志)、胱抑素 C 与高血压肾功能的关系研究(心电与循环)、黄芪建中汤临床应用及理论探析(中华中医药杂志)等。成果《浙江省公民中医养生保健素养促进与效果评价研究》获浙江省中医药科技进步三等奖,《HIV-1 Nef 协调 KSHV vIL-6 促进血管生成和肿瘤形成的信号通路研究》获衢州市科技进步一等奖。一名团队成员获浙江省突出贡献科技特派员,一名团队成员获浙江省 151 人才第二层次。授权专利 5 项。由汤军专家与余文富团队负责人为引领,编辑出版科普读物《漫画中医养生》。注重发挥团队科技基本能力,根据工学结合、校企深度合作理念,基于卫生行业需求及高职护理人才毕业生综合素质提高,研究编辑《实用护理科研训练》新形态教材,获职业教育"十三五"国家规划教材立项。

图 E 汤军专家作内涵建设现场指导 图 F 汤军专家著作成果

八、"双高"团队建设中创新思维研究

(一)领导与群众思维的高度统一

任何一所院校就如一个大团队,任何工作高质量实施及目标高标准达成离不开全员创新思维的统一。面对"双高"建设的高标准要求,高职院校内涵建设涉及每一个领导、教师、学生及每一位相关人员(如企业人员、家长等),因此保持领导与群众创新思维的高度统一尤其重要。根据我国高职院校行政管理工作的现状来看,确实在一定程度上存在行政管

理制度不完善、行政管理模式固化及行政管理工作效率低等问题①，影响着领导与群众思维的统一性，进而影响着内涵建设质量。要提高领导与群众创新思维的高度统一性，必须注意以下几点（见图4-3-13）。

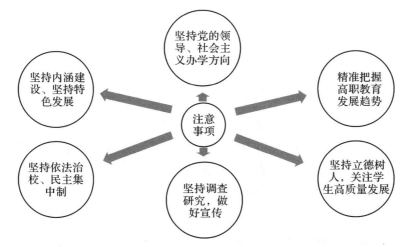

图 4-3-13　提高领导与群众创新思维统一性应该注意的事项

（二）鼓励与激励政策的有机结合

任何政策的出台必须注意鼓励与激励机制的科学统一，在中国特色社会主义新时代，我们既要注意培育奉献精神，也要注意有一定的激励政策，两者都十分重要，需要两手抓。爱国奉献和物质激励并不矛盾②，我们首先要在广大知识分子中深入开展"弘扬爱国奋斗精神、建功立业新时代"活动，引导广大知识分子自觉弘扬践行爱国奋斗精神，不忘初心、牢记使命，主动投身"双高"建设，同时也必须对做出突出贡献的每一位领导、教师、学生，甚至企业或家长等进行科学的奖励，重点注意事项见图4-3-14。

---

① 时斐：《新时期高职行政管理工作的创新策略》，《办公室业务》2022年第3期，第96—97页。

② 吕红能：《爱国奉献和物质激励并不矛盾》，《中国人才》2020年第2期，第33—34页。

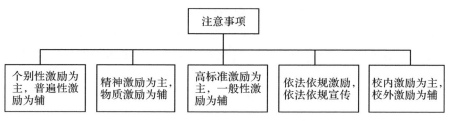

图 4-3-14　鼓励与激励政策有机结合的几个环节

(三)教学与科研团队的密切联系

高职院校建设中如何处理好教学与科研团队的关系是至关重要的,曾经有一段时间,部分高职院校仍然存在重教学、轻科研的思维误区,在地方高校更为明显,如出现只教不研,教学缺乏创新性[①];只研不教,科研丧失理论根基;盲目追求科研的数量,失去科研本真;教学与科研的分离状况已远远不适应我国工业技术发展的需求[②]。我们研究认为在"双高"建设推动高职教育高质量发展的背景下,教学与科研关系应该更加密切,相互促进作用应该更加明显,教学与科研是不可分割的共同体,两者是辩证关系,科研可促进教学水平提升,教学改革过程中离不开科研思维与行动,例如工学结合教学内容选择需要进行科学调查研究,课程整体教学设计与教学内容单元设计需要科研思维,教学方法改革与效果评价需要科研观察,教材改革实践需要科学研究与设计,兼职教师的大量使用需要通过科学的指标来进行客观比较分析,找出问题提出改进对策,这些都需要科研的思维与行动;而教学实践是对科研成果的检验与评价,反过来促进科研的深化与进步,例如新形态教材的运用需要通过教学实践检验反馈,从而不断进行新的教材研究提升,新推出的教学资源平台需要通过不断进行教学实践,科学收集问题及分析原因,从而推进教学资源平台的不断完善。作为高职院校利用专业优势开展的技术

---

① 白广申:《高职院校教学与科研:关系、理念与战略》,《船舶职业教育》2020年第 8 卷第 5 期,第 5—7 页。

② 杨云:《教学型高校科研促教学的管理机制分析》,《科教导刊(下旬)》2016年第 1 期,第 27—28 页。

服务也充分说明教学与科研是辩证统一的,很多高职院校在组建技术服务团队、科研团队中已经注意到教学型教师作用的发挥,同样在很多高校教学团队的组建中也注意到吸收科研型人才的加入,教学型、科研型及技术服务型教师的适当结合,有效地促进了团队水平的提升及团队成果的高质量产出,这也是促进内涵高质量发展必然的选择。"重教学,轻科研"已在一定程度上制约了部分高职院校的发展速度与质量,强化教学与科研的密切联系可以从以下几个方面着手(见图 4-3-15)。

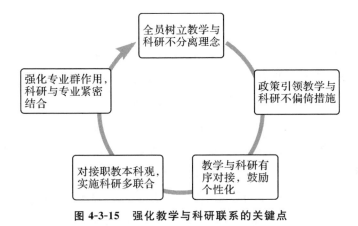

图 4-3-15　强化教学与科研联系的关键点

(四)近期与远期设计的科学规划

任何工作的进行都需要科学的规划,高职院校团队建设同样需要科学规划。高职院校团队类型主要分为教学型、科研型和技术服务型三大类,在此大类下还可以设立各种团队。我国各地已经完成了第一轮高水平高职院校建设,第二轮建设尚未结束,第三轮建设已经开始[1]。各高职院校需要紧紧对接"双高"建设标准与内涵要求,进行团队建设规划优化工作,借鉴高水平高职院校的实践经验,组织开展团队建设设计与规划,特别要注意近期规划与远期规划的对接问题,因为当前社会经济发展迅速,产业结构也在不断变化中,因此重点是做好近期(一般为五年)

----

① 戴文静、周金城:《我国高水平高职院校建设成效的实证研究》,《职业技术教育》2019 年第 40 卷第 18 期,第 13—19 页。

的规划,其关键点包括以下几个方面(见图4-3-16)。

图 4-3-16 团队建设近期与远期规划的关键点

(五)团队各结构的动态优化机制

在当前形势下,社会经济不断发展,专业结构需要动态调整,同时由于教师团队流动性增强这一现象在一些民办高职院校更加明显,主要原因是师资来源地域广泛、学缘结构复杂、教师年轻化、硕士研究生学历教师就读博士等[1],专家研究认为教师家庭方面的问题、教师的专长和兴趣与高职院校的匹配程度、高职院校的情感问题、自己的职业发展与学院的发展的一致性、对高职院校的忠诚度等对教师流动有明显影响[2],面对"双高"建设新要求,高职院校务必要重视教师团队的稳定性,同时要建立动态优化机制,重点关注以下几个事项(见图4-3-17)。

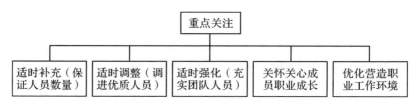

图 4-3-17 团队动态优化机制注意事项

---

① 王川坡:《民办高校教师流动状况:特征、原因、对策——以GZ学院为例》,《太原城市职业技术学院学报》2018年第7期,第51—54页。

② 王雪娇:《高职院校专职教师流失原因与对策研究》,云南财经大学2020年硕士学位论文。

参考文献

[1] 覃川,郑萍萍.论产业转型升级背景下高职教育面临的新问题和对策[J].教育与职业,2018(24):34—37.

[2] 崔志钰,陈鹏,倪娟.高职院校专业群建设:意义辨析·问题剖析·策略探析[J].高等工程教育研究,2020(6):136—140.

[3] 尤咏."双高计划"建设重点与实施路径分析[J].江苏建筑职业技术学院学报,2022,22(1):53—64.

[4] 饶和平.走进高职:论高等职业教育教师的职业成长及发展[M].上海:上海交通大学出版社,2019.

[5] 莫玉婉.我国高职教育重点建设:政策变迁、路径依赖及改革趋势[J].高教探索,2021(5):87—93.

[6] 陈正江.基于"治理表"的"双高"建设绩效管理研究[J].职教论坛,2021(11):146—151.

[7] 饶和平,陈月卿,李胜琴,等.高职院校护理双师型教师队伍建设的问题与对策[J].中国高等医学教育,2007(11):42—43.

[8] 蒲波,黄涛.学科组织化:高校二级学院领导管理体制建构的新视角[J].四川理工学院学报(社会科学版),2012,27(1):91—96.

[9] 章君.高水平高职院校建设任务研究:以18所"双高计划"院校为例[J].天津商务职业学院学报,2021,9(2):76—83.

[10] 蓝少鸥.高职院校二级学院党总支领导下的院长负责制的实践与思考[J].现代职业教育,2019(31):215—217.

[11] 郭家宁.民办高校发展中地方政府职能作用研究:以辽宁省D学院为例[D].大连:辽宁师范大学,2021.

[12] 罗良针,胡菁,田丹.我国普通高等学校领导班子结构优化的实然

分析[J].当代教育论坛,2018(1):63—71.

[13] 叶丰.江苏省政府在推进产业联盟发展中的作用研究[D].桂林:广西师范大学,2020.

[14] 饶和平,李胜琴.高职院校医学专业教师科研现状与对策[J].中国高等医学教育,2006(12):39—41.

[15] 陈月卿,邱惠萍,饶和平,等.高职护理专业科学设置卫生法学及伦理学课程的研究[J].中国医学伦理学,2008,21(1):96—98.

[16] 陈婵英.新加坡高职院校内部治理特点及启示[J].职业教育研究,2016(5):93—96.

[17] 张跃东,徐伟.五年制高职:新时代新走向——《省教育厅关于推进五年制高等职业教育高质量发展的意见》解读[J].江苏教育(职业教育版),2021(5):23—28.

[18] 刘秀琼.高职院校机构设置现状分析[J].邢台职业技术学院学报,2017,34(5):62—65.

[19] 饶和平,陈月卿,郭春发,等.高职护理专业卫生法律相关课程设置与整合的调查与分析[J].护理与康复,2009,8(1):11—12.

[20] 杨丹,李伟玲.高校非教学机构设置情况调查研究[J].当代教育实践与教学研究,2020(17):339—340.

[21] 申艳梅.人本理论视角下创新高职人事管理[J].人力资源,2021(14):147—149.

[22] 饶和平,黄云龙,邱惠萍.基于服务地方经济理念的高校科技导向及成效分析[J].产业与科技论坛,2018,17(10):137—138.

[23] 苏志刚.高职院校现代治理架构下的二级管理现状与思考[J].职教论坛,2020(4):138—142.

[24] 张向辉,刘丽.建设视域下打造技术技能创新服务平台实践研究[J].对外经贸,2021(9):133—136.

[25] 李鑫,李梦卿."双高计划"高职院校中国特色学徒制建设的机制与路径[J].职业技术教育,2021,42(28):19—25.

[26] 吴坚.新时期高职院校贯彻"三重一大"决策制度的实践与思考:以

襄阳职业技术学院为例[J].襄阳职业技术学院学报,2021,20(5):123—127.

[27] 罗扬,于亮亮,徐欣.新型研发机构的发展机制:以南京为例[J].科技管理研究,2022(4):66—72.

[28] 程江平,麻来军."双高"建设校的群像特征与建设启示:基于浙江省的分析[J].中国高教研究,2021(2):104—108.

[29] 惠青山,苟思颖,杨惠丽.高校与地方政府共建的新型研发机构多要素多组态发展模式研究[J].科技管理研究,2021(1):94—99.

[30] 李阳,潘海生.变通执行:地方政府职业教育政策执行的一种行动策略[J].职业技术教育,2022,43(15):48—54.

[31] 陈曦,郑素卿.地方政府管理创新与高等职业教育发展:以福建省漳州市为例[J].安顺学院学报,2020,22(2):79—83.

[32] 饶和平,陈月卿.中职生进入高职学习传染病护理学的优势分析[J].中国高等医学教育,2005(6):49—50.

[33] 牛四花,许馨苓.基于产教协同的高职院校教学管理创新研究[J].职业教育研究,2022(2):143—145.

[34] 周应中.高职专业负责人质量文化领导:本真、现状与行为框架[J].中国职业技术教育,2021(27):12—17.

[35] 饶和平,裴丽萍,吴建芬,等.高职护理专业实用护理科研训练课程思政元素挖掘及教学实践[J].卫生职业教育,2022,40(4):103—104.

[36] 李胜琴,饶和平,徐春岳.高职外科护理教学思政元素设置调查与研究[J].金华职业技术学院学报,2022,22(1):9—12.

[37] 饶和平,李胜琴,吴建芬,等.高职护理专业《实用护理科研训练》课程线上教学效果观察研究[J].医学理论与实践,2021,34(11):1982—1988.

[38] 范晓江,黎萍,饶和平,等.小班化模式在《护理学基础》实践技能教学中的运用与研究[J].中国高等医学教育,2008(2):85—87.

[39] 韩同友,孙雷.地方高校二级学院院务公开路径探析[J].国家教育

行政学院学报,2015(7):32—35.

[40] 臧亚南,吴红,肖飞,等.高职院校科研平台建设中存在的问题与思考[J].内蒙古科技与经济,2021(10):23—24.

[41] 王立哲."双高"背景下高职院校科研管理工作创新发展研究[J].科技咨询,2021,19(25):104—106.

[42] 戴丽梅,柯达,李欣晏.高水平高职院校高层次人才引进及培养的机制研究[J].九江职业技术学院学报,2021(1):2—10.

[43] 裴勇."双高计划"背景下高职院校推进课堂革命的动因、主体与策略[J].教育与职业,2021(21):108—112.

[44] 武勇亮.健康中国背景下大学生体质健康下降成因及疏解之策[J].山西大同大学学报(社会科学版),2022,36(3):140—142.

[45] 李丽波.高职物流管理专业分层分类人才培养模式的研究[J].科技与创新,2022(15):86—87.

[46] 王阳,柯小华.智能时代职业院校教师信息化教学能力框架与校本发展策略研究[J].中国职业技术教育,2022(19):85—90.

[47] 赵宇略,金湛.立德树人背景下高校班主任队伍建设途径探索[J].神州,2021(3):106—107.

[48] 赵宇略,金湛."微时代"视域下辅导员开展学生干部思政教育工作研究[J].山西青年,2019(14):139.

[49] 陈高,金湛,王曦.浅析高校学生干部思想政治教育的重要性与对策[J].中外交流,2021(7):829.

[50] 金湛,陈高,赵宇略,等.基于培养医学生中医药文化自信的特色校园文化活动创建初探[J].文化创新比较研究,2020(1):138—139.

[51] 焦巧.思政元素融入高职茶艺课程新型活页式教材的探索[J].福建茶叶,2021,43(11):115—117.

[52] 蔡跃,陆婷.我国高等职业教育国家规划教材书目的数据特征分析[J].职业技术教育,2021,42(21):23—27.

[53] 秦己媛.积极心理学视域下大学生自我管理能力提升策略研究[D].哈尔滨:哈尔滨师范大学,2019.

[54] 杨雯.工匠精神视域下高职院校学生综合素养培养路径研究[J].理科爱好者,2022(3):7—10.

[55] 杨建荣,安秀林,贺红军,等.论从高职到本科"3＋2分段培养"的平稳过渡探索[J].张家口职业技术学院学报,2018(4):28.

[56] 巩彦平,张芳芳,金文奖,等.高等职业院校课程思政评价体系研究[J].高教学刊,2022,8(17):151—156.

[57] 金湛,杨晓婷,徐国庆,等.特殊情况下高职护理毕业生就业中的问题与对策[J].魅力中国,2021(33):95—96.

[58] 胡高波,姜莉苑,江大为,等.根植于职业环境的《药店运营与管理》教学体系建设[J].考试周刊,2019(27):16.

[59] 章立新,胡高波,王彩云,等.基于PAC体系下高职药品经营与管理专业学生协同学习的研究[J].大学教育,2015(12):151—152.

[60] 李木洲,刘子瑞.综合素质评价牵引高质量育人体系建设:历史脉络、现实意蕴与实践策略[J].河北师范大学学报(教育科学版),2022,24(3):32—38.

[61] 石宜鑫.新时代高校德育工作创新路径研究[J].科教导刊,2022(15):88—90.

[62] 姜莉苑,冯敬骞,胡高波,等.基于能力本位的《营养与食品》课程改革与实践[J].教育,2016(6):194.

[63] 吴卫红.美育促进大学生身心全面发展研究[J].现代职业教育,2021(3):170—171.

[64] 张慧波.高职院校发展本科层次职业教育的现实需要与实施路径[J].百家论苑,2021,37(7):152—156.

[65] 范晓江,饶和平,徐旭红,等.内科护理学形成性评价体系的构建与应用[J].护士进修杂志,2013,28(8):684—686.

[66] 饶和平,徐旭红,吴忠勤,等.高职护理专业人才培养的调查与分析[J].护理研究,2011,25(10):2743—2744.

[67] 饶和平.走近护士[M].上海:上海交通大学出版社,2017.

[68] 饶和平,李群锋,李胜琴,等.高职护理专业学生学业综合评价"5＋

1"模式及效果观察[J].中国高等医学教育,2012(5):61—62.

[69] 饶和平,李胜琴,章晓幸,等.基于全国 CLEN 考试为导向的高职护理专业毕业考试模式改革效果分析[J].中国高等医学教育,2011(4):78—79.

[70] 章加春,陈月卿,饶和平,等.高职护理专业"双师型"技能实践路径问题调查及阶梯实践模式的构建[J].中国实用护理杂志,2015,31(6):394—397.

[71] 饶和平,余文富,徐勤容,等.高职护理专业《护理研究》课程设置与教材开发的调查与分析[J].护理与康复,2014,13(5):427—429.

[72] 徐春岳,饶和平,李胜琴,等.运用智能手机与网络教学平台开展高职外科护理翻转课堂教学的探索[J].职教论坛,2016(5):81—85.

[73] 李胜琴,饶和平,邵亚莉.高职护理专业不同人口社会学特征学生人际容纳状况的差异性研究[J].护理与康复,2015,14(4):327—330.

[74] 崔戴飞,饶和平.护理专业中高职一体化人文素质教育体系构建与教学实践[J].护理与康复,2014,13(5):495—497.

[75] 崔戴飞,饶和平,余文富,等.5年制中高职衔接"2+3"模式的研究[J].中国高等医学教育,2014(4):31—32.

[76] 陈月卿,饶和平,徐勤容,等.高职护理专业不同培养模式学生知识技能与特长能力比较[J].中国高等医学教育,2017(10):31—32.

[77] 史路平,饶和平,余静,等.现代学徒制背景下校企共建高职护理企业化课堂的效果观察[J].医药高职教育与现代护理,2019,2(2):90—94.

[78] 陈月卿,饶和平,孔庆红,等.高职护理专业(老年方向)课程标准化设置调查与研究[J].中国高等医学教育,2018(8):120—121.

[79] 陈燕,饶和平,祝关姣,等.叙事教学在护理职业安全与健康课程中的应用研究[J].中国高等医学教育,2018(4):123—124.

[80] 陈月卿,饶和平,崔戴飞,等.高职护理专业兼职教师稳定性影响因素及校企政行四联动策略[J].浙江医学教育,2018,17(1):4—7.

[81] 李胜琴,吴建芬,饶和平,等.高职护理专业不同班级模式课堂教学效果的研究[J].中国高等医学教育,2009(2):76—77.

[82] 荣侠.高职院校二级学院管理体制机制研究[J].辽宁广播电视大学学报,2021(2):53—55.

[83] 李妮.优质高职院校建设中试点二级学院综合改革探究[J].南宁职业技术学院学报,2018,23(2):42—45.

[84] 张岩.高职院校校企共建二级学院的管理与建设[J].新教育时代电子杂志,2020(10):254.

[85] 饶和平,胡苏珍,裴丽萍,等.高职护理专业新形态教材《实用护理科研训练》的建设研究[J].医药高职教育与现代护理,2020,3(2):89—91.

[86] 饶和平,裴丽萍,余文富,等.高等护理专业"课程思政"研究状况分析与展望[J].科教导刊,2021(21):145—146.

[87] 饶和平,邱惠萍,胡苏珍,等.浙江省高职护理专业教师科技能力影响因素与提升策略[J].医药高职教育与现代护理,2020,3(3):168—171.

[88] 杨巧玉,朱良武,张信,等.教学能力比赛促进职业院校教学改革的实践与反思[J].电化教育研究,2022(3):85—90.

[89] 龚凌云,陈泽宇.高职技能大赛教学能力比赛的普适性研究[J].黑龙江高教研究,2022(2):116—121.

[90] 徐浪静,饶和平,张国帅,等.高职院校教师师德素养及专业化发展框架及量化考核研究[J].科教导刊,2020(5):66—67.

[91] 李胜琴,饶和平,徐春岳.工学结合导向的高职护理专业外科护理实训项目设置与考核研究[J].教育教学论坛,2017(19):255—256.

[92] 曾天山,马建华,刘义国.以国家规划教材提升职业教育教材质量[J].课程·教材·教法,2021,41(5):26—31.

[93] 张海明,孙柏璋,任延延.德国"双元制"职业教育模式的福建本土化改造与提升研究[M].福州:福建教育出版社,2018.

[94] 汤建民,虞铭辉.2020 年度全国高职院校科研与社会服务状况的数据分析[J].江苏高职教育,2021,21(4):45—52.

[95] 高友凤.刍议职业院校技能大赛实施过程中的问题、成因及对策[J].现代农机,2022(1):90—92.

[96] 刘晓宁.新时代高等职业教育教学改革现状、特征与思考:基于 16 省(市)2021 年省级教学成果奖的分析[J].中国职业技术教育,2022(14):76—85.

[97] 王坤,王胜男.2018 年职业教育国家级教学成果奖特征研究[J].职业技术教育,2018(27):23—27.

[98] 方绪军,王屹.2018 年职业教育国家级教学成果奖获奖特征分析与发展趋势[J].职教论坛,2019(2):60—66.

[99] 孙红艳.双高背景下高职院校技术技能创新服务平台构建的现实困境和优化策略[J].中国职业技术教育,2020(24):41—46.

[100] 杨理连."双高计划"建设下高职院校技术技能创新服务能力研究[J].职业技术教育,2020,41(11):6—9.

[101] 郑雁.职业教育国家规划教材:比较分析与发展思考[J].中国职业技术育,2022(2):71—77.

[102] 饶和平,陈月卿,吴霞云,等.浙江省男护士教育与职业发展状况及趋势分析[J].教育教学论坛,2020(21):342—343.

[103] 徐浪静,饶和平,张国帅.基于立德树人背景的高职教师师德素养标准及诊改提升策略研究[J].现代职业教育,2020(1):20—21.

[104] 方海东.目标定位,让班级成长有方向[J].新班主任,2020(2):54—55.

[105] 陈新文.高职院校教学督导工作中教学质量管理师角色的构建及保障机制研究[J].职业技术教育,2020,41(29):51—56.

[106] 隋秀梅,高芳,唐敏."双高"背景下高职院校"双师型"教师教学创新团队建设研究[J].中国职业技术教育,2020(5):93—96.

[107] 周贞,高璐,余文富,等.高职医药卫生类专业学生党支部组织建设标准化多维度模型构建[J].长江丛刊,2022(8):130—132.

[108] 饶和平,陈月卿,许贤智,等.以卫生行业准入标准为导向的高职护理学生学业综合评价 511 模式改革[J].中国高等医学教育,2013(4):34—35.

[109] 胡丽娜,李娜,魏小红."双高计划"背景下高职院校双师队伍建设路径研究[J].职教论坛,2021(7):102—109.

[110] 孙佳鹏."双高"背景下高职院校专业负责人专业建设能力现状及对策[J].中国职业技术教育,2021(5):68—74.

[111] 孙佳鹏,王启龙.提质培优背景下高职院校专业负责人培训的问题、成因与对策[J].教育与职业,2022(9):70—77.

[112] 陈燕妮,杨红荃.面向高职院校企业兼职教师的职业培训研究:基于泛在化的品质化发展角度[J].职教论坛,2022(1):86—94.

[113] 王昊.我国职业教育"双师型"教师文件综述及政策演进分析[J].中国成人教育,2021(3):60—66.

[114] 吴扬伟."双高计划"背景下高职"双师"队伍建设的定位、问题与路径研究[J].职教论坛,2020(8):99—103.

[115] 金冰."双高计划"视域下的高职辅导员队伍建设研究:以绍兴职业技术学院为例[J].晋城职业技术学院学报,2022,15(2):33—35.

[116] 王鹏,杨淑萍.高校辅导员教师角色的嬗变、特质及实现[J].教育理论与实践,2022,42(6):53—57.

[117] 王核心,史琳芸,张静,等."双高计划"引领下职业院校"订单式"人才培养模式创新与实践:以宝鸡职业技术学院为例[J].装备制造技术,2022(6):190—192.

[118] 王纯莲.高职院校技术技能服务的企业认可度探析:以漳州职业技术学院为例[J].岳阳职业技术学院学报,2022,37(2):11—15.

[119] 于济群,刘宁."双高计划"视域下高职院校专业群建设研究:以长春职业技术学院为例[J].湖北工业职业技术学院学报,2022,35(3):5—9.

[120] 陈慧.产教融合背景下高职院校订单班人才培养模式探索[J].教

育与职业,2021(1):45—48.

[121] 陈勤.高职"订单班"学生管理中思想政治教育的困境和对策研究[J].延边教育学院学报,2019,33(3):31—33.

后 记

自从大学毕业后走上教师岗位，不知不觉从事职业教育已经 36 年，其中高职教育 22 年，对职业教育的情感与日俱增，我亲自见证及经历了我国高等职业教育从探索发展、快速发展、成熟稳定发展，到走向创新高质量发展阶段，在创新高质量发展阶段的 2019 年，又喜遇国务院下发《国家职业教育改革实施方案》，提出"高职'双高'建设计划"，而 2020 年又传来衢州职业技术学院两个专业群被列为浙江省"双高"建设专业群的消息，心中无比激动。2022 年党的二十大提出"实施科教兴国战略，强化现代化建设人才支撑"。作为浙江省高职高专专业带头人，我义不容辞地投入"双高"建设中，迅速加大了对高职"双高"建设的研究。在国家与整个社会重视高等职业教育的背景下，我校更加重视立德树人教育，也更加重视教师与学生的发展，我受到激发与鼓舞，正是在此种动力下，才下决心撰写这本书。本书结合作者多年高等职业教育工作的实践经验，围绕"走进'双高'、建设'双高'、融入'双高'"这条主线，首先对高职发展阶段特点、高职"双高"建设内涵与特征进行深度研究解读与剖析，对高职教育有关政策文件进行了研究与解读，在此基础上结合自己的观察研究，对高职教育"双高"建设中高校内涵建设主要环节的策略与路径进行了分析研究，包括职能部门优化提升策略、二级学院的"以院建群，以群强院"策略、"双师双能"教师建设策略、"德技双强"专业群负责人建设助推"双高"建设策略、"复合型"人才培养策略、"教育型"合作企业打造、"双高"建设成果内容类型及团队建设（包括标志性高质量成果、高水平平台、高水平团队）等进行了研究，将自己对如何提高"双高"建设质量的有关研究、实践与思维，进行梳理与整合，奉献给大家，与高职教育同仁们共享，为高职"双高"建设奉献自己的力量。

　　本书历经 18 个月,在衢州职业技术学院领导的关心、鼓励与支持下,终于出版,完成本课题组心愿。撰写过程中,金华职业技术学院胡野教授提出了宝贵指导意见,也得到了浙江工商大学出版社的大力支持,在此我们表示由衷的谢意!

　　本书仅代表作者本人的观点与水平,鉴于学识水平所限,本书中的不足在所难免,敬请学界同仁批评、指正和谅解。我们将继续努力,深化研究,不断提高。

饶和平

2022 年 11 月于浙江衢州